학습장애와
난독증의 언어재활

김기주 저

Language Rehabilitation of Specific Learning Disorder & Dyslexia

학지사

💬 머리말

난독증은 신경학적인 원인으로 인한 **특정학습장애**의 한 유형으로서 지능이나 정서·행동 문제 혹은 환경적인 문제가 없음에도 불구하고 읽기와 쓰기에 어려움을 가진 경우를 말합니다.

난독증을 제대로 이해하기 위해서는 무엇보다도 읽기 혹은 쓰기를 못하는 이유가 지능이 낮거나, 주의집중과 같은 학습 태도에 문제가 있거나, 가정환경에 문제가 있을 것이라는 흔히 공부 못하는 아이들에게 붙이는 편견에서 우선 벗어나야 합니다. 또한 읽기, 쓰기, 수학으로 대표되는 기초학습의 어려움은 학습장애의 대표적인 특성이나 학습장애에만 국한된 것이 아닙니다. 학습곤란은 학습부진과 지적장애, 주의력결핍과잉행동장애를 비롯해 시각·청각·지체장애, 정서·행동장애에 동반되는 특성 중 하나입니다. 학습곤란은 학습장애의 주요 특성이나, 학습곤란을 보이는 모든 아동이 학습장애는 아니므로 특정학습장애란 어떤 특성을 가진 대상을 설명하는 개념인지를 정확하게 이해할 필요가 있습니다. 그러므로 학습곤란의 원인을 정확하고 구체적으로 파악하여 학습장애 유무를 확인하는 **진단평가** 과정 또한 매우 중요합니다. 정확한 진단을 바탕으로 학습곤란의 원인을 구체적으로 파악할 수 있어야 적합한 중재 지원을 할 수 있기 때문입니다.

한편, 난독증은 특정학습장애의 한 영역입니다. 읽기와 쓰기에 어려움을 가진 난독증 학생에 대한 평가와 중재를 위해서는 일반 아동의 읽기·쓰기 발달단계, 읽기·쓰기 **처리 과정** 그리고 한글 특성에 대한 이해가 필요합니다. 일반 아동의 발달단계를 이해하는 것은 평가의 준거와 중재 방향의 이정표가 될 수 있으며, 우리가 어떤 과정을 거쳐서 읽고 쓰게 되는지에 대한 이해 그리고 한글의 구성 원리와 특성에 대한 이해는 읽기·쓰기 **중재** 전략의 기초가 될 수 있습니다.

이 책은 난독증 진단평가 및 중재를 하는 임상가를 돕기 위한 교재로, 제1부는 난독증을 비롯한 학습장애 개념을 중심으로, 제2부는 읽기 · 쓰기 발달단계와 처리 과정, 한글 특성을, 제3부는 읽기 · 쓰기 평가와 중재에 대해 다룹니다. 읽기 · 쓰기 중재는 읽기와 쓰기의 기초에 해당하는 해독과 철자를 우선 다룬 후, 읽기 이해와 작문을 다루고, 해독과 철자 중재는 자소−음소 대응 지식 확립과 음운변동 규칙 이해를 각각 나누어 다루고, 읽기이해와 작문 중재는 문장 수준과 덩이글 수준으로 나누어 다룰 것입니다.

학령기 언어장애 아동의 언어치료 목표는 구어뿐 아니라 문어 발달도 포함합니다. 학령기 아동은 학교에서 다양한 교과를 접하게 되어 말하기뿐 아니라 읽기 · 쓰기 능력도 필요해집니다. 읽기 · 쓰기는 구어와 별개의 것이 아니고 구어 발달과 동일한 연속선상에 있기 때문에, 언어장애를 가진 아동 중 많은 아동이 학령기가 되면 읽기를 포함한 학습에 어려움을 겪게 됩니다. 또한 읽기와 쓰기는 일차적으로 구어에 의존하지만 또한 궁극적으로 구어 능력을 향상시키기도 합니다. 따라서 언어재활사는 학령기 언어장애 아동의 언어치료를 위해서는 읽기나 쓰기에 대한 체계적인 지식을 갖추어야 하는데, 읽기 · 쓰기 발달단계와 처리 과정 및 읽기 · 쓰기 평가와 중재에 대한 내용을 충분히 익히고 있어야 합니다. 이는 난독증뿐만 아니라 아니라 읽기 · 쓰기에 어려움을 가진 학령기 언어장애 아동의 평가와 중재에도 기초가 될 것입니다.

'어떤 영역에서 가장 약한 대상이 학습할 수 있게 마련한 최선의 설계는 모든 학습자를 위한 것이 될 수 있다'는 보편적인 설계 철학은 치료교육 현장에도 같은 원리로 적용될 수 있습니다. 가령, 읽기와 쓰기에서 가장 약한 대상인 난독증인들이 읽기와 쓰기를 학습할 수 있게 마련한 최선의 설계는 난독증뿐만 아니라 읽기 · 쓰기에 어려움을 가진 모든 사람을 위한 설계가 될 수 있다고 말입니다. Mace(1989)에 의해 제안된 보편적 설계universal design 철학은 장벽 없는 건축 설계barrier free design로 확대되어 엘리베이터, 무빙워크, 저상버스 등과 같은 건축 설계와 생활용품 등에서 다양한 실천적 움직임에 의해 '가장 약한 자를 위한 설계는 모두에게 유익할 수 있다'는 사실이 이미 입증되고 있으며, 교육에도 적용되고 있습니다. 임상가는 학습자가 학습하는 과정에서 발생할 수 있는 저항을 최대한 줄이고 제거해 주어서 학습자가 하고 싶은 것을 스스로 도전할 수 있게 하려는 보편적 교육 설계의 목적을 늘 기억할 필요가 있습니다.

이 책은 저자가 진행해 온 읽기장애 세미나 내용을 다듬은 것으로, 공식 출판물로 나오기까지 저자의 손에 오랜 기간 묵혀 있었습니다. 사실 국내 난독증 관련 전문 교재가 전혀 없던 시절에 집필해 둔 것이나, 선뜻 내놓지 못하였습니다. 부족한 점이 있지만, 난독증 및 읽기·쓰기에 어려움을 가진 학령기 아동을 지도하는 언어재활사 및 관련 전문가들에게 도움이 되기를 바라는 마음으로 용기를 내었습니다.

2024년

김기주

💬 차례

제2부

읽기 · 쓰기 발달 및 처리 과정

제12장 문단글 읽기이해 및 작문   291

부록

제**1**부

학습장애와
난독증

제1장

학습장애 개념

"우리 아이가 학습에 어려움이 있는데, 이해를 못하는 건가 하는 생각을 했어요. 그런데 공부 말고 다른 건 또 잘하니까 말을 못 알아듣거나 기억력이 나쁜 거 같지는 않고.…… 지능이 정상인데도 학습에 어려움을 겪을 수 있다니 쉽게 이해는 안 되네요."

이는 학습장애를 진단받은 부모나 일반교사들에게서 가장 많이 듣는 말이다.

일반적으로 학습에 부정적인 영향을 미치는 요인은 지적 능력의 결함이나 신체나 시청각 능력의 결손 그리고 우울, 불안과 같은 정서적 요인이나 열악한 환경 등으로 알려져 있다. 그래서 학업성취가 낮은 아동을 대할 때 인지가 낮거나, 주의력이나 정서 · 행동에 문제가 있거나, 아니면 교육 경험의 부족이라고 판단하기 쉽다. 이 때문에 학습장애 아동은 가정이나 학교에서 제대로 이해받지 못하고, 잘못 오해를 받거나 부정적인 피드백에 노출되기 쉽고, 진단과 중재가 뒤늦게 이루어질 위험이 있다.

학습장애는 일반적으로 학습에 부정적인 영향을 미치는 요인(지적 능력 결함, 신체/시청각 능력 결손, 정서 문제, 교육 경험 부재)에 문제가 없음에도 불구하고 학습에 심각한 곤란을 보이는 것으로, 개념을 정의하고 진단하는 것이 간단하지만은 않다. 한편, 학습곤란의 원인이 다르다는 것은 중재 방향과 방법이 달라야 하는 것이므로 이 장에서는 학습장애 정의가 어떻게 정립되었는지 그 과정을 살펴보며, 학습부진과는 어떤 점이 다른지를 비교하면서 학습장애에 대한 이해를 돕고자 한다. 그리고 학습장애 특성 및 진단 절차를 다루어 임상 현장에서 만나는 아동들을 면밀하게 살펴볼 수 있게 한다.

1. 학습장애의 정의

학습장애^{learning disabilities}라는 용어는 1963년에 Kirk가 처음으로 소개하였다. Kirk는 시카고에 있는 부모와 전문가 등의 모임에서 그들이 관심을 갖고 있는 대상을 판별하기 위해 학습장애라는 용어를 채택하였다.

> '학습장애는 말하기, 언어, 읽기, 철자 혹은 수학 과정 중 하나 혹은 그 이상의 영역에서 지체, 장애 혹은 지연된 발달을 보이나, 이러한 문제는 뇌기능의 문제로 정신지체(지적장애), 감각장애 또는 문화적 · 교수적 요인으로 인한 것은 아닌 아동이다.
> −Kirk(1962)의 학습장애 정의−

이후 학습장애의 정의에 **'중추신경계 기능장애'**로 인한 것이라는 내용이 강조되기도 하였으며(Bateman, 1965), 1968년에는 미국교육부 산하 전국장애아동 후원회^{The National Advisory Committee on Handicapped Children: NACHC}가 '특정학습장애'라는 용어를 도입하였으며, 2004년 「미국장애인교육법^{Individuals with Disabilities Education Improvement Act: IDEA}」에서는 학습장애의 원인과 특성 그리고 배제요인을 더 구체적으로 명시하였다.

> '구어와 문어를 이해하거나 사용하는 것과 관련된 기본적인 심리과정에서 장애가 있으며, 듣기, 생각하기, 말하기, 읽기, 쓰기, 철자법 또는 셈하기에서 나타날 수 있으며, 지각장애, 뇌손상, 미소뇌기능장애, 난독증, 발달 실어증 등의 조건을 포함한다.'
> −미국 NACHC(1968)의 학습장애 정의−

> '특정학습장애란 구어나 문어 형태의 언어를 이해하고 사용하는 것과 관련된 기본심리 처리들의 하나 혹은 그 이상에서의 장애를 지칭하며, 이는 듣기, 사고하기, 말하기,

읽기, 쓰기, 철자 혹은 수학적 계산 능력의 결함으로 나타나며, 지각장애, 뇌손상, 미소 뇌기능장애, 난독증 그리고 발달적 실어증과 같은 상태들을 포함하나, 시각이나 청각 장애, 운동장애, 정신지체, 정서장애, 또는 환경적ㆍ문화적ㆍ경제적인 불리함이 일차 적으로 작용하여 초래된 학습의 어려움은 포함하지 않는다.'

−미국 IDEA(2004)의 학습장애 정의−

국내에는 1963년에 학습장애라는 용어가 최초로 소개되었다(민병근, 1963). 하지만 학습장애는 학습부진, 학습지진이라는 개념과 혼용되어 명확한 개념이 정립되지 못한 채 사용되었다(김애화, 김의정, 김자경, 최승숙, 2012).

1994년에 「특수교육진흥법」이 개정되면서 국내에서는 학습장애 정의가 최초로 법에 명시되었으나 국내 최초의 학습장애 정의는 구체적이지 못하며, 학습장애 판별에 그다지 도움이 되지 못하였다.

2007년에 「장애인 등에 대한 특수교육법」이 제정되면서 새로운 학습장애 정의가 명시되었는데, 이전의 「특수교육진흥법」과는 달리 학습장애의 원인이 개인 내적 요인에 의한 것이며, 인지기능이나 기초학습 영역에 어려움이 있다는 것은 명시하였으나, 배재 요인 등이 기술되지 않았다. 이에 한국특수교육학회(2008)에서는 학습장애를 개인 내적 원인에 의한 것이며, 다른 장애나 환경적인 불리한 상태와 중복으로 나타날 수 있음과 학습장애가 전 생애에 걸쳐 나타나는 장애라는 점을 강조하면서 학습장애를 연령 수준에 따라 발달적 학습장애와 학업적 학습장애 두 유형으로 구분하여 기술하였다.

'학습장애를 지닌 특수교육 대상자란 셈하기, 말하기, 읽기, 쓰기 등 특정한 분야에서 학습상 장애를 지니는 자이다.'

−국내 「특수교육진흥법」(1994)의 학습장애 정의−

'학습장애를 지닌 특수교육 대상자란 개인의 내적 요인으로 인하여 듣기, 말하기, 주의집중, 지각, 기억, 문제해결 등의 학습기능이나 읽기, 쓰기, 수학 등 학업성취 영역에서 현저하게 어려움이 있는 사람을 말한다.'

−국내 「장애인 등에 대한 특수교육법」(2007)의 학습장애 정의−

'학습장애란 개인 내적 원인으로 인하여 일생 동안 발달적 학습(듣기, 말하기, 주의 집중, 지각, 기억, 문제해결 등)이나 학업적 학습(읽기, 쓰기, 수학 등) 영역 중 하나 이 상에서 심각한 어려움을 겪는 것을 말한다. 이 장애는 다른 장애 조건(감각장애, 지적 장애, 정서장애 등)이나 환경 실조(문화적 요인, 경제적 요인, 교수적 요인 등)와 함께 나타날 수 있으나, 이러한 조건이 직접적인 원인이 되어 나타나는 것은 아니다.'

─한국특수교육학회(2008)의 학습장애 정의─

'학습장애란 기본적으로 전반적인 지적 발달은 지체되지 않았으나 듣기, 말하기, 읽기, 쓰기, 계산 또는 추론 능력 중 특정 능력의 습득과 사용에 현저한 어려움을 나타내는 다양한 상태를 가리킨다. 학습장애는 중추신경계의 기능장애가 원인인 것으로 추정되며, 시각장애, 청각장애, 지적장애, 정서장애 등의 장애나 환경적인 요인이 직접적인 원인이 되는 것은 아니다.'

─일본 문부과학성(1999)의 학습장애 정의─

정신의학 분야에서는 1987년에 『DSM─Ⅲ─R』에서 공식적인 소아정신과장애로 처음 인정하였으며, 2022년 『DSM─5─TR』[1]에서는 **특정학습장애**로 소개하였다.

'**특정학습장애**specific learning disabilities는 정상 수준의 지능(70±5 이상)을 가지고 있으나, 학습하고 학업 기술을 사용하는 데 어려움을 보이는 상태로서 어려움을 보이는 특정 학습 영역을 위한 중재를 받았음에도 불구하고 읽기, 쓰기, 수학 영역 중 적어도 한 가지 영역에서 어려움을 보이는 증상이 적어도 6개월 이상 지속적으로 보이는 아동이다.'

─『DSM─5』(2013)의 학습장애 정의─

---

1) DSM: Diagnostic and Statistical Manual of Mental Disorders

2. 학습부진의 개념

1) 학습부진

일반적으로 **학습부진아**[children with underachievement]란 학업성적이 특정 기준보다 낮은 경우를 말하며, 일반 능력 면에서는 지적장애 및 심한 정서장애를 지닌 자를 제외한 모든 학생으로서 발생 원천 면에서는 선천적 또는 환경적 요인을 모두 포함하는 학습 저성취아를 말한다(이화진 외, 1999). 학습부진을 지칭하는 용어는 다양한데, 용어마다 사용되는 맥락은 다음과 같다(이대식, 2017).

표 1-1 **학습부진 관련 용어**

용어	의미
기초학력미달	학교 교육과정을 통해 갖춰야 하는 읽기, 쓰기, 셈하기와 이와 관련된 교과(국어, 수학)의 최소 성취 기준을 충족하지 못하는 학생(국가수준 학업성취도평가[2) 결과, 해당 학년 목표 성취 수준의 20%에도 도달하지 못하는 경우)
기초학습부진	초등학교 3학년 수준의 읽기, 쓰기, 기초수학 능력에 도달하지 못하는 학생
교과학습부진	매 학년 초에 각 교육청에서 이전 학년 교과 교육과정의 내용을 대상으로 제작한 학업검사에서 최소 수준의 목표(100점 만점 중 60~70점)에 도달하지 못한 학생[대상 교과는 국어, 수학, 영어, 사회, 과학이고, 평가 대상 학년은 초2~중3임(단, 학교에 따라서 대상 과목, 대상 학년은 다를 수 있으며, 시행하지 않는 학교도 있음)]
저성취[underachievement]	자신의 능력에 비해 실제로 성취한 학업성적이 낮은 학생(비록 지능이 높은 학생이라도 그에 상응하는 학업성적을 얻지 못하면 저성취에 해당함)

---

2) 국가수준학업성취도 평가는 국가 수준의 학업성취 수준 파악 및 학교교육의 체계적인 질 관리를 위해 매년 시행하고 있음. 2013년 이후 중3, 고2 학생만 참여했고, 2017년부터는 전국시도교육감협의회와 국정기획자문위원회의 제안을 반영하여 전수평가에서 표집평가로 전환됨.

느린 학습자^{low learner}	또래에 비해 학습 속도가 눈에 띄게 느린 학생. 대개는 지능이 경계선 (IQ 70~85)인 경우가 많음. 학습 속도가 느릴 뿐 다른 측면에서는 특별히 문제가 없음을 강조하고자 할 때 주로 사용하는 용어임(「초·중등교육법」에서 학습부진아 등에 대한 지원법 대상자를 지칭하는 또 다른 명칭임)
경계선급 학습자	성취 정도가 심각하게 낮거나 심신상에 두드러진 기능장애가 있는 것은 아니지만, 평균보다 낮은 학업성취를 보이는 학생

학습부진은 3R[3]의 기초학습기능 결손자 및 교과별 **최소 학업 수준 미달자**로, 느린 학습자(경계선급 지능 아동) 및 가정 혹은 학교 등 환경적 요인으로 학습에 어려움을 보이는 경우와 선천적 요인을 학습에 어려움을 보이는 학습장애가 모두 포함될 수 있다. 다만, 학습장애는 환경적 요인으로 학습부진을 보이는 아동과 달리 교육 경험의 부재가 아니며, 느린 학습자와는 인지적 프로파일에서 차이를 보인다.

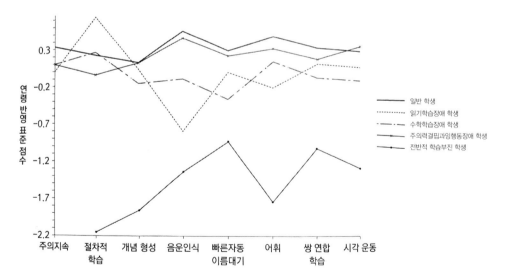

[그림 1-1] 읽기학습장애, 수학학습장애, 일반 학생 간의 인지적 프로파일 비교
출처: Fletcher, Morris, & Lyon (2003).

---

3) 3R이란 Reading(읽기), wRiting(쓰기), aRithmetic(수학)을 말한다.

3. 학습장애의 하위 유형

한국특수교육학회(2008)에서는 학습장애가 전 생애에 걸쳐 나타나는 장애라는 점을 강조하면서 학습장애를 연령 수준에 따라 발달적 학습장애와 학업적 학습장애로 구분하였으며, 비언어성 학습장애도 언급했다.

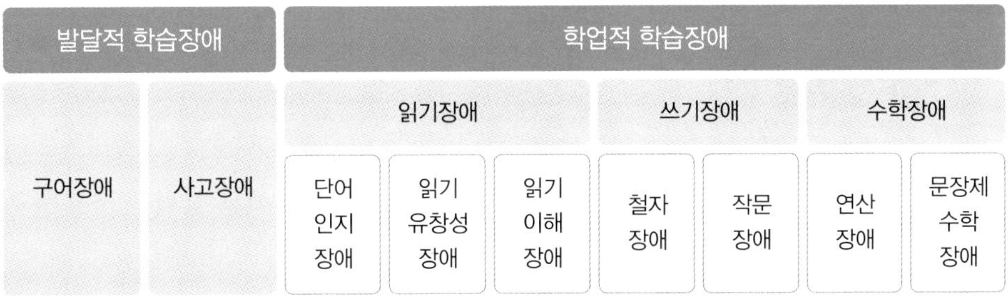

발달적 학습장애		학업적 학습장애						
		읽기장애			쓰기장애		수학장애	
구어장애	사고장애	단어 인지 장애	읽기 유창성 장애	읽기 이해 장애	철자 장애	작문 장애	연산 장애	문장제 수학 장애

[그림 1-2] 학습장애의 하위 유형

출처: 한국특수교육학회(2008).

1) 발달적 학습장애

발달적 학습장애developmental learning disabilities는 취학 전 아동에게서 나타나는 것으로, 학습과 관련된 기본적인 심리 처리 과정에서의 현저한 어려움으로 규정된다. 구어장애, 사고장애로 나뉜다.

(1) 구어장애

구어장애는 듣기장애와 말하기장애로 나뉜다. 듣기장애는 음소 수준(말소리 구별 및 음소 조작의 어려움), 어휘 수준(어휘력 부족), 문장 수준(질문 또는 지시에 대한 이해의 어려움), 의사소통 수준(상대방의 화용적인 단서 파악의 어려움)에서의 듣기 문제를 포함한다. 말하기장애도 단어 수준(단어 선택, 발음), 어휘 수준(어휘력 수준), 문장 수준(구문 발달의 어려움, 문법 표현), 의사소통 수준(정보 전달의 양과 질 및 말의 유창성 부족)에서의 말하기 문제를 포함한다.

문어(읽기, 쓰기)는 언어의 또 다른 형태로 구어(듣기, 말하기)와 밀접한 관련이 있으므로 학습장애 아동이 학령 전기에 구어장애로 그 문제를 나타낼 수 있다.

(2) 사고장애

사고장애(추론장애)는 주의 통제 능력, 작업기억, 전환 능력, 계획 능력, 정보처리와 같은 실행기능executive functioning의 결함, 인지 전략cognitive strategies 사용 능력의 부족, 자기조절self-regulation 능력의 결함을 포함한다.

2) 학업적 학습장애

학업적 학습장애academic learning disabilities는 학령기 이후의 학업과 관련된 영역에서 현저한 어려움을 보이는 경우로, 읽기장애, 쓰기장애, 수학장애로 나뉜다.

(1) 읽기장애

읽기장애reading disability는 단어인지장애, 읽기유창성장애, 읽기이해장애로 분류된다. 단어인지 읽기장애word recognition reading disabilities[4]는 단어를 정확하게 읽는 것에 어려움을 가지며, 읽기유창성장애fluency는 글을 빠르고 정확하게 읽는 데 어려움을 가지며, 읽기이해장애comprehension는 글을 읽고 내용을 파악하는 데 어려움을 가진다.

학습장애 중에서 읽기장애가 가장 많은 유형을 차지한다. 학습장애 아동의 약 80~85%가 읽기에 심각한 어려움을 보인다(Shapiro et al., 2007).

(2) 쓰기장애

쓰기장애written disability는 철자 쓰기장애와 작문 쓰기장애로 나뉜다. 철자 쓰기장애spelling는 단어를 쓸 때 받침을 빠뜨리거나 맞춤법에 맞지 않게 단어를 쓰는 특성을 보

---

4) 단어재인(단어인지word recognition)은 단어를 소리 내어 읽고, 단어의 의미를 파악하는 능력으로, '낱말재인'이라고도 한다. 해독decoding과 동일한 개념으로 사용하는 경우도 있으나, 해독은 자소grapheme-음소phoneme의 대응 지식을 바탕으로 문자 기호를 음성으로 변환하는 과정으로, 엄밀하게는 단어재인보다는 좁은 개념이다(Harris & Hodges, 1995).

인다. **작문 쓰기장애**^{composition}는 불완전한 문장이나 미완성된 문장을 많이 사용하고, 문장의 구조가 단순하며, 주제 선택 및 글의 구성에 어려움을 보인다.

(3) 수학장애

수학장애^{mathematics disability}는 연산수학장애^{computations}와 문제해결수학장애^{problem solving}로 나뉜다. 연산수학장애는 기본적인 수 개념(수 세기, 수의 크기 변별하기 등)과 연산(덧셈, 뺄셈, 곱셈, 나눗셈)에 어려움을 가진다. 문제해결수학장애는 문제를 스스로 분석하여 적절한 방법으로 풀이하는 데 어려움을 가진다.

3) 비언어성 학습장애

비언어성 학습장애^{nonvebal learning disabilities}는 언어 능력에는 강점을 보이나, 공간지각력, 운동 능력, 사회성 기술과 같은 비언어적 능력에서 현저한 어려움을 보이는 경우를 말한다. 이 분야의 선구자인 Rourke(1995)는 비언어성 학습장애를 사회정서 및 적응에 영향을 주는 신경심리학적 요인에 결함을 가진 학습장애의 한 유형으로 보았으며, 그 특성은 다음과 같다(김소희, 2006; 정대영, 2010).

(1) 촉각이상

사물이 어떤 느낌인지를 이해하는 것, 즉 물건을 만져서 무엇인지 알아내는 것(예: 실크는 부드럽다, 길이 울퉁불퉁 거칠다)과 어떤 물건의 느낌을 무시할 수 있는 능력(예: 셔츠의 속 뒤에 붙어 있는 태그의 느낌)에 어려움을 보인다.

(2) 정신운동협응 곤란

목적에 맞게 몸의 동작을 조절하는 능력에 어려움을 보인다. 즉, 줄넘기 혹은 뛰면서 야구공을 던지기와 같은 능력에 어려움을 보인다.

(3) 시공간적 조직화 문제

시공간적 조직화란 우리가 걷거나 뛰는 도중에 만나는 물체를 피해 갈 수 있도록 조절해 주기도 하는 능력을 말하는데, 비언어성 학습장애 아동은 환경 속에서 물건이 어떻게 놓여 있는지 알기 위해 시각적 정보를 사용하는 능력에 어려움이 있다. 예를 들어, 가까운 물건이 더 크게 보이고 멀리 있는 물건들이 더 작아 보이는 것을 이해하거나, 수학 문제로 가득한 페이지를 보고 앞의 문제가 어디에서 끝나고 다음 문제가 어디에서 시작하는지를 이해하는 데 어려움을 보인다.

(4) 비언어적 문제해결 곤란

비언어적 문제해결 기술은 매뉴얼 없이 물건을 어떻게 작동시키는지 아는 기술과 같은 것으로, 비언어성 학습장애 아동은 비언어적 문제해결에서 어려움을 보인다.

(5) 부조화나 유머를 이해하는 능력 부족

비언어성 학습장애 아동은 모순된 점을 이해하는 능력 혹은 유머를 이해할 수 있는 능력에서 어려움을 보인다.

4. 학습장애의 특성

학습장애의 가장 대표적인 특성은 읽기, 쓰기, 수학 등 학업성취 곤란이며, 이러한 학업적 요소는 구어 능력과 무관하지 않다. 또한 학업성취 곤란의 원인이 낮은 인지나 감각적·정서적·환경적인 경우와 달리 구어와 문어와 관련된 기본적인 심리 처리 과정상의 결함에 의한 것으로, 정보처리 과정에 어려움을 보인다. 또한 단서 추측의 어려움으로 인해 사회적 상호작용의 문제를 보이기도 한다. 이러한 어려움은 개인마다 그 유형과 정도가 각기 다른 이질성을 가지며, 일생 동안에 나타날 수 있다.

1) 학업성취 곤란

학업에 있어 저성취를 보이는 모든 학생이 학습장애인 것은 아니다. 하지만 학습장애의 대표적인 특징은 읽기, 쓰기, 수학 등 학업성취 곤란이다.

(1) 읽기

- 해독에 어려움을 보인다.
- 문맥 단서, 단어 구조의 분석을 통한 단어인지에 어려움을 보인다.
- 읽기유창성^{reading fluency} 및 읽기이해력에서 어려움이 나타난다.
- 수학장애와 함께 나타나기도 하며, 단독으로 나타나기도 한다.

(2) 쓰기

- 글자의 모양, 크기, 진하기 등 글자 쓰기 문제로 판독하기 어렵게 쓴다.
- 소리 나는 대로 쓰거나 삽입, 대체, 생략 등의 철자 오류를 보인다.
- 글의 구성 및 작문에 심각한 문제를 보인다.

(3) 수학

- 덧셈, 뺄셈 등 기초적인 연산의 정확도와 속도에서 낮은 수준을 보인다.
- 수학 개념을 이해하는 데 어려워하거나 종종 혼돈한다.
- 문장제 문제해결에서 어려움을 보인다.

2) 구어 기술 문제

학습장애 중 읽기장애가 80~85%로 가장 많은데, 읽기는 언어의 한 형태(구어: 말하기/듣기, 문어: 읽기/쓰기)로 구어에 어려움을 겪었거나 동반할 수 있다.

- 조음기관의 구조적이고 기능적인 문제가 없으나, 발음 오류를 보인다.
- 짧은 문장과 제한된 어휘를 사용하여 말한다.
- 알고 있는 사물의 이름을 명명하는 데 어려움을 보이기도 한다.
- 단어의 의미 및 문장의 의미를 다르게 이해할 때가 있다.
- 대화 상황에 맞게 적절하게 반응하는 데 어려움을 보인다.

3) 정보처리 과정의 결함

기본적인 심리 처리 과정이란 기억, 청각적 지각, 시각적 지각, 구어, 사고와 같은 정보처리 과정에 대한 것으로, 학습장애는 이들 중 한 가지 혹은 그 이상에서 결함이 있다는 것을 의미한다.

(1) 지각

- 청각 자극, 시각 자극, 촉각 자극을 변별·조직 및 해석하는 데 어려움을 보인다.
- 좌우 방향, 공간에 대한 감각이 약하다.
- 음운인식의 어려움을 보인다.

(2) 주의

- (학습 관련) 주의를 유지하는 데 어려움을 보인다.
- 과제 간 관련성을 이해하지 못해서 주의집중의 어려움을 보인다.

(3) 기억

- 정보를 효율적으로 기억하는 작업기억에 어려움을 보인다.
- 음운기억에 어려움을 보인다.

(4) 단서 추측

- 중심 단서보다 주변 단서에 집중하는 등 단서 추측에 어려움을 보인다.

알고 있나요?

학습장애와 주의력결핍과잉행동장애(ADHD)는 학습곤란을 보일 수 있다는 점에서 공통성이 있으나, 학습장애는 학습곤란으로 인하여 부주의한 행동 특성이 2차적인 문제로 나타난 것이며, ADHD는 전전두엽의 실행기능장애로 인한 부주의로, 부주의한 행동 특성이 1차적인 문제이며, 이로 인해 학습곤란이 2차적인 문제로 나타나는 것에서 학습장애와 차이점이 있다. ADHD를 동반한 학습장애가 있을 수 있으나, 학습장애와 ADHD가 항상 동반되는 것이 아님을 유의할 필요가 있다.

4) 초인지 문제

초인지metacognition는 학습에 대한 인간의 체계적인 사고를 인식하는 것으로, 자신의 사고 과정을 주도하고 통제함으로써 학습을 조장하는 능력으로서 '생각하는 것에 대해 생각하는 능력'이다(Baker, 1982). 초인지는 확인, 점검, 평가, 예측으로 구성되는데, 초인지 기술의 부족은 과제를 안 한 것과 별반 차이가 없게 되는 결과를 초래하거나, 학습의 효율성을 떨어뜨리며, 학습 전략learning strategies 부재로 나타나기도 한다. 학습장애는 학습 전략 부재로 인해 새로운 과제로의 성공적인 전환에 어려움을 보인다(Bender, 2004).

5) 사회정서 문제

학습장애 아동은 학습곤란으로 인한 스트레스, 불안으로 인한 정서적인 어려움을 겪기도 하며, 중심 단서 대신에 주제와 관련 없는 정보에 주의를 더 기울이거나 잘못 해석하는 낮은 단서 추측 능력으로 인해 사회관계의 어려움을 겪기도 한다(김기주, 김자경, 장성욱, 2020).

- 타인이 의도하는 것을 잘 알아채지 못한다.
- 적절하지 않은 또래의 행동을 모방한다.
- 갈등 상황이나 예기치 못한 상황에서 대처하는 데 어려움을 보인다.
- 낮은 학업성취로 인해 낮은 자아개념, 우울, 불안 등의 정서적 어려움을 겪을 수 있다.
- 누적된 실패감으로 인해 학습된 무기력 등 낮은 학습 동기를 보일 수 있다.

5. 학습장애 판별 모델

학습장애를 진단하고 판별하는 방법으로는 능력-성취 불일치 모델, 저성취 모델, 중재반응 모델, 인지 처리 과정 결함 모델이 있다.

1) 능력–성취 불일치 모델

능력–성취 불일치 모델은 Bateman(1965)이 소개한 개념으로, 학습장애를 진단하는 데 가장 많이 사용된 전통적인 모델로서 잠재 능력 대비 실제 성취 정도가 또래에 비해 심각하게 낮은 학생을 학습장애로 판별하는 방법이다(Mercer et al., 1996). 이때 잠재 능력은 흔히 지능지수로 보며, 성취 정도는 학업성취도 검사 결과로 보며, 불일치 정도는 편차 정도나 학년 점수로 본다. 즉, 지적잠재(지능지수) 능력이 평균 수준에 해당하는 아동이 또래 학업성취 수준에 비해 편차가 있는 경우로, 학생의 학업성취 수준의 차이가 저학년의 경우에는 1.5학년, 고학년인 경우에는 2학년 이상의 차이가 나는지를 공식화하여 판별한다.

능력–성취 불일치 모델은 이해하기 쉽고 적용하기가 비교적 간편하다. 하지만 '학업성취에서 1.5학년 이상의 지체를 보이기 전에는 학습장애 진단을 내릴 수 없는' 모델로, 3학년 이전에는 학습장애 진단이 어려워서 '실패할 때까지 기다리는' 모델이라는 비판을 면하기 어렵다. 또한 '지능을 잠재 능력의 척도라고 볼 수 있는가' '학습부진 혹은 이중언어 사용 학습자의 학습곤란과 학습장애로 인한 학습곤란을 구분할 수 있는가?' 등의 문제들이 제기되면서 현재는 학습장애를 진단하는 데 필수조건으로 다루고 있지는 않다(Bradley et al., 2002).

2) 저성취 모델

저성취 모델low–achieving model은 학업성취에 대해 절단 점수cut point를 정하고 이를 기준으로 미리 정한 기준에 도달하지 못하면 학습장애로 판별하는 방법이다. 저성취 모델은 지능–학업성취 불일치를 보이는 학생과 불일치를 보이지는 않으나 학업성취도가 낮은 저성취 학생이 차이점보다는 공통점이 많다는 연구 결과들로부터 도출된 모델이다(Shaywitz et al., 1992; Siegel, 1992). 저성취 모델에 따르면, **지능지수가 지적장애 기준(IQ 70)보다 높으면서 학업성취도가 백분위지수 25%ile 이하에 속하는 학생을 학습장애로 판별한다**(Fletcher & Denton, 2003; Mattison et al., 2002).

저성취 모델은 학업성취도를 기준으로 하므로 학습장애를 판별하기에 용이한 장점이 있다. 하지만 학습장애로 인한 저성취와 다른 요인(교육 경험, 사회경제적 요인

등)으로 인한 저성취 학생을 구별하기가 어려우며, 학업성취도 평가 과정에서 하나
의 검사 도구만을 활용한 경우에는 신뢰성에 관한 문제가 제기될 수도 있다(Francis et
al., 2005).

3) 중재반응 모델

중재반응 모델Response To Intervention: RTI은 보다 집중적인 중재를 받았음에도 불구하고 적
합한 반응을 보이는 것에 실패한 학생들을 학습장애로 판별한다. 중재반응 모델은 전통
적 모델인 '능력-성취 불일치 모델'의 한계인 조기 중재가 가능한 모델을 찾고자 하
는 논의가 시작되었다.

중재반응 모델은 학업에 어려움이 있는 학생들을 보다 빨리 파악할 수 있다. 중재
반응 모델의 절차는 양질의 교수를 일반 교실에 있는 모든 학생에게 제공하는 것으로
시작되는데, 이때 학업의 실패나 기초적인 읽기 영역에 대한 어려움이 있는 학생들에
대한 전반적인 선별과 함께 진행된다(1단계). 읽기에 어려움을 보이는 학생들(모든 학
생과 함께 있는 교실에서는 제대로 된 지도를 받을 수 없는 학생)에게는 주로 기본적인 처
치 프로토콜을 따르는 과학적 기초가 있는 중재가 제공된다(2단계). 만약 학생이 2단
계에서 제공된 중재에 반응하지 않는다면 그 학생은 아마도 '반응하지 않는 자'로 정
의되고, 그 학생의 배우는 속도를 증가시키기 위해 추가적이거나 더 집중적인 중재를

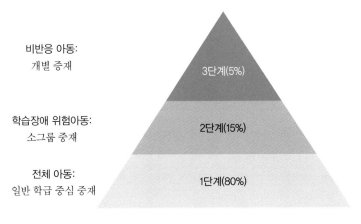

[그림 1-3] 중재반응 모델

출처: Bender & Shores (2007).

받을 것이다. 그리고 하나의 중재를 통해 학생이 향상되지 못하면 목표하는 반응이 나올 때까지 새로운 중재가 제공된다(Flanagan & Alfonso, 2016).

중재반응 모델(RTI)은 예방과 교정, 더 효과적인 수업과 제대로 된 학습장애 판별을 목적으로 한 모델이지만, 교육과정, 수업 수단, 측정 도구 등에 대한 표준 중재 프로토콜에 대한 연구가 부족한 채 교육 현장에서 적용하여, 교사들이 학습장애의 진단 의뢰를 포기하는 부작용을 초래하기도 했다(정대영, 2013). 학습장애를 지닌 특수교육대상 학생이 2007년 6,982명(10.6%)에서 2012년 4,724명(5.6%)으로, 2020년 1.3%로 감소 추세를 보이고 있는 것과 무관하지 않다(교육과학기술부, 2020).

4) 인지 처리 과정 결함 모델

인지 처리 과정 결함 모델processing deficit은 읽기, 쓰기, 셈하기 각각에 영향을 미치는 인지 처리 과정에서의 수행 정도가 또래들에 비해 얼마나 낮은지 여부를 기준으로 학습장애를 진단하고 판별하는 방법이다. 읽기장애의 경우, 지능이나 여타 성적을 보지 않고 읽기 인지지표에 해당하는 음운인식, 빠른 자동 이름 대기 등으로 판별하는 것이 이에 해당한다.

인지 처리 과정의 강점과 약점 패턴 접근은 학습장애 정의와 상당히 일치하고, 능력-성취 불일치 모델이나 중재반응 모델의 한계점을 보완할 수 있다(Jimerson et al., 2007). 정보처리 과정의 강점과 약점 패턴을 확인하는 인지 처리 과정 결함 모델은 제3의 진단평가 방법으로 제기되고 있다(Flanagan & Alfonso, 2016; 이대식, 2007).

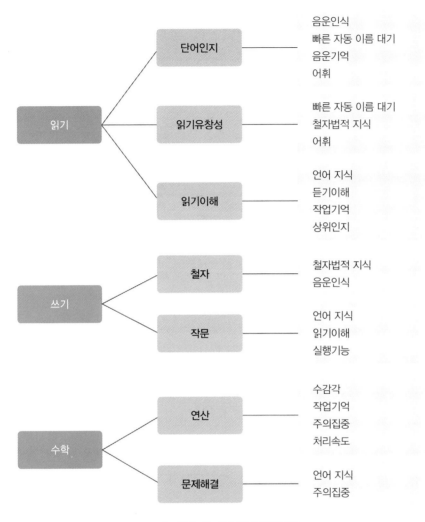

[그림 1-4] 학습장애 인지지표

출처: 김애화 외(2012).

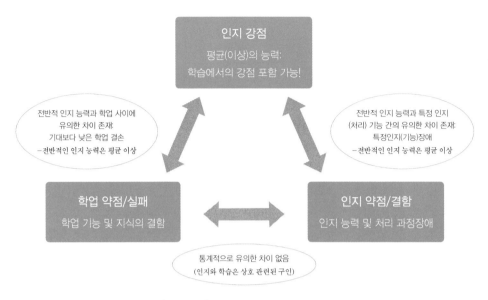

[그림 1-5] 인지 처리 과정 결함 모델

출처: Flanagan & Alfonso (2016).

6. 학습장애 선정 절차

한국학습장애학회(2013년)에서 제안한 학습장애 학생 선정 조건 및 절차는 다음과 같다. 학습장애 판별 과정에는 지능검사, 학력검사와 배제 요인을 검토하는 과정이 필수적으로 포함된다. 이는 지적장애나 정서·행동장애 혹은 교육 기회 부족과 같은 이유로 학습곤란을 겪고 있는 것은 아닌지를 확인하기 위함이다.

국내의 학습장애 선정 배치는 초기에는 '불일치 모델'을 중심으로 하였고, 2010년부터는 '능력-성취 불일치 모델+저성취 모델+중재반응 모델'을 제시하였다.

표 1-2 국내 학습장애 학생 특수교육 대상 선정 조건 및 절차

절차	내용
1단계: 선별 및 의뢰	'각급 학교의 장 및 보호자'가 다음 중 하나를 제출함 ① 기초학력진단평가, 교과학습 진단평가 등에서 부진 학생으로 선별된 결과, 학습장애 선별검사에서 학습장애 위험군으로 선별된 결과, 학생의 학업 수행이 또래에 비해 낮다는 것을 증명할 수 있는 교사의 관찰평가 중 하나 ② 단위 학교 또는 지역 교육청에서 부진 프로그램(학습종합클리닉 등)을 받았던 기록 ③ 외부 전문 기관(의료기관, 상담실, 아동센터, 클리닉 등)의 학습장애 관련 검사에서 위험군으로 나온 결과
2단계: 진단평가 실시 및 결과 보고	'특수교육지원센터'에서 다음의 결과보고서를 모두 제출함 ① 지능검사 결과: 표준화된 개인별 지능검사 결과, 전체 IQ 70 이상 ② 학력진단검사 결과: 표준화된 개인별 학업성취도 검사 결과, 백분위 지수 16%ile 이하 혹은 −1SD에 해당 ③ 배제 요인 검토 결과: 감각장애, 정서·행동장애나 외적 요인(가정환경, 문화적 기회 결핍)이 학습문제의 직접적인 원인이 아님 (단, 학습의 문제가 다른 장애나 외적 요인의 직접적인 결과는 아닌 것으로 명확하게 밝혀지지 않은 경우, ①과 ②의 조건을 만족시키면 학습장애로 진단 가능)
3단계: 특수교육 대상 학생 선정	'교육장 또는 교육감'은 해당 특수교육운영위원회의 심사(검사 결과 및 제출 자료 등 검토)를 거쳐 학습장애를 지닌 특수교육 대상자로 최종 선정

출처: 김애화 외(2018).

7. 학습장애 조기선별

　학습장애 조기진단 및 중재의 중요성이 강조되면서 학습장애 위험군의 조기선별에 관한 연구도 활발해지고 있다. 많은 연구에서 읽기장애는 음운인식을 포함하는 음운 처리 기술의 어려움을, 수학장애는 수감각 문제를 취학 전에 보임을 확인하였으며, 이로써 학습장애 위험군의 조기 중재 기반을 마련하였다. 난독증도 음운 처리 기술에서 핵심 결함이 있음이 보고되었고, 이를 통해 취학 전 아동의 말소리 및 언어와 무관하지 않다. 아동의 조음기관 구조와 기능에 문제가 없고, 언어발달에 지연을 보

이지 않지만 발음 오류나 낱말 회상에서 어려움을 보이는 형태로 양상이 드러나기도 한다.

Lerner(2006)는 학습장애 위험을 가진 유아들의 전조 증상precursor에 대해 다음과 같이 말하고 있다.

① 이해력에 비하여 말(구어 표현)이 늦음

② 발음에서 문제를 가짐

③ 종종 단어의 이름을 명명하는 데 어려움을 보임

④ 말소리를 올바르게 인식하는 데 어려움을 가짐

⑤ 글자, 숫자, 날짜, 요일과 같은 것을 학습하는 데 어려움을 보임

⑥ 종종 안절부절하고, 쉽게 산만해지는 것 같아 보임

⑦ 또래와의 관계 기술에서 어려움을 가짐

⑧ 잘하는 것과 못하는 것의 능력과 태도 차이가 큼

강혜진(2011)은 취학 전 학습장애 위험아동 조기선별척도를 개발하여 학습장애가 의심되는 아동을 대상으로 일반 교사나 부모가 용이하게 사용할 수 있게 하였다. 이 선별척도는 NJCLD(2007)가 제시하는 학령전기의 학습장애 위험 요인인 인지 영역, 학습 영역, 구어 영역, 운동 영역, 행동 영역 등을 포함하여 구성되어 있다. 취학 전 학습장애 위험아동 조기선별척도는 62문항으로 구성되어 있으며, 94점 이상이면 학습장애 위험아동으로 선별된다(참고: 하위 영역 기준 점수는 운동 13점 이상, 인지 25점 이상, 언어 33점 이상, 수학 11점 이상, 행동 22점 이상이다).

표 1-3   **취학 전 학습장애 조기선별척도**

운동 영역	전혀 1	가끔 2	자주 3	항상 4
1. 오르내리기, 제자리에서 뜀뛰기가 둔하고 서툴다.				
2. 한 발로 서기, 선 따라 걷기에 어려움이 있다.				
3. 공받기나 공차기 놀이를 하는 데 어려움이 있다.				
4. 물건을 잘 떨어뜨리고, 부수며, 음식물을 잘 흘린다.				
5. 스스로 옷 입기가 서툴다. (예: 단추, 지퍼)				
6. 선 따라 긋기, 선 안에 색칠하기에 어려움이 있다.				
7. 모양맞추기를 잘하지 못한다.(예: 블록, 퍼즐)				
8. 익숙한 장소에서 길을 잃는다.(예: 집 근처, 유치원 가는 길)				
인지 영역				
1. 단기 기억에 어려움이 있다. (예: 교사가 지시한 3~4가지 사물을 기억해서 말하거나 가져오지 못한다)				
2. 장기 기억에 어려움이 있다. (예: 방학 때 있었던 일, 지난주에 배운 내용)				
3. 연속적인 순서 기억에 어려움이 있다.(예: 요일, 달, 계절)				
4. 시각적 기억에 어려움이 있다. (예: 그림 또는 영상과 같은 시각적 자료로 보여 주는 정보를 기억하지 못한다)				
5. 청각적 기억에 어려움이 있다. (예: 구연동화와 같은 청각적으로 들려 주는 정보를 기억하지 못한다.)				
6. 공간 지각에 어려움이 있다. (예: 위-아래, 가까운-먼)				
7. 방향을 구별하지 못한다. (예: 왼쪽-오른쪽)				
8. 시간에 대한 이해가 부족하다. (예: 어제-오늘-내일, 아침-점심-저녁)				
9. 시각에 대한 개념이 부족하다. (예: 점심시간 → 낮 12시, 유치원 마치는 시간 → 오후 3시)				
10. 시각적 전경-배경의 변별에 어려움이 있다. (예: 문자-배경, 중요한 부분-부수적 배경)				
11. 사물을 유목화하는 데 어려움이 있다. (예: 같은 색깔이나 모양대로 블록 분류하기, 과일 종류 말하기)				
12. 새로운 과제나 게임을 배우는 데 시간이 많이 걸린다.				
13. 배운 내용을 다른 상황에 응용하지 못한다.				
14. 반복되는 규칙(패턴)을 알고 다음에 올 것을 예측하는 데 어려움이 있다.				
15. 교사의 지시를 이해하고 수행하는 데 어려움이 있다.				

언어 영역	전혀 1	가끔 2	자주 3	항상 4
1. 발음을 모방하는 데 어려움이 있다.				
2. 단어의 음을 빠뜨리거나, 대체하거나, 순서를 바꾸어서 발음한다. (예: 크리스마스-크리마스, 스케이트-스트이트, 해바라기-해라바기)				
3. 이야기할 때 적절한 단어를 찾지 못해 불필요한 삽입음(음, 어)이나, 지시대명사(그것, 저것)를 사용한다.				
4. 연령에 맞는 어휘의 의미를 이해하지 못한다.				
5. 시제(과거-현재-미래)를 바르게 사용하지 못한다. (예: "내일 비가 왔어요.")				
6. 주어와 동사가 일치되지 않게 말한다. (예: "경찰이 도둑을 잡혔어요.")				
7. 때와 장소, 대상에 맞게 이야기하지 못한다.				
8. 자신의 경험을 시간적 순서에 따라 이야기하지 못한다.				
9. 동화 이야기를 사건의 순서에 맞게 이야기하지 못한다.				
10. 글자와 소리 간의 관계를 이해하지 못한다. (예: 'ㄱ' 글자와 [ㄱ] 소리의 관계)				
11. 음운인식 능력이 부족하다. (예: '바다'와 '바지'의 [바]는 같은 소리라는 인식)				
12. 비슷해 보이는 글자와 숫자를 혼동해서 읽는다. (예: 'ㅏ'와 'ㅓ', '6'과 '9')				
13. 한글 자음과 모음의 이름을 말하지 못한다. (예: 'ㄱ' - 기역, 'ㅏ' - 아)				
14. 끝말잇기 놀이를 이해하지 못한다.				
15. 읽기 활동(글자, 단어, 동화)을 싫어한다.				
16. 구두로 들려 주는 이야기(동화)를 이해하지 못한다.				
17. 글자나 도형을 보고 그대로 따라 쓰거나 그리지 못한다.				
18. 문자나 숫자를 거꾸로 쓴다. (예: 'ㅏ'를 'ㅓ'로, '6'을 '9'로 씀)				
19. 정해진 칸 안에 글자나 숫자를 쓰지 못한다.				
20. 자신의 이름을 쓰지 못한다.				
21. 연필 잡기가 서툴러서 글씨를 쓰는 데 어려움이 있다.				
22. 정밀한 조작이 필요한 활동을 하는 데 어려움이 있다. (예: 가위로 선 따라 자르기, 색종이 접기)				
수학 영역				
1. 주변의 물체를 10까지 세는 데 어려움이 있다.				
2. 사물의 크기를 비교하는 데 어려움이 있다. (예: 신발과 가방의 크기)				
3. 사물의 길이를 비교하는 데 어려움이 있다. (예: 연필과 지우개의 길이)				
4. 사물의 개수를 비교하는 데 어려움이 있다. (예: 사탕의 개수)				

5. 덧셈의 기초 개념(모으기)을 이해하지 못한다.				
6. 뺄셈의 기초 개념(가르기)을 이해하지 못한다.				
행동 영역				
1. 주어진 활동에 집중하지 못하고 자주 경고를 받는다.				
2. 주어진 과제를 스스로 완성하지 못하고 쉽게 포기하거나 회피한다.				
3. 하던 활동을 다른 활동으로 바꾸는 것이 어렵다. (예: 하던 활동이 끝나도 계속하려고 한다.)				
4. 게임을 할 때 규칙을 따르지 않는다.				
5. 단체 활동을 할 때 순서를 지키지 않고 끼어든다.				
6. 학급 분위기를 흐트러트리는 행동을 한다.				
7. 주변 정리가 잘되지 않는다.				
8. 자신의 물건을 챙기지 못하고 잘 잃어버린다.				
9. 화가 날 때 자기통제력이 부족하다.				
10. 다른 사람의 감정을 이해하는 데 어려움이 있다.				
11. 친구 사귀기, 화해하기 등의 또래 관계 기술이 부족하다.				

출처: 강혜진(2011).

참고문헌

강옥려, 강종구, 김소희, 김애화, 김용욱, 김윤옥, 김의정, 김자경, 변찬석, 서선진, 우정한, 이
    대식, 이원령, 이태수, 정대영, 조은미, 최승숙, 최종근, 허승준, 허유성, 홍성두(2014). 학
    습장애 총론. 학지사.

강혜진(2011). 학습장애 위험아동 조기선별척도 개발 및 유용성 검증. 박사학위논문, 부산대
    학교 대학원

김기주, 김자경, 장성욱(2020). 학습장애 학생과 지적장애 학생의 언어문제해결력 하위 요소
    비교. Communication Sciences and Disorders, 25(2), 288-298.

김동일, 이대식, 신종호(2016). 학습장애 아동의 이해와 교육(3판). 학지사.

김소희(2006). 학습장애 하위유형으로서 비언어적 학습장애에 관한 고찰. 특수교육학연구
    (41), 59-78.

김애화, 김의정, 김자경, 정대영(2018). 학습장애, 난독증, 학습부진(경계선 지능 포함) 및 학
    습지원대상 학생은 누구이며, 교육적 지원은 이대로 괜찮은가?: 특수교육의 역할과 과제
    에 대한 소고. 특수교육학 연구, 53(1), 1-21.

김애화, 김의정, 김자경, 최승숙(2012). 학습장애 이론과 실제. 학지사.

민병근(1963). 어린이의 정신건강: 학습장애. 신경정신의학, 2(2), 63.

이대식(2007). 수학학습장애 진단 및 판별 방법으로서의 내재성 처리과정 결함 접근의 타당
    성과 전망. 정서 · 행동장애 연구, 23(2), 217-249.

이대식(2017). 학습부진 및 학습장애 교육: 교수-학습이론과 모형의 조건. 학지사.

이화진, 김민정, 이대식, 손승현(2009). 초등학교 학습부진아 지도 프로그램 개발 연구. 한국
    교육과정평가원 연구보고서 RRC 2009-13.

일본 문부과학성(1999). 학습장애아 지도에 대하여(보고). 학습장애 및 이와 유사한 학습상
    의 어려움을 갖는 아동 · 청소년의 지도방법에 관한 조사연구협력자회의.

정대영(2010). 비언어성 학습장애의 개념, 분류 및 진단평가 방법 고찰. 학습장애연구, 7(2),
    57-79.

정대영(2013). 한국에서의 학습장애 진단 및 판별의 쟁점과 방향. 2013 한국학습장애학회 춘
    계학술대회 자료집.

한국교육과정평가원(2017). 2017년도 기초학력 향상 지원 사업 담당 장학사 워크숍. 한국교
    육과정평가원.

한국특수교육학회(2008). 특수교육대상자 개념 및 선별기준. 한국특수교육학회.

홍강의, 한덕현, 홍순범, 홍현주, 황준원, 강제욱, 고복자, 곽영숙, 구영진, 권용실, 김계현, 김
    동일, 김봉석, 김봉년, 김영태, 김예니, 김의정, 김재원, 김주희, … 한덕현(2014). DSM-5
    에 준하여 새롭게 쓴 소아정신의학. 학지사.

American Psychiatric Association (2013). *Diagnostic and Statistical Manual of Mental Disorders: DSM-5*. American Psychiatric Publishing.

Baker, L., & Anderson, R. I. (1982). Effects of inconsistent information on text processing: Evidence for comprehension monitoring. *Reading Research Quarterly, 17*, 281-294.

Bateman, B. (1965). Learning disabilities: An overview. *Journal of School Psychology, 3*(3), 1-12.

Bender, W. N. (2004). *Learning disabilities. Characteristics, identification, and teaching strategies* (5th ed.). Pearson Education Inc., Boston.

Bender, W. N., & Shores, C. (2007). *Response to intervention: A practical guide for every teacher*. Corwin Press.

Bradley, R., Danielson, L., & Hallahan, D. P. (2002). *Identification of learning disabilities: Research to practice*. Routledge.

Flanagan, D. P., & Alfonso, V. C. (2016). 학습장애 진단과 판별 (*Essentials of specific learning disability identification.*). (김동일 역). 학지사. (원저는 2010년에 출판).

Fletcher, J. M. & Denton, C. (2003). Validity of alternative approaches to the identification of LD: Operationalizing unexpected underachievement. Paper presented at the National Research Center on Learning Disabilities Responsiveness to Intervention Symposium, Kansas City, MO.

Fletcher, J. M., Morris, R. D., & Lyon, G. R. (2003). Classification and definition of learning disabilities: An integrative perspective. *Handbook of learning disabilities, 1*, 30-56.

Francis, D. J., Fletcher, J. M., Stuebing, K. K., Lyon, G. R., Shaywitz, B. A., & Shaywitz, S. E. (2005). Psychometic approaches to the identification of learning disabilities: IQ and achievement scores are not sufficient. *Journal of Learning Disabilities, 38*(2), 98-108.

Individuals with Disabilities Education Improvement Act(IDEA) of 2004, Public Law 108-466, Section 602[30]

Kirk, S. A. (1962). *Educating exceptional children*. Houghton Mifflin.

Lerner, R. M. (2006). Developmental Science, Developmental Systems, and Contemporary Theories of Human Development. In R. M. Lerner & W. Damon (Eds.), *Handbook of child psychology: Theoretical models of human development* (pp. 1-17). John Wiley & Sons, Inc..

Mattison, R. E., Hooper, S. R., & Glassberg, L. A. (2002). Three-year course of learning disorders in special education students classified as behavioral disorder. *Journal of the American Academy of Child & Adolescent Psychiatry, 41*(12), 1454-1461.

Mercer, C. D., Jordan, L., Allsopp, D. H., & Mercer, A. R. (1996). Learning disabilities definitions and criteria used by state education departments. *Learning Disability Quarterly, 19*(4), 217-232.

Rourke, B. P. (1995). Introduction: The NLD syndrome and the white matter model. In B. P. Rourke (Ed.), *Syndrome of nonverbal learning disabilities: Neurodevelopmental manifestations* (pp. 1-26). The Guilford Press.

Shapiro, B., Church, R. P., & Lewis, M. E. B. (2007). Specific learning disabilities. In M. L. Batshaw, L. PellegrinoJ, & N. J. Roizen (Eds.), *Children with disabilities* (pp. 367-385). Baltimore, MD: Paul H. Brookes.

Siegel, L. S. (1992). Dyslexia vs poor readers: Is there a difference? *Journal of Learning Disabilities, 25*, 618-629.

The National Advisory Committee on Handicapped Children (1968). *First Annual Report.* US Government Printing Office.

제2장

난독증과 음운 처리 기술

진수는 올해 7세반이다. 올해부터 갑자기 유치원을 안 가려고 한다. 유치원 선생님도 달라진 건 한글 공부가 시작된 거 밖에 없는데 갑자기 산만하고 거칠어졌다며 걱정을 하신다. 작년부터 한글학습지를 몇 번 시도했으나 너무 싫어해서 집에서 한글 공부는 안 하고 있다.

초등학교 1학년인 미나는 한글과 수학 모두 어려움이 있다며 찾아왔다. 한글은 자기 이름 외에는 쓰지 못하고, 읽을 수 있는 단어가 거의 없다. 수학은 (문장제)문제를 읽어주면 풀 수 있는데, 읽고 풀라고 하면 아무것도 안 하고 창밖을 바라보기만 한다.

초등학교 2학년인 현기는 (미리 안내한) 받아쓰기는 100점을 받기도 한다. 그런데 준비물을 알려주며 알림장에 적으라고 하면 적지 못한다.

초등학교 3학년인 도경이는 읽기는 하지만 한자 한자 짚으며 읽는 등 읽는 속도가 매우 느리다. 엄마의 말에 의하면, 7세부터 한글을 가르쳤는데 너무 힘들어하고 배운 글자도 금방 까먹는 걸 보고 난독증이 아닌가 하는 생각을 했다고 한다. 3년 넘게 매일 한 시간씩 (가정에서) 한글공부를 하고 있는데, 아직도 읽고 쓰는데 어려움이 있다.

초등학교 4학년인 철수는 IQ가 129로 기억력도 좋고 말도 엄청 잘한다. 그런데 (일기)쓰기를 너무 힘들어한다. 한두 문장을 쓰는 데 두 시간이 걸린 적도 있다.

영희씨는 44세 성인이다. 읽기는 중학생이 되어서 겨우 가능했고, 쓰기는 아직도 간단한 메모나 카톡도 어렵다. 철자를 틀리게 쓰진 않을까 불안해서 문자는 사용하지 않고, 무조건 통화를 한다. 자신이 읽기쓰기를 못하는 건 어릴 적부터 선생님과 부모님이 머리가 나쁘고, 게을러서 그런 거라고 해서 지금까지 그런 줄 알았다. 한편, 자신이 글을 못 적는다는 건 가족이나 친구에게도 숨길 만큼 수치스럽게 생각한다.

앞의 여섯 명의 공통점은 무엇일까?

모두 난독증을 가지고 있다는 것이다. 난독증^{dyslexia}은 특정학습장애 유형 중의 하나로, 읽기와 철자법 학습의 어려움을 설명하는 정확한 명칭이나, 난독증의 실제적 의미에 관한 혼란은 여전히 존재한다. 초기 난독증의 개념은 읽기와 쓰기를 포함한 언어의 어떤 부분이 손실된 실어증의 하나로 간주하기도 하였고, 단어맹^{word blindness}으로 불리기도 하였다. 현재 난독증 관련 연구 자료는 훨씬 축적되었으나, 임상 현장에서의 난독증 선별 및 진단은 그 특성이 이질적인 면과 여전히 낮은 인식으로 쉽지만은 않다.

이 장에서는 난독증의 어원과 원인을 살펴보면서, 난독증 이해를 돕고자 한다. 특별히 난독증의 핵심 원인인 음운 처리 과정의 개념에 대해 자세히 설명하였다.

1. 난독증의 개념

1) 난독증의 어원과 관련 용어

학습장애라는 용어는 1963년에 Kirk가 소개한 것으로, 학습장애가 최근에 대두된 새로운 범주라고 생각할 수도 있겠지만, 그 근원은 적어도 1800년대까지 거슬러 올라 간다.[1]

난독증 관련 최초 연구는 뇌졸중이나 뇌손상으로 읽기 능력을 상실한 성인에 대한 사례 연구에서 시작되었다. 1872년, William Broadbent는 구어장애 및 읽기장애를 가진 사람의 부검에서 나타난 피질 손상에 대해 보고했다. 5년 후인 1877년에 Kussmaul은 심한 읽기장애를 가진 성인 사례에 대해 보고하였다. Kussmaul은 '완전한 문자맹은 시각 능력, 지능, 발화 능력이 완전하다고 하더라도 존재할 수 있다'고 설명하면서 읽는 능력을 잃은 실어증에게 **단어맹**이라는 용어를 처음 적용하였다 (Hallahan & Mercer, 2002). 더불어 청각은 완전하나 들은 단어를 이해하는 데 어려움이 있는 사람을 **단어농**word deafness이라는 용어로 소개했다.

난독증이라는 용어인 'dyslexia'를 처음 사용한 사람은 독일의 안과 의사 Rudolf Berlin이다. 1887년, Berlin은 23년 이상 수집한 사례들을 분석하여 실독증에 속하지만 단어맹에 더 가까워 보이는 용어를 재정의하려고 노력했고, 최초로 '**난독증**'이라는 용어를 사용하였다.[2] 난독증은 'dys-(잘못된, 불완전한, 어려움, 손상된)'와 'lexis(말하다)'라는 의미의 그리스어를 조합한 것으로, '읽기에 어려움을 갖는'이라는 뜻을 지닌다.

1896년, 영국의 의사 Morgan도 수리와 게임에 능하지만 읽기 학습에 심각한 문제를 보이는 14세의 영리한 소년에 대해 **선천적 단어맹**congenital word blindness이라는 용어를 사용하였다. 다음은 그가 사례를 발표한 내용 중 일부이다.

"그의 가장 큰 어려움은 읽기를 배우는 능력이 없는 것이다. 이 무능력은 현저하고 명백한데, 어느 정도 선천적 결함으로 인한다고 확신한다. …… 아래는 짧은 시간 동안에 이루어진 검사의 결과이다. 그는 날짜를 알고 모두 읽고 쓸 수 있지만, 받아쓰기에서는 가장 단순한 단어조차 힘들어 하였다. 예를 들어, 다음 문장을 받아쓰게 했다. 'Carefully winding the string round the pig'는 'culfuly winder the sturng rond the pag'라고 썼다. 자신의 이름인 'Percy'를 'Precy'로 잘못 쓰는 실수를 하는데, 그가 다시 주의를 기울이기 전에는 그 실수를 알아채지도 못하였다. 그다음에 쉬운 아동용 책에서 한 문장을 뽑아 단어의 철자를 대지 않고 읽게 했다. 결과는 특이했

1) 독일 의사 Joseph Gall은 1802년에 최초로 뇌의 각 부위가 각기 다른 기능을 담당하고 있으며, 뇌의 특정 부분의 손상은 그와 관련된 기능에 장애를 초래한다는 것을 이론화하였다.
2) Rudolf Berlin은 그의 논문 「Eine besondere art der wortblindheit(Dyslexie)」에서 난독증이라는 용어를 처음 사용하였다(Wagner, 1973).

다. 그는 'and' 'the' 'of' 'that' 같은 단어를 제외하고 한 단어도 올바르게 읽지 못했다. 다른 단어들은 전혀 모르는 것처럼 보였고, 그 단어들을 발음하려고 시도하지도 않았다. …… 그는 단어에 의해 생성된 시각적 모양을 보존하거나 기억하는 능력이 없어 보였다. 이 사실로 미루어 볼 때, 그에게는 단어가 보이긴 했으나 의미가 없었다. 그의 단어에 대한 시각 기억은 결함이 있거나 결여되었으며, 이는 Kussmaul이 언급한 '단어맹'과 같은 것이다. 그 소년은 영리하고 대화에서 평균 지능을 나타내었고, 그의 시력은 좋았다고 덧붙일 수 있다. 그를 몇 년간 지도했던 선생님은 수업이 완전히 말로만 이루어진다면 그 학생은 학교에서 가장 현명한 학생이었을 것이라고 말했다."(Morgan, 1896, p. 94)

Kussmaul은 어떤 형태의 외상이 대뇌에 가해진 결과로 나타나는 후천적인 읽기 능력의 상실 사례에 대해, Berlin과 Morgan은 출생 시부터 나타나는 선천적인 단어맹에 해당하는 읽기 학습 문제를 소개한 것으로, 난독증의 개념은 이들에 의해 만들어진 것이라고 볼 수 있다.

이러한 연구가 이루어진 것은 1890년대 후반부터 유럽에서 의무교육이 확산되기 시작한 시대적 배경과도 관련이 있다. 이전과 달리 적절한 교육이 이루어지는데도 불구하고 읽기 학습에 어려움을 보이는 아동들에 대해 주목하면서 난독증 관련 사례 보고가 나타나기 시작한 것이다(Nancy & Barbara, 2012).

Berlin 이후, 난독증 연구에서 선구자적 역할을 한 사람은 의사인 Samuel Orton이다. 오늘날의 국제난독증협회The International Dyslexia Association의 전신인 'Orton 난독증협회The Orton Dyslexia Society'는 1946년에 Orton에 의해 창립되었다.

1963년, Kirk가 학부모와 전문가들의 모임에서 **학습장애**learning disability라는 용어를 제안한 후에 이 용어는 지지를 받았고, 그 이후 지금까지도 널리 통용되고 있으며, 난독증은 학습장애의 하위 유형에 해당한다. 학습장애는 난독증을 포함하여 몇 가지 다른 유형의 장애를 포함하는 더 넓은 범위이다.

학습장애를 지칭하던 미소뇌기능손상, 지각장애와 같은 용어는 오늘날 사용되지 않는 것에 비해 난독증이라는 용어는 현재에도 사용되고 있다. 19세기 말에는 **난독증**dyslexia이 뇌손상이나 뇌병변과 관련된 읽기 문제를 명명하기 위하여 사용된 것이었으나, 지금은 뇌손상의 증거가 없는 발달적 읽기장애 아동에게도 적용되고 있다. 난독증은 발달성 난독증, 특정읽기장애 읽기장애와 서로 호환되는 용어로 사용되고 있다. 특히 의학이나 심리학 분야에서는 난독증의 '병인^{etiology}'인 신경생물학적 원인을 강조하면서 난독증이라는 용어를 선호하는 편이다(Gjessing & Karlsen, 1989). 이에 반해 국내외 특수교육법과 국제 통계 편람 및 분류 체계에서는 학습장애라는 용어를 선호하는 편이다. 난독증과 학습장애 용어 간의 논란은 여전히 진행 중이나, 미국의 50개 주 중 46개 주에 난독증 관련 법이 있다(Youman & Mather, 2018). 국내에서도 이 두 용어가 법과 조례 등에서 혼재되어 사용되고 있는 상황이다. 예컨대, 「장애인 등에 대한 특수교육법」과 「한국 질병분류 정보센터」에서 학습장애라는 용어가 사용되고 있다. 반면, 2019년 기준으로 전국 17개 교육청 및 시·도 단위의 난독증 학생 지원을 위한 조례가 제정되어 있는 실정이다.

2) 난독증의 정의

국제난독증협회(International Dyslexia Association, 2002)에서 채택하여 제시하는 난독증의 정의는 다음과 같다.

"Dyslexia is a specific learning disability that is neurobiological in origin. It is characterized by difficulties with accurate and/or fluent word recognition and by poor spelling and decoding abilities. These difficulties typically result from a deficit in the phonological component of language that is often unexpected in relation to other cognitive abilities and the provision of effective classroom instruction. Secondary consequences may include problems in reading comprehension and reduced reading experience that can impede growth of vocabulary and background knowledge."

"난독증은 그 원인이 신경학적인 특정학습장애이다. 단어재인에서의 정확성 그리고/혹은 읽기유창성에서의 어려움이 특징이며 낮은 철자 능력과 낮은 해독 능력 또한 특징이다. 이러한 어려움은 언어의 음운학적 요소들에서의 결함에 기인한 것으로, 음운적인 결함은 인지 능력이나 효과적인 중재로도 예상하기가 힘들다. 이차적으로 읽기

이해에서의 문제들, 어휘와 배경 지식의 향상을 방해할 수 있는 읽기 경험의 감소 문제
가 발생할 수 있다."

국제난독증협회의 난독증의 정의를 정리하면 다음과 같다.

- 난독증은 특정학습장애이다. 난독증은 특수교육 대상이 되는 학습장애의 유형 중
하나로, 학습장애와 동일한 개념으로 볼 수는 없으나 학습장애의 기본 특성을
가진다. 주의력결핍과잉행동장애 혹은 구어장애와 같은 다른 장애(상태)와 공존
할 수 있다.
- 난독증의 특징은 단어재인의 정확성과 유창성의 어려움, 낮은 철자 능력과 해독 능력
이다. 단어재인이란 단어를 소리 내어 읽고, 그 단어의 의미를 파악하는 능력으
로, 무의미단어의 음독(해독)을 포함한다. 따라서 난독증은 의미단어를 정확하
게 읽지 못하거나, 읽는 속도가 느릴 수 있으며, 의미단어는 제대로 읽더라도 무
의미단어를 정확하게 읽는 데 어려움을 보인다. 또한 단어를 올바르게 철자하는
데 어려움을 보인다.
- 난독증은 신경생물학적인 원인으로 낮은 인지 능력, 교육 기회나 경험 부족과는 무관
하다. 신경생물학적 원인이라 함은 뇌기능 문제로 인한 선천적인 것이라는 의미이
며, 지적장애와 같은 낮은 인지 능력이나 읽기 관련 교육 경험의 부재로 인한 것
이 아니다.
- 난독증의 원인은 언어의 음운학적 요소들의 결함으로 인한 것이다. 언어에서 음운론
적 요소는 말소리 체계에 대한 것으로, 난독증의 해독 및 읽기유창성, 철자의 어
려움은 음운인식, 음운회상, 음운작업기억 등의 결함으로 인한 것이다.
- 난독증으로 읽기이해의 어려움, 읽기 경험의 감소로 인한 어휘와 상식 부족이 생길 수
있다. 낮은 어휘력이나 상식의 부족은 난독증의 원인이 될 수 없다. 하지만 읽기
에 어려움이 있으면 그 아동은 더 적게 읽게 되어 그로 인한 어휘나 상식의 부족,
나아가 읽기이해의 어려움이 2차적으로 발생할 수 있다.

한국학습장애학회의 난독증 선별 체크리스트

난독증 선별 체크리스트(김윤옥, 변찬석, 강옥려, 우정한, 2015)는 해독과 철자(10), 유창성 및 자동성(5), 독해(2), 읽기의 부수적 효과(2), 좌우뇌 우세성(3), 지능(2), 재능(1), 실행기능(1), 가족력(1)으로, 총 27문항으로 구성되어 있다.

각 문항마다 3점 척도이며, '아니다' 1점, '약간 그렇다' 2점, '그렇다' 3점이다. 따라서 본 검사의 점수의 범위는 최저 27점에서 최대 81점까지이며, 점수가 높을수록 읽기 능력이 부족하고 난독증 위험이 높다는 것을 의미한다.

문항	문항 내용	참고 및 유의사항
1	지능은 정상으로 보이나 읽고, 쓰거나 철자를 또래 학년 수준만큼 잘 하지 못한다('지능은 정상': 지적 장애가 없고, 학습 이외의 활동이 또래와 비슷함).	일상생활과 읽기 학습 수행과의 차이를 봄
2	지능이 정상으로 문제를 읽어주면 잘하나 혼자 읽고 문제를 푸는 것은 잘 하지 못한다.	과제를 읽어줄 때 학습 수행을 시작하는 경우가 한 예가 될 수 있음
3	들은 내용을 즉시 전달하거나 자신의 말로 바꾸어 말하는 데 어려움이 있다(예: 말 전하기).	교사의 지시를 급우에게 전달할 때 부정확한 경우
4	말을 할 때 단어를 잘못 발음하거나, 음절, 단어, 구의 순서를 바꾸어 말한다(예: 로그인 → 그로인, 노점상 → 점노상 등).	단어 속의 글자 순서에 대한 혼돈이 있는 경우
5	말을 할 때 많이 머뭇거리거나 적절한 단어를 찾지 못한다(예: 음, 아, 저기, 그거 있잖아요 등의 잦은 사용).	어휘에 대한 기억이 빈약한 경우
6	특정 받침 발음에 문제를 보인다(예: '반을 잘라' → [바느 잔나], '밝아' → [박아] 등).	유성음 'ㄴ, ㄹ'이 자음에 비해 소리가 약해 잘 알아듣지 못하거나 사용이 부정확한 경우
7	구어적 지시를 이해하는 데 어려움이 있다.	교사의 지시에 대한 이해를 잘 못하는 경우
8	읽을 때 단어에서 글자를 빠뜨리거나 첨가하여 읽는다.	단어 속의 글자를 혼돈하여 글자를 생략하거나 첨가하는 경우
9	여러 음절로 이루어진 단어, 낯설고 복잡한 단어들을 발음하는 데 어려움이 있다(예: '초코쿠키'는 초코쿠구'로, '콘 푸로스트'는 '콘 프로'로 읽거나 복합명사인 '캔터키 후라이드 치킨' '웰빙 파프리카 버거' 등을 발음하기 어려움).	외래어 또는 낯선 복합명사의 기억 및 사용이 부정확하거나 발음을 잘 못하는 경우

10	글자에서 낱자와 소리 간의 관계를 모른다(예: '가'에서 'ㄱ'의 소리가 [그], 'ㅏ'를 [아]로 소리내는 것을 모른다).	낱자와 음을 일치시키지 못하고, 자음과 모음의 결합·분리를 잘 못하는 경우
11	단어들을 소리나는 대로 읽지 못한다(예: '값이' → [갑시], '국물' → [궁물] 등 소리나는 대로 읽지 못하고 글자 그대로 발음한다).	인쇄된 문자와 구어의 관계 정립이 미흡한 경우(한국어의 발음 법칙을 습득할 시기가 지났음에도 불구하고 잘 못 읽는 경우)
12	단어를 쓸 때 글자를 생략, 대치, 첨가, 중복 또는 순서를 바꾸어 쓴다.	단어에 대한 기억이 미약하거나 불완전한 경우
13	단어 내에서 소리의 조합, 대치 및 분리 등에 문제를 보인다(조합의 예: 'ㅋ'+'ㅗ'+'ㅇ'='콩'; 대치의 예: '가지'에서 'ㄱ' 대신 'ㅂ'을 넣을 때 '바지'; 분리의 예: '차'가 'ㅊ'+'ㅏ'로 된다는 것을 모름).	자음과 모음을 조합하여 사용하는 데에 실수가 많거나, 인식 상에 문제를 보이는 경우
14	같은 소리로 시작하거나 끝나는 단어를 잘 찾지 못한다(예: '리'자로 끝나는 말은?).	같은 소리글자의 검색이 빈약한 경우
15	글을 읽기 위한 음운(자음과 모음) 인식에 문제가 있다.	자음과 모음의 자동적인 사용에 문제를 보이는 경우
16	또래에 비해 글을 소리 내어 유창하게 읽지 못한다.	소리 내어 글 읽는 속도가 느린 경우, 글을 읽을 때 한자 한자씩 읽는 경우
17	짧은 문단(단락)을 읽고 이해하지 못한다.	문단을 읽은 다음 중심내용 찾기를 못한다거나 독해에 대한 어려움을 보이는 경우
18	국어 성적이 아주 낮다.	국어과 학업성취도 등의 점수를 사용할 수 있음
19	새로운 어휘를 배우고 기억하는 데 어려움이 있다(예: '무녕왕릉'처럼 어려운 단어를 배우고 기억하는 데 어려움이 있음).	유성음 'ㄴ, ㄹ'과 고어 등의 발음 실수나 기억의 문제를 보이는 경우
20	흔히 보는 어휘들을 빨리 파악하지 못한다(예:당기시오, 미시오, 계단 주의, 우측통행 등).	생활 속의 문어적 지시를 시각적으로 파악하는 데 시간이 걸리는 경우
21	좌우, 상하 등의 방향 감각 및 공간 지각에 어려움이 있다.	읽는 도중 아래줄로 내려가서 읽는 경우, 좌의 양손의 사용에 특이성이 발견되는 경우
22	책을 읽을 때 어지러움, 두통, 배 아픔 등을 호소한다.	글 읽기에 신경을 너무 많이 써서 나타나는 신체적 증상이 나타나는 경우
23	읽는 것을 꺼려하고 어려워하거나 공포를 나타낸다.	글 읽기에 대한 스트레스를 나타내는 경우

24	책을 잘(많이) 읽을 수가 없어서 또래에 비해 배경 지식이 부족한 것 같다.	책을 많이 읽지 못하여 또래에 비해 이해 혹은 표현이 뒤처지는 경우
25	듣기이해력이 읽기이해력보다 더 나은 것 같다.	읽기이해력에 비해 상대적으로 듣기이해력이 나은 경우
26	가족 중에 읽기학습이 어려웠던(난독증) 사람이 있다(*난독증은 읽기학습에 특별히 많은 어려움이 있는 것을 말한다).	10개 이상의 문항에서 '그렇다'에 해당되는 아동의 부모에게 물어본 후 평가함
27	음악, 미술, 연기/연극, 스포츠, 조작 활동 등 한 영역 이상에 소질이 있어 보인다.	읽기학습에는 문제가 있으나 다른 영역에서 장점이 있는 경우

3) 난독증과 읽기장애

읽기장애를 설명하고 분류하는 읽기에 대한 단순 관점^{simple view of reading}에 의하면 (Hoover & Gough, 1990), **읽기이해**^{reading comprehension}는 **해독**^{decoding}과 **언어이해**^{linguistic comprehension}의 결과물(읽기이해=해독×언어이해)이다. 그리고 읽기장애 아동을 해독과 언어이해의 강점 및 약점에 따라 난독증, 특정이해결함, 혼재읽기장애, 비특정읽기장애로 나눈다(Carver, 1993; Catts & Kamhi, 2005).

(1) 난독증

읽기장애는 정상적인 인지 능력을 가지고 있는데, 효과적인 교수를 제공했음에도 불구하고 기대되는 수준보다 낮은 읽기 능력을 보이는 경우로, 난독증은 언어이해 능력에는 문제가 없으나 낮은 해독 기술로 낱말을 정확하게 읽고 쓰는 데 어려움을 보인다. 난독증은 철자를 음운 정보로 부호화하는 것에 결함이 있으며, 읽기 정확성의 어려움 혹은 읽기유창성에 어려움을 보인다(Catts et al., 2005; Lyon, Shaywitz, & Shaywitz, 2003; Stanovich & Siegel, 1994).

난독증은 발달성 난독^{developmental dyslexia}이라고도 하며, 특수교육에서 제시하는 학습장애의 하위 유형인 읽기장애 중 단어인지 읽기장애^{word recognition reading disabilities}와 동일한 개념이다.

(2) 특정이해결함

특정이해결함specific comprehension deficit은 낱말 해독은 정확하지만, 낮은 언어이해 능력으로 읽은 내용을 이해하는 데 어려움을 보인다(Aaron et al., 1990; Silberberg & Silberberg, 1967). 이들은 과독증Hyperlexia이라고도 하는데, 이야기의 구조가 정교하지 못하여 구어로 제시한 내러티브를 다시 구어로 표현하는 데 어려움을 보이기도 하며, 추론하기에서 결함이 있다(Cain et al., 2001).

일부 연구자들은 특정이해결함을 언어학습장애language learning disability라 칭하기도 한다. 이는 읽기 곤란을 보이는 대부분이 언어기술이 부족하며, 읽기이해가 언어이해에 기반하고 있다는 점에 근거한 것이다. 연구자들에 따라 언어학습장애에 읽기장애뿐만 아니라 읽기부진까지 포함하기도 한다(Catts & Kamhi, 2005).

(3) 혼재읽기장애

혼재읽기장애mixed reading disability는 해독과 언어이해 모두에서 결함을 나타내는 경우를 말한다.

혼재읽기장애를 가진 아동들은 보통 구어에 결함이 있거나 언어적 경험 및 교육 기회가 제한된 경우이거나(Tunmer & Greaney, 2010), 전반적인 인지결함과 관련되어 있는 경우다(Aaron, Joshi, & Williams, 1995).

(4) 비특정읽기장애

비특정읽기장애nonspecified reading disability는 단순 관점 모형으로는 예측되지 않으나, 읽기이해에 어려움을 보이는 대상을 말한다.

한편, 난독증으로 분류되더라도 어려움의 양상 또한 해독과 철자에만 국한되지 않을 수 있다. 즉, 난독증은 특정학습장애의 한 유형으로서의 이질성을 보인다.

Aaron, Joshi, Williams(1999)의 연구에 의하면, 읽기부진 학생(읽기 결과, 백분위지수 16%ile 이하) 16명 중 13명은 단순관점 모형으로 분류할 수 있었으며, 13명 중 6명은 해독에만 문제가 있는 난독증, 4명은 언어이해에만 어려움을 보이는 특정이해결함, 3명은 해독과 언어이해 모두 낮은 혼재읽기장애에 해당한다고 하였다(분류되지 않은 3명 중 2명은 읽기 속도에 주로 결함이 있는 대상으로 이들을 포함하면 8명이 난독증으로 볼 수 있다).

Catts 등(2003)의 연구에 의하면, 2학년 읽기장애 아동 중 난독증은 약 35%, 혼재읽

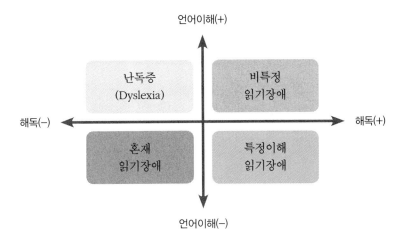

[그림 2-1] 읽기에 대한 단순 관점에 의한 읽기장애 분류

기장애도 약 35%, 나머지 30%는 특정이해결함은 15%, 비특정읽기장애도 15%가 해당되었다고 한다. 추후 연구에서 77%가 2학년에서 보인 프로파일이 4학년과 8학년에서 유사함을 확인하였다. 난독증은 4학년에서의 비율이 22%, 8학년에서는 13%로 감소되었고, 특정이해결함은 30%로 증가하여으며, 혼재읽기장애 비율은 변화가 없었다고 한다(Catts, Hogan, & Adlof, 2005).

   김애화와 김의정(2020)은 읽기·쓰기에 부진을 보이는 초등학생 230명의 단어재인, 읽기유창성, 철자, 읽기이해, 작문 능력을 살펴본 결과, 읽기·쓰기부진학생 중 단어재인 및 읽기유창성, 철자에 어려움을 보이는 난독증이 저학년은 43%, 고학년 23%, 읽기이해 및 작문에 어려움을 보이는 학생이 저학년 57%, 고학년 77%에 해당하는 것으로 나타났다. 한편, 34%에 해당하는 난독증 중 단어재인과 철자에만 어려움을 보이는 학생은 4%(저학년 43% 중 6%, 고학년 23% 중 2%)이며, 나머지 30%는 단어재인과 철자뿐만 아니라 읽기이해 등 2차적인 어려움을 보이는 것으로 나타났다. 읽기·쓰기 여러 하위 영역에서 보이는 특징이 이질적이었으며, 저학년일수록 읽기·쓰기 여러 하위 영역에서 어려움을 보이는 학생이 많고, 고학년인 경우 읽기이해에만 어려움을 보이는 학생이 많았다.

2. 난독증의 원인

난독증으로 인해 읽기·쓰기와 관련한 2차적인 어려움이 발생할 수 있지만, 난독증의 원인은 언어와 읽기에 관련되는 뇌의 신경생물학적 문제이며, 핵심 원인은 음운 처리 과정phonological precessing의 결함에 있다.

다양한 뇌기능 영상 기술의 발전으로 읽기장애의 원인을 뇌기능 이상으로 설명하는 연구들이 많아졌다.

난독증 원인 관련 가설

첫째, 음운 이론phonological theory 가설은 난독증은 음운 표상 결함으로 말소리를 구성하는 주파수의 시간적 특성temporal property과 같은 음운적 청각 단서에 대한 민감성이 부족하여 음운 표상의 어려움으로 해독과 철자에 어려움을 가진다는 것이다(Manis et al., 1996). 둘째, 청각 처리 이론auditory processing theory은 난독증은 짧고 빠르게 변화하는 말소리에 대한 지각적 손상이 있다는 것이다. 포먼트 변이formant transition와 같은 음향학적 요소 인식의 어려움이 음소 변별과 같은 음운론적 인식을 방해한다는 것이다(Temple et al., 2003). 셋째, 시각 이론visual theory은 시각 처리 손상이 단어나 문자 형태의 처리를 방해한다는 것이다. 넷째, 거대세포 이론magnocellural theory은 거대세포 시각 경로가 손상되어 문자와 단어와 같은 시각 자극의 지각과 처리에 문제를 일으킨다는 것이다. 낮은 명암대비 민감도는 대상의 전체적인 형태, 움직임을 지각하는 데 관여하는 거대세포magnocell 시각 경로 뉴런의 위축과 관련 있다고 본다(Galaburda et al., 1985).

1) 읽기와 뇌

읽기는 여러 인지 과정에 관련되어 있으나, 크게 어휘 경로lexical route와 음운 경로phonological route를 통해 단어를 발음하고 그 의미를 이해한다(Coltheart, 1978, 2007). 어휘 경로는 심상 어휘집(어휘 목록)에 있는 이미 알고 있는 지식을 활용하는 인지 과정으로 낱말을 기억하여 읽는 것으로, 직접 경로, 시각-어휘 경로라고 말하기도 한다. 음운 경로는 자소grapheme-음소phoneme 변환 경로로 글자에 대응되는 소리를 연결하여

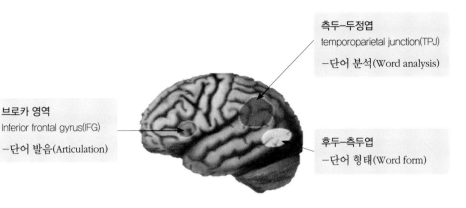

[그림 2-2] 해독과 관련된 신경학적 시스템

출처: Shaywitz & Shaywitz (2008).

비친숙한 단어도 해독decoding하는 것으로, 청각 처리 경로라고도 한다. 읽기는 이 두 경로가 서로 상호적이면서 독립적인 상태로 이루어진다.

읽기에 관여하는 주요 세 가지의 신경 체계는 좌반구에 있다. 시각적으로 낱말의 형태를 빠르고 자동적으로 지각하는 것은 방추상회가 있는 **후두-측두엽**occipitotemporal 에서 하고, 낱말의 음운적 처리와 의미적 처리 역할은 베르니케 영역, 각회를 포함한 **측두-두정엽**parietotemporal에서 담당하며, 낱말을 발음하는 역할은 말소리의 산출에 관여하는 하전두회 주변 앞쪽인 **브로카 영역**Broca's area에서 담당한다(Norton et al., 2015). 읽기 과정은 후두-측두엽, 측두-두정엽, 전두엽 피질을 포함하는 좌반구 뇌 영역들의 연결을 통해 이루어진다(Kearns et al., 2018).

2) 난독증의 신경학적 특징

(1) 난독증의 대뇌피질의 기능 이상

난독중의 대뇌 기능을 살펴본 연구 결과들에 의하면 이들은 읽기 과제 시 자소-음소 대응과 같은 음운 처리 과정을 담당하는 좌반구의 측두-두정엽이 제대로 활성화되지 않거나, 문자를 통합하고 빠르게 글자 처리를 담당하는 후두-측두엽이 제대로 활성화되지 않고, 대신 우반구의 측두-두정엽이 과도하게 활성화되었다(Galaburda, 1993; Grigorenko, 2005; Fletcher et al., 2007). 이는 활성화되어야 할 부분이 제대로 활성화되지 못하는 것에 대한 보상 과정일 것이다. 또한 이들 영역의 신경세포 연결이 불규칙

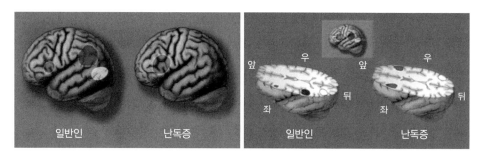

[그림 2-3] 난독증의 신경학적 특징

출처: Shaywitz & Shaywitz (2008).

한 모습을 보이거나, 이동하지 못하는 신경세포 덩이들을 가지고 있거나, 비정상적인 뇌파를 보였다(McCandliss & Noble, 2003; Shaywitz et al., 2001, 2004).

이러한 이유로 난독증은 소리에 맞는 철자를 대응하고, 철자에 맞는 소리를 기억하고 형성하는 데 어려움을 갖게 되며, 음운 경로로 읽지 못하고 대신 단어 기억에 의존하는 어휘 경로로 읽기나 쓰기를 하는 경향이 있다. 즉, 난독증은 의미단어(예: 가방, 사자)를 읽을 때 음운 경로는 거의 활성화되지 않고 어휘 경로만 활성화되는 경우가 많으며, 무의미단어(예: 가채, 남툴)를 읽는 동안은 좌반구 후두-측두 피질에서 비효율적인 기능을 보이며, 종종 다른 읽기 시스템에서 보상적인 과잉반응을 나타내기도 한다. 이러한 신경학적 차이는 읽기유창성과 철자법의 발달에 영향을 미치며, 성인기까지 지속될 수 있다(Salmelin et al, 1996; Shaywitz & Shaywitz, 2008).

한편, 일반 아동과 차이 나는 뇌기능을 가진 난독증 아동이 중재를 통해 읽기 능력

표 2-1 일반인과 난독증의 읽기 뇌

	일반인의 읽기 뇌	난독증의 읽기 뇌
단어 분석 (음운 처리)	좌반구의 측두-두정엽 영역의 활성화	좌반구의 측두-두정엽 영역의 저활성화
단어 형태	좌반구의 후두-측두엽 영역의 활성화	좌반구의 후두-두정엽 영역의 저활성화 및 우반구의 후두-측두엽 영역의 고활성화
단어 발음	좌반구의 하전두회 주변 브로카 영역의 활성화	좌반구의 브로카 영역의 고활성화 및 우반구의 하전두회 주변 활성화

출처: Catts et al. (2005).

이 향상됨에 따라 뇌기능도 변화한다고 확인되었다. 읽기 중재를 받기 전에는 읽기 장애 아동의 우반구가 과도하게 활성화되고 좌반구가 제대로 활성화되지 않았던 것에 비해, 읽기 중재를 받고 읽기 능력이 향상된 후에는 좌반구가 활성화되는 것으로 나타났다(Aylward et al., 2003; Fletcher et al., 2011). 그리고 해독을 강조한 읽기 중재를 받은 학생의 경우, 자소-음소 대응 관계를 포함하여 음운 처리에 중요한 역할을 하는 측두-두정엽이 더 많이 활성화된 것으로 나타났으며(Temple et al., 2003), 유창성을 강조한 읽기 중재를 받은 학생의 경우, 글자의 빠른 처리를 담당하는 후두-측두엽이 더욱 활성화된 것으로 나타났다(Shaywitz et al., 2004). 그리고 난독증 아동들이 음운인식 훈련에 참가하였을 때 좌뇌의 광범위한 부분에서 활성화가 일어난다는 연구 결과도 있다(McCandliss & Noble, 2003). 즉, 활성화가 제대로 일어나지 않던 난독증의 뇌 영역에서 읽기 중재 후에 활성화가 일어날 뿐만 아니라 유지된다는 연구 결과는 고무적이지 않을 수 없다.

> 난산증은 숫자 및 연산을 담당하는 두정엽내구intraparietal sulcus와 상두정엽superior parietal lobe, 하두정엽inferior parietal lobe에서 일반인과 차이를 보였다(Zamarian et al., 2009). 난산증 역시 수감각 중재 후에 수에 대한 공간 표상 능력과 수학 성취 수준이 향상되었을 뿐만 아니라, 해당 영역들의 활성화가 일어났다(Kucian et al., 2011).

(2) 난독증의 뇌 구조 이상

난독증의 측두 평면의 크기가 일반인과 다르다는 연구는 뇌기능 연구보다 먼저 발견되었다. 1968년, Geschwind는 난독증의 신경학적 연구를 한 선구자로서 난독증이 청각 처리를 담당하는 좌반구의 측두 평면의 크기가 일반인과 다르다는 것을 발견하였다(Geschwind & Levisky, 1968).

일반인은 읽기, 쓰기를 주로 좌반구가 담당하며, 좌반구의 측두 평면이 우반구보다 크다. 측두 평면은 비대칭의 형태가 정상적인 것인데, 난독증은 좌우 측두 평면의 크기가 같거나, 비대한 좌측 평면의 불균형을 보인다(Galaburda, 1989; Geschwind & Levisky, 1968). 비대한 좌측 평면의 불균형을 가진 사람은 약화된 음운론적 해독 능력을 보이며, 비대해진 우측 평면의 결과로 상대적인 구조적 대칭을 가진 아동들은 다

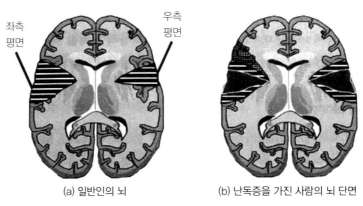

(a) 일반인의 뇌   (b) 난독증을 가진 사람의 뇌 단면

난독증을 가진 사람의 뇌 단면 (b)

▬▬ 비대한 좌측 평면에 의한 비대칭적 단면

▬▬ 비대한 우측 평면에 의한 비대칭적 단면

▤▤ 비대한 좌측 평면에 인해 악화된 좌측 비대칭 단면

[그림 2-4] 측두 평면의 차이

출처: Mather & Wendling (2012).

중언어 결함을 보이게 된다([그림 2-4] 참조).

(3) 난독증의 뇌량 크기 이상

뇌량corpus callosum은 좌반구와 우반구를 연결하는 신경섬유다발로, 좌반구와 우반구의 정보를 주고받으며 정보를 처리하는 역할을 한다. 난독증의 뇌량의 크기는 일반인과 다르다. 전두엽을 연결하는 뇌량의 전반부는 일반인보다 작으며, 두정엽, 측두엽, 후두엽을 연결하는 뇌량 후반부의 크기는 일반인보다 크다(Rumsey et al., 1997). 난독증의 뇌량 전반부, 크기가 일반인보다 작은 것은 읽기 수행 간에 유의미한 정적 상관관계를 설명하는 것이며, 뇌량 후반부의 크기가 상대적으로 큰 것은 두 반구 간의 소통량이 증가하게 되어 읽기와 관련된 언어 능력의 측두화 현상 감소로 이어진 것으로 추정하고 있다.

(4) 난독증의 소뇌 기능이상

난독증은 소뇌cerebellum도 일반인에 비해 비정상적이고 신경세포들이 불규칙으로 분포되어 있다(Finch et al., 2002). 소뇌는 주로 정밀한 운동기능, 협응을 담당하며, 주의, 언어와 같은 인지기능, 두려움 조절, 쾌락 반응 등과도 관련된 기관이다. 읽기 과정에서 소뇌는 시각적으로 낱말 형태를 처리하고, 자소-음소를 대응하여 해독하는 과정을 감독하거나, 묵독 시 언어 내재화를 이끄는 데 관여한다. 난독증의 읽기 어려움은 저하된 소뇌 기능과도 무관하지 않다.

(5) 난독증의 염색체 이상

읽기장애 가족 및 쌍둥이들의 분자유전학 연구 결과, 읽기장애와 관련된 특정 유전자genes는 5q, 6p, 2p, 6q, 3cen, 18p, 11p, 1p, Xq의 9개 염색체로 보고되었다(Grigorenko, 2005). 염색체 6p는 음운적 해독phonological decoding, 철자법적 부호화orthographic coding, 개별 단어 읽기, 음소인식에 관여하는 것으로 추정되며, 15번 염색체는 철자장애 후보 염색체로 보고하기도 하며, 1, 6, 16번 염색체는 난독증 후보 염색체로 보고하기도 하였다(Nothen et al., 1999; Pernet et al., 2006).

이상의 연구 결과들은 난독증의 읽기 문제 원인이 선천적인 것으로, 환경적인 것이 아님을 확인해 주는 결과들이다.

영국의 안과 의사이자 외과 의사인 James Hinshelwood는 1902년에 선천적 단어맹congenital word blindness에 대한 논문을 발표했다. Hinshelwood는 충분한 시각적 예민함을 가지고 있지만 단어를 시각으로 배울 수 없는 대신, 단어의 철자를 하나하나 말해서 배우는 선천적 단어맹을 가진 10세 소년의 사례를 발표하였다. Hinshelwood는 읽기 문제가 철자와 단어의 시각적 기억 결함과 관련이 있는 것으로 추정하고, 그 소년에게 다감각적 교육방법으로 지도하여 효과를 얻었다. 그는 1985년에는 후천적 단어맹에 대한 논문을 쓰기도 하였다. 1917년에는 「선천적 단어맹」이라는 논문에서 단어의 시각상을 기억하는 좌뇌 또는 뇌의 우세 측면의 각회angular gyrus와 연상회supramarginal gyrus가 그 원인이 될 수 있다고 추측했다(Hinshelwood, 1917). 오늘날 이는 신경과학 분야에서 증명되었다. 그리고 단어맹을 가진 아동의 효과적인 지도를 위해 시기억 훈련과 집중적인 개별교육을 강조하기도 했다.

단어맹(지금으로서는 난독증)에 대한 Hinshelwood의 결론

- 이들의 문제는 뇌의 특정 영역이 관련되어 있다.
- 다른 측면에서 종종 평균 또는 그 이상의 지능과 훌륭한 기억력을 갖고 있다.

• 읽기 문제는 국소적이고, 수행의 모든 영역으로 일반화되지 않는다.
• 이 아동들은 읽기를 배우기가 쉽지 않다.
• 이 아동들은 개별화된 교수를 필요로 한다.
• 문제의 확인이 빠를수록 시간을 낭비하지 않는다.
• 이 아동들은 그들의 어려움을 극복하도록 특별한 방법으로 교수해야 한다.
• 촉각은 아동들이 낱자와 단어의 시각적 인상을 유지하는 데 도움이 된다.
• 지속적이고 끈기 있는 중재는 아동들의 읽기를 향상시킬 것이다.

3. 난독증 하위 유형

난독증 하위 유형은 음운적 난독증, 표면성 난독증, 심층성 난독증으로 나눌 수 있다. 읽기의 이중 경로 모델(어휘 경로와 음운 경로)은 어느 한 경로에서 어려움이 있으면 읽기에 어려움을 보일 수 있으며, 음운성 난독증은 음운 경로에서의 어려움을, 표면성 난독증은 어휘 경로에서의 어려움을 보이는 것으로 설명한다. 이는 뇌 기능과 담당 영역별로 읽기장애를 설명하는 Feifer와 Della Toffalo(2007)의 분류와도 맥락을 같이 한다.

1) 음운적 난독증

음운적 난독증phonological dyslexia은 음운인식 능력의 부족으로 문자에 대응되는 음소를 연결하는 자소-음소 대응에 어려움을 가진다. 음운적 난독증은 난독증의 가장 흔한 유형으로 '청각-음성학적 난독증audio phonetic dyslexia'이라고 칭하기도 했다(Boder, 1973; Ingram, 1964; Marshall & Newcombe, 1973).

음운적 난독증은 측두-두정엽에 위치한 베르니케 영역과 각회, 연상회의 신경적 연결망 발달이 불충분하여 음운 처리 기술에 어려움을 보인다(McCandliss & Noble, 2003; Shaywitz et al., 2004). 음운적 난독증은 문자에서 소리로 전환하는 능력이 부족

하므로 읽기를 하더라도 단어 기억에 의존하여 읽는 경우가 많으며, 단어의 음절이
나 음소를 바꾸면 읽지 못하는 모습을 종종 보인다(조혜숙 외, 2018). 따라서 음운적
난독증의 경우, 자소-음소 대응 지식 확립은 무의미단어 읽기 · 쓰기로 확인할 필요
가 있다.

2) 표면성 난독증

표면성 난독증surface dyslexia은 음운회상 능력의 부족으로 인쇄된 단어를 자동적으로
빠르게 처리하는 능력에서 결핍을 보여, 글을 읽는 읽기유창성에 어려움을 보여 한 자
한 자 느리게 읽는다. 이들은 자동적 단어인식을 처리하는 좌반구의 후두-측두엽에
있는 방추상회fusiform gyrus 기능이 약하여 글을 읽는 속도가 느린 것으로, 상대적으로 초
기 읽기학습에는 어려움을 적게 보일 수 있다. 단어의 시각적 형태나 공간적인 특성
정보를 거의 활용하지 못하고, 대신 음운적 특징에 과잉의존하여 읽는다. 종종 음운변
동 규칙이 적용되는 자소-음소 불일치형 단어를 소리 나는 대로 쓰는 오류를 보인다.

3) 심층 난독증

심층 난독증alexic dyslexia은 해독과 읽기유창성에 어려움을 다 보이는 경우로, 난독
증 유형 중 가장 심각한 형태로 '혼합 난독증mixed dyslexia'이라고도 한다(Ingram, 1964).

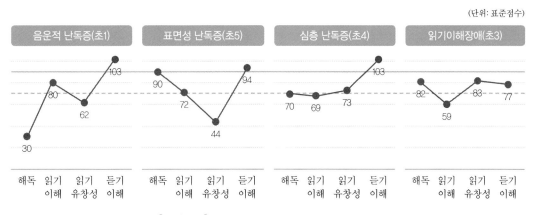

(단위: 표준점수)

[그림 2-5] 난독증 유형에 따른 KOLRA 프로파일

혼합 난독증은 이중결함 가설double-deficit hyponetic로 이들을 설명하기도 한다(Feifer & Della Toffalo, 2007).

난독증은 심각성의 정도에 따라 경도, 중도, 심도로 구분하기도 한다.

4. 난독증의 출현율

국내 난독증에 대한 관심은 EBS 방송국에서 2014년에 〈글자에 갇힌 아이들〉이 방영된 이후부터라고 할 수 있다. 보도 내용에 따르면, 학령기 학생들 중 약 5%, 33만여 명이 난독증이라고 추정하였다. 또한 일간투데이(2015.4.14.) 보도 자료에서도 2014년 기준으로 전국 초등학생의 약 5%가 난독증으로 어려움을 가진 것으로 추정한 적이 있다.

국내에 난독증 출현율과 관련하여 공식 통계는 아직 없지만, 2014년 난독증 학생 통계 추정 연구에 의하면, 초등학교 학생들의 난독증 추정치는 1%로 나왔으며, 난독증 고위험군은 2.2%, 난독증 저위험군은 1.4%로 추정된다. 즉, 난독증과 그 위험군이 약 4.6%로 추정되어 기존의 약 5%로 추정하던 내용과 유사하다고 볼 수 있다(김윤옥 외, 2015). 또한 2019년에 경남 지역에서 시행된 난독증 학생 연구에서는 경상남도 난독증 위험군 학생의 출현율은 약 6.6%로 추정했다(김애화 외, 2019). 즉, 어떤 선별 도구를 사용하는지와 기준점을 어떻게 설정하는지에 따라 추정치가 조금씩 차이는 있지만, 대략 5% 내외의 출현율로 추정해 볼 수 있다.

미국의 경우에 난독증은 5~18%로 추정하며, 특수교육 대상자 학생 중 40% 정도가 학습장애로 분류되었는데, 학습장애의 약 80%는 읽기와 언어적 처리 과정에 주호소 증상이 나타났다[3](Hoeft et al., 2007; Shaywitz et al., 2001). 읽기부진 아동 중 난독증 아동은 4~10%에 해당했다(Nation & Norbury, 2005).

난독증에 대한 관심과 연구는 최근 활발해지고 있으나, 여전히 다른 장애로 오해받기도 한다.

---

3) 미국의 경우, 학령기 인구의 약 13~14%가 특수교육 서비스를 받는 대상이다.

5. 음운 처리 기술

난독증의 해독과 철자, 읽기유창성의 어려움은 인지나 언어이해력 문제 때문이 아니라, 음운 처리 과정 결함이 핵심 원인이다. 여기서 음운 처리 과정phonological processing이란, 구어 중 말소리 요소들을 감지하고, 저장하며 인출하는 음운 처리 기술로 말소리 지각, **음운인식**phonological awareness, **음운작업기억**verbal working memory, **음운회상**phonologica lretrieva, **음운산출(발음)** 등이 포함한다(Elbro, 1996; Wagner & Torgesen, 1997).

음운 처리 과정은 **음운 표상**phonological representation을 기반으로 하는데, 음운 표상이란 단어의 음운에 대한 기억으로, 그 단어의 음운 정보와 의미, 발음 혹은 쓰기에 필요한 운동 계획이 포함된 통합적인 정보이다. 음운 표상 능력에 어려움이 없다면 처음 듣는 말소리일지라도 일시적으로 단기기억에 잘 저장할 수 있으며, 이것을 의미 있는 음운 표상과 연결하여 장기기억으로 저장하고, 장기기억에서 사라지거나 손상되지 않게 안정적으로 유지할 수 있으며, 음운 표상을 완전하고, 정확하고, 뚜렷한 형태로 구성할 수 있어서 필요할 때 정확한 음운 표상에 접근하고, 선택된 음운 표상을 정확하게 인출해 낼 수 있다. 새로운 음운 표상 저장에 어려움이 있으면 어휘 습득이 늦어질 수 있고, 음운 표상 접근에 결함이 있으면 어휘 인출에 어려움을 보일 수 있다. 음운 표상 능력이 약하거나 부정확하면 발음 문제 혹은 읽기·쓰기 학습의 어려움을 가질 수 있다. 즉, 음운 처리 기술에 결함이 있는 경우에 취학 전에는 조음기관의 구조·기능 문제나 언어발달 지연이 없음에도 발음 오류를 보이거나, 낱말 이름 명명하기 어려움 혹은 한글 학습의 회피 혹은 지연을 보이는 것으로 그 양상이 드러날 수 있다.

일반 아동의 경우, 단어가 하나 이상의 음소로 이루어져 있다는 사실을 자연스럽게 알게 되는 데 반해, 난독증은 체계적이고 명시적인 지도가 있기 전까지는 음운 지식을 갖는 데 어려움을 갖는다.

이 장에서는 읽기·쓰기와 관련있는 음운 처리 기술에 대해 음운인식, 음운기억, 음운인출 그리고 음운산출 개념을 살펴보기로 한다.

1) 음운인식

음운인식 능력phonological awareness은 구어에서 사용되는 말소리(음소[4]) 구조를 명시적으로 지각하고 인식할 수 있는 능력으로, 상위언어 능력metalinguistic awareness 중 하나이다. 즉, 음운인식은 '바' 소리는 /ㅂ/소리 [p]와 /ㅏ/소리 [a]를 인식하고, 이들이 결합되었다는 것을 아는 것이다.

읽기·쓰기를 배운다는 것은 자소(문자)가 음소(소리)의 정렬된 순서대로 나타낸다는 자소 원리alphabetic principle를 이해하는 것이다. 음소인식은 해독 및 철자법을 배울 때의 첫 번째 단계이다. 즉, 음소인식이 발달해야 자소와 음소의 대응 지식을 갖출 수 있고, 그 지식으로 해독과 철자법을 배울 수 있다(Ehri & Robers, 2006; Ehri et al., 2001).

이러한 음운인식은 언어학습의 한 부분으로 일반 아동에게는 무의식적으로 일어나며, 단어가 하나 이상의 음소(음운)로 이루어져 있다는 사실 등을 자연스럽게 알아간다(김미경, 서경희, 2003). 그러나 난독증은 청력에 이상이 없음에도 불구하고 말소리(음운) 인식을 어려워하며, 말소리가 문자(자소)와 어떻게 연결되는지 쉽게 이해하지 못한다(Gowsami, 2010; Vellutino et al., 2007).

물리적인 존재인 말소리(음운)는 청감각sensation 단계를 거쳐 청지각perception을 하게 되고, 그다음으로 청각적 처리auditory processing를 하고 나서야 의미를 해석하는 경로를 거친다. 유아들을 보면 처음에는 다른 사람의 말소리에서 음소 간의 차이를 구별하고(외부 모니터링), 그다음으로 다른 사람의 말소리와 자신의 말소리를 구별하게 되고(외부–내부 모니터링), 마지막으로 자기 스스로의 말소리에서 음소들을 상호 구별하는 능력(내부 모니터링)이 발달한다. 이러한 말소리 지각 능력은 일반아동의 경우 표현 어휘가 50여 개에 이르는 시기인 18개월 정도가 되면 완성되는 것으로 본다.

말소리 지각 능력은 두 개의 자극이 '같은지 혹은 다른지를 맞히는' 변별discrimination 과제와 'A 또는 B 가운데 하나를 제시하고 이것이 무엇인지를 맞히는' 확인identification

---

[4] 음소phoneme는 언어학에서는 음성phone과 대비되는 개념으로, 음성은 물리적·구체적인 소리이며, 음소는 화자(청자)가 인식하는 추상적인 지식으로서의 소리이다. 한편, 음소는 자소grapheme와 대비될 때는 음운phonological과 같은 개념으로 사용되며, 단어의 뜻을 구별해 주는 최소의 단위이다. 여기서는 자소와 대비되는 개념으로 음운으로서의 음소를 말한다.

과제로 확인한다. 일반적으로는 말소리 확인 과제가 변별 과제보다 더 어려운 것으로 알려져 있다. 말소리 확인 과제는 범주적 지각이 더 세밀하게 필요한 능력이기 때문이다. 음소의 범주적 지각categorical perception은 동일한 음소 변형variants of the same phoneme 사이의 음향적 차이를 무시하면서 음소 간의 차이를 인식하는 것이다(Liberman et al., 1957). 사실 각각의 음소는 하나의 특정 음향값을 가진 것이 아니라, 범주적으로 지각되는 값이다. 예를 들어, /ㅏ/라는 음소는 사람마다 강도, 주파수, 속도, 강약 조절의 변수가 다르고, 이 값은 동일한 사람의 말소리라도 문맥이나 상황에 따라 다르다.

알고 있나요?

음운인식이란 구어에서 사용되는 말소리(음운, 음소)를 명시적으로 지각하고 인식할 수 있는 능력이다.

음소는 언어학에서는 음성과 대비되는 개념으로, 음성은 물리적·구체적인 소리이며, 음소는 화자(청자)가 인식하는 추상적인 지식으로서의 소리이다. 한편, 음소는 자소와 대비될 때는 음운과 같은 개념으로 사용되며, 단어의 뜻을 구별해 주는 최소의 단위이다[엄밀한 의미에서 음운은 음소와 운소(소리의 장단, 고저, 강약, 억양 등)가 합쳐진 개념이다].

음소(음운)를 추상적이라고 말하는 이유는 다음과 같다.
① 각 음소는 하나의 특정 음향값을 가진 것이 아니라 범주적으로 지각되는 것이다. 사람마다 특정 음소의 음향값이 다르고, 같은 사람이 발화하더라도 문맥이나 상황에 따라 다르기도 하다.
② 말소리는 음절 단위로 동시 조음 된다. 일반적으로 '산'이라는 소리를 각각 음소 소리(/ㅅ/, /ㅏ/, /ㄴ/)로 듣고 말하지 않고 /산/이라는 하나의 소리로 듣고 말한다. 또한 이중모음과 같이 하나의 자소(글자)가 두 개 이상의 음성(음운)으로 실현되는 경우도 있다. 동시 조음은 빠른 의사소통을 가능하게 하는 장점이 있으나, 음소인식에서는 방해 요인이 될 수 있다.
③ 같은 자소라도 자음 위치에 따라 음성이 다르기도 하다. 예를 들어, '비빔밥'의 음성 표기는 [pibimpap]으로, 어두 초성 자소인 '비'의 /ㅂ/ 음소(음운)는 무성파열음, 어중 초성 '빔'의 /ㅂ/는 유성파열음, '밥'의 종성(받침소리) /ㅂ/은 무성 불파음으로, 셋은 전부 다른 소리이다. 이처럼 특정 음소가 자음 위치에 따라 혹은 모음 문맥에 따라 말소리가 다른 것을 변이음이라고 하는데, 이러한 변이음은 자소-음소를 대응하는 데 방해 요인이 될 수 있다.

난독증은 음소 간 차이를 인식하는 민감도는 낮아 음운의 변별자질이 비슷한 음소 변별 및 음소 확인에 어려움이 있으며, 반면 동일한 음소 내 음향학적 차이를 인식하는 민감도는 높아서 동일한 음소를 범주적으로 인식하는 것에는 어려움을 보인다(Mody, Studdert-Kennedy, & Brady, 1997; Zoubrinetz et al., 2016). 난독증이 자소-음소 대응 중재를 받고도 후설고모음 /ㅡ/과 전설고모음 /ㅣ/ 간의 대치 오류나 조음방법과 위치는 같은 발성유형만 다른 /ㄲ/와 /ㅋ/의 대치 오류를 보인 것(김기주, 2022)은 범주적 지각의 어려움과 무관하지 않다. 따라서 (기존 문장) 음운인식 문제는 음운적 난독증에게는 핵심 증상이자 해독과 철자 곤란의 주요 원인으로, 이들의 해독 및 철자 학습을 위해서는 음운인식 훈련 혹은 음운인식에 기반한 파닉스 중재가 필수 요소다. 음운인식 문제는 음운적 난독증에게는 핵심 증상이자 해독과 철자 곤란의 주요 원인으로, 이들의 해독 및 철자 학습을 위해서는 음운인식 훈련 혹은 음운인식에 기반한 파닉스 중재가 필수 요소이다.

2) 음운기억

음운작업기억 verbal working memory은 구어적 정보를 일시적으로 저장하는 음운론적 코딩 phonological coding을 의미하며, 기억에서 음운 정보의 부호화 및 저장을 일컫는 말로, 음운부호화라고도 한다. 말소리에 근거한 기억부호는 기억에서 구어 정보를 저장하는 데 가장 효율적인 방법이다(Baddeley, 1986). 이 부호는 듣기와 숙련된 읽기에서 자동적으로 활성화된다. 하지만 난독증을 포함한 음운작업기억에 어려움을 가진 경우에는 비언어적인 자극의 기억과제에서는 일반 아동과 차이를 보이지 않지만, 구어 정보를 저장하기 위한 음운기억 부호를 이용하는 데에는 어려움이 있다(Catts et al., 2005; Rispens & Parigger, 2010). 음운기억 능력이 약한 경우에는 의미단어(예: 에스컬레이터)보다 무의미단어(예: 게치네파쉐티) 따라 말하기 과제에서 어려움을 보일 수 있다(Smith & Jonides, 1997).

알고 있나요?

작업기억working memory은 전화번호를 외우는 것과 같이 어떠한 방법으로 정보를 조작하고 변형하는 동안에 정보를 기억하는 용량을 의미한다. 작업기억은 정보들을 일시적으로 보유하고, 각종 인지적 과정을 계획하고 순서를 지으며 실제로 수행하는 작업장으로서의 기능을 수행하는 단기기억이다(Baddeley & Hitch, 1974). 단기기억은 정보의 지속 기간이 15~30초 정도로 깨지기 쉽고, 반복되지 않으면 약 30초 이내에 사라질 수 있으며, 우리가 한순간 담아 둘 수 있는 정보의 양이 극히 제한되어 있다. 따라서 우리는 기억 재료에 대한 선택적 주의를 하며, 이런 주의 과정은 단기기억으로 들어올 수 있는 정보의 양을 제한한다. Baddeley와 Hitch(1974)는 단기기억을 작업기억으로 명명하였다. 작업기억은 재료를 처리하고, 통합하고, 변환하는 정보의 조작을 의미하며, 언어이해, 암산, 추리, 문제해결과 같은 광범위한 인지 과제 수행 시 영향을 미친다. 특히, 음운작업기억 용량은 읽기이해에 중요한 기술이다. 지금 읽고 있는 문장을 이해하기 위해서는 그 문장이 어떻게 끝을 맺는지 알 때까지 마음속에 처음의 단어들을 유지하며 읽을 수 있어야 하기 때문이다(Stanovich, 1993; Wagner & Torgesen, 1987).

Baddeley의 작업기억 모형에 의하면, 작업기억은 중앙관리자, 음운고리, 시공간 메모장, 일화적 완충기로 구성되어 있다(Baddeley, 2000). **음운고리**phonological loop는 짧은 시간 동안 제한된 수의 소리를 저장한다. 음운고리는 제한된 정보를 짧은 시간 동안 청각 부호로 유지하는 음운 저장소와 음운 저장소에 있는 단어들을 소리 없이 반복할 수 있도록 하는 하위 발성 암송 과정이라는 하위 요소로 이루어져 있다. **시공간 메모장**visuospatial sketchpad은 어제 교과서를 보관해 둔 장소, 주차해 둔 위치와 같이 시각적·공간적 정보를 잠시 동안 보관하는 것을 가능하게 해 준다. 사람들에게 자기 집 현관문을 떠올리라고 지시하고 문의 손잡이가 어느 쪽에 위치하는지 물으면, 비록 자신이 생생한 이미지를 떠올리지 못한다고 말하는 사람들도 마음속에 떠올린 자기 집 현관문의 손잡이가 문 왼쪽에 있는지 오른쪽에 있는지 '볼' 수 있다. 이러한 시각적 심상을 떠올리는 능력은 시공간 메모장에 의존한다. **일화적 완충기**episodic buffer는 음운고리, 시공간 메모장, 중앙관리자로부터 정보를 모으고 통합하는 임시 저장소라고 할 수 있다. 일화적 완충기는 이전의 경험을 해석하고, 새로운 문제를 해결하며, 미래 활동을 계획할 수 있도록 정보를 능동적으로 조작하는 기능을 담당한다. **중앙관리자**central executive는 음운고리와 시공간 메모장, 장기기억의 정보를 통합하는 기능을 담당한다. 또한 주의와 전략 세우기, 행동 통합에서 주요한 역할을 하는데, 이는 불필요한 정보를 억압함으로써 앞으로 우리가 무엇을 하고, 또 무엇을 하지 말아야 할지 판단하도록 하여 우리의 본래 목표에서 벗어나지 않도록 도와준다. 중앙관리자는 음운고리와 시공간 메모장 및 장기기억으로부터 정보를 종합하는 경영자의 역할을 함으로써 어떤 문제에 주의를 기울여야 하고 또

어떤 것을 무시해야 하는지를 결정하게 함으로써 문제해결을 위한 전략을 선택하게 한다.

이 중 음운고리는 피질의 두정엽에 음향 정보를 저장하는 것으로 알려져 있으며, 음운고리의 저장 시간은 1.5초 내외로 알려져 있다(Gathercole & Baddeley, 1993). 작업기억용량은 정보를 듣고 단시간(보통 몇 초 내)에 그대로 반복할 수 있는 능력으로, 일반적으로 작업기억은 일련의 길이가 점차 증가하는 숫자, 단어 또는 문장을 따라 말하거나, 거꾸로 말해보도록 하는 과제로 평가한다.

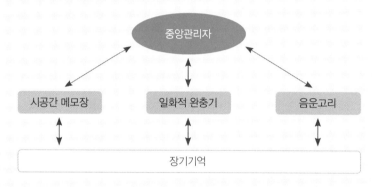

Baddeley의 작업기억모형

출처: Baddeley (2000).

3) 음운인출

음운인출phonological retrieval은 의미하는 상징에 구두로 명칭을 부여하는 것으로, 음운회상이라고도 한다. 음운인출은 약호화encoding 과정으로, 음운부호화 과정을 토대로 장기기억으로부터 심성 어휘집에 내재되어 있는 해당 음운의 부호를 인출하여 말하는 과정이다(Wagner et al., 1997).

음운인출에 어려움이 있는 아동은 낱말 이름 명명하기 결함을 보인다. 의미와 이름에 대해 알고 있으나 이름을 명명하는 데 어려움을 보이는 것은 음운인출 문제에서 기인한다(Swan & Goswami, 1997). 낱말 이름 명명하기에 어려움이 있는 경우, 의미적 대치(예: 그네 → 시소)나 음운적·청각적 대치(예: 스테이크 → 스파게티), 에두르기(예: 장화 → 비 올 때 신는 신발, 신호등 → 빨간불, 초록불 그거), 지시대명사를 과다하게 사용(예: "지난번에 저기서 먹은 그거 있잖아.")한다. 난독증을 포함한 읽기장애 아동도 음운인출에 어려움이 있다(Rudel, 1985).

음운인출은 시간 내에 시각-언어 정보의 통합을 필요로 하는 빠른 자동 이름 대기 rapid automatic naming로 평가한다. 읽기는 시각적인 정보(문자)를 언어적인 정보(음소) 및 주의 체계의 유연한 통합 과정으로(Neuhaus & Swank, 2002), 음운인출 능력을 평가하는 빠른 자동 이름 대기는 해독 이후의 읽기 능력 발달을 예측하는 변인으로 알려져 있다(Wolf et al., 1994). 한글과 같은 표층 표기 체계shallow orthography를 가진 언어에서는 음운인식보다 빠른 자동 이름 대기 과제가 읽기장애와 더 주요한 상관관계가 있다고 말하기도 한다(Felton & Brown, 1990; Wimmer, 1993). 특히 빠른 자동 이름 대기는 읽기유창성과 관련이 높으며, 표면성 난독증을 확인하는 지표다. 하지만 빠른 자동 이름 대기는 무의미단어 읽기 능력과는 관련성이 없다(Abu-Hamour, 2009).

4) 음운산출

읽기 성취와 연관된 음운 처리 능력 중 마지막 영역은 말 산출 능력이다. 읽기장애 아동들은 복잡한 말소리를 연속해서 산출하는 데 어려움을 보인다(Catts, 1986). 이는 낮은 음운기억과 같은 말 계획에서의 결함은 말 산출 결함과 무관하지 않다. 복잡한 말 산출과 읽기 간의 연관성은 음운장애와 읽기장애와 관련성을 입증하는 것으로, 조음음운장애 아동을 Dodd의 기준으로 하위 유형별로 나누어 이들의 사전 문해 능력을 살펴본 연구 결과, 음운장애 아동의 사전 문해 능력이 유의하게 낮았다(김기주, 2008; Grundy, 1989; Holm & Dodd, 1999).

알고 있나요?

난독증 진단시 제외 요소
난독증 증상과 유사하게 읽기에서 어려움을 보이지만, 난독증으로 진단되지 않는 요인들을 정확히 아는 것도 중요하다. 증상의 원인을 파악하지 않은 채로는 적합한 중재를 제공할 수 없기 때문이다. 난독증은 신경학적 원인으로 인한 특정학습장애이다. 한편, 난독증이 보이는 읽기 영역의 해독, 단어재인 및 철자 곤란의 특징은 다른 원인으로도 발생할 수 있다. 즉, 다음과 같은 원인으로 인해서 읽기와 쓰기의 어려움을 보이는 경우에는 난독증으로 진단되지 않는다.

- 낮은 인지 능력(낮은 지능)
- 시각적 또는 청각적 문제
- 주의력 혹은 정서·행동 문제
- 발달장애
- 부적절한 양육, 교육 또는 교육 기회의 부족
- 낮은 학업 동기와 제한된 노력
- 사회경제적·인종적 배경 등 환경적 요인
- 발음 오류

참고문헌

김기주(2008). 취학 전 조음음운장애 아동의 하위 유형별 사전 문해 능력. 박사학위논문. 부산대학교 대학원.

김기주(2022). 난독증 성인 파닉스 중재 사례 연구. Communication Sciences & Disorders, 27(3), 558-576.

김미경, 서경희(2003). 읽기장애 아동의 음운인식 능력과 읽기 유창성 연구. 정서·행동장애연구, 19(4), 381-400.

김애화, 김의정(2020). 교육의 대상자로서의 난독증: 읽기 및 쓰기 영역에서의 이질성. 특수교육논총, 36(3), 205-240.

김애화, 김의정, 김자경, 정대영(2018). 학습장애, 난독증, 학습부진(경계선 지능 포함) 및 학습지원대상 학생은 누구이며, 교육적 지원은 이대로 괜찮은가?: 특수교육의 역할과 과제에 대한 소고. 특수교육학 연구, 53(1), 1-21.

김애화, 김자경, 김의정, 황순영(2019). 난독증 학생 지원 방안 연구보고서. 경상남도 교육연구정보원.

김윤옥, 강옥려, 우정한, 변찬석(2015). 난독증 선별 체크리스트 표준화 및 한국 난독증 학생 통계추정 연구. 학습장애연구, 12, 21-45.

일간투데이(2015. 4. 14.) 보도 자료.

조혜숙, 배소영, 신가영, 편성범(2018). 한국어 발달성 난독 아동과 일반 아동의 어휘처리시 관찰되는 뇌 활성화 fMRI 연구. 언어치료연구, 27(3), 65-85.

Aaron, P. G., Frantz, S. S., & Menges, A. R. (1990). Dissociation between comprehension and pronunciation in dyslexic and hyperlexic children. *Reading and Writing, 2*, 243-264.

Aaron, P. G., Joshi, M., & Williams, K. A. (1999). Not all reading disabilities are alike. *Journal of Learning Disabilities, 32*, 120-137.

Abu-Hamour, B. (2009). The relationships among cognitive ability measure and irregular word, non-word and reading (Doctoral disertation. *Journal of the International Academy for Research in Learning Disabilities. 26*, 43-50.

Aylward, E. H., Richards, T. L., Berninger, V. W., Nagy, W. E., Field, K. M., & Grimme, A. C. (2003). Instructional treatment associated with changes in brain activation in children with dyslexia. *Neurology, 22*, 212-219.

Baddeley, A. (1986). Working memory (Oxford psychology series, 11). Oxford University Press.

Baddeley, A. (2000). The episodic buffer: A new component of working memory?. *Trends in Cognitive Sciences, 4*, 417-423.

Baddeley, A. D., & Hitch, G. J. (1974). Working memory. In G. Bower (Ed), *Recent advances in learning and memory* (Vol. 8., pp. 47-90). Academic Press.

Boder, E. (1973). Developmental dyslexia: A diagnostic approach based on three atypical reading-spelling patterns. *Developmental Medicine and Children Neurology, 15*, 663-687.

Cain, K., & Oakhill, J. (2007). Reading Comprehension Difficulties: Correlates, Causes, and Consequences. In K. Cain & J. Oakhill (Eds.), *Children's comprehension problems in oral and written language: A cognitive perspective* (pp. 41-75). The Guilford Press.

Cain, K., Oakhill, J. V., Barnes, M. A., & Bryant, P. E. (2001). Comprehension skill, inference-making ability, and the relation to knowledge. *Memory and Cognition, 29*, 850-859.

Carver, R. (1993). Merging the simple view of reading with reading theory. *Journal of Reading Behavior, 25*, 439-455.

Catts, H. W., & Kamhi, A. G. (2005). *Language and reading disabilities* (2nd ed.). Alyn & Bacon.

Catts, H. W., Adlof, S. M., Hogan, T. P., & Weismer, S. E. (2005). Are specific language impairment and dyslexia distinct disorders?. *Journal of Speech, Language, and Hearing Research, 48*(6), 1378-1396.

Catts, H. W., Hogan, T. P., & Adlof, S. M. (2005). Developmental changes in reading and reading disabilities. In H. W. Catts & A. G. Kamhi (Eds.), *Connections between language and reading disabilities* (pp. 25-40). Erlbaun.

Catts, H. W., Hogan, T. P., & Fey, M. (2003). Subgrouping poor readers on the basis of reading-related abilities. *Journal of Learning Disabilities, 36*, 151-164.

Ehri, L. C., Nunes, S. R., Willows, D. M., Schuster, B. V., Yaghoub-Zadeh, Z., & Shanahan, T. (2001). Phonemic awareness instruction helps children learn to read: Evidence from the national reading panel's meta-analysis. *Reading research quarterly, 36*(3), 250-287.

Elbro, C. (1996). Early linguistic abilities and reading development: A review and a hypothesis. *Reading and Writing, 8*(6), 453-485.

Feifer, S. G., & Della Toffalo, D. A. (2007). *Integrating RTI with cognitive neuropsychology: A scientific approach to reading.* School Neuropsych Press.

Felton, R. H., & Brown, I. S. (1990). Phonological processes as predictors of specific reading skills in children at risk for reading failure. *Reading and Writing: An Interdisciplinary Journal, 2*(1), 39-59.

Finch, A. J., Nicolson, R. I., & Fawcett, A. J. (2002). Evidence for a neuroanatomical difference within the olivo-cerebellar pathway of adults with dyslexia. *Cortex: A Journal Devoted to the Study of the Nervous System and Behavior*, 38(4), 529-539.

Fletcher, J. M., Lyon, G. R., Fuchs, L. S., & Barnes, M. A. (2007). Reading disabilities: Comprehension. In J. M. Fletcher, R. Lyon, L. S. Fuchs, & Barnes, M. A. (Eds.), *Learning Disabilities* (pp.184-206). The Guilford Press.

Fletcher, J. M., Simos, P. G., Rezaie, R., Juranek, J. M., Passaro, A. D., Li, Z., Cirino, P. T., & Papanocolaou, A. C. (2011). Functional disruption of the brain mechanism for reading: Effects of comorbidity and task difficulty among children with developmental learning problems. *Neuropsychology, 25*(4), 520-543.

Galaburda, A. M. (1989). Ordinary and extraordinary brain development: Anatomical variation in developmental dyslexia. *Annalys of Dyslexia, 39*, 67-80.

Galaburda, A. M., (1993). The planum temporale. *Archives of Neurology, 50*, 457.

Galaburda, A. M., Sherman, G. F., Rosen, G. D., Aboitiz, F., & Geschwind, N. (1985). Developmental dyslexia: Four consecutive patients with cortical anomalies. *Annals of Neurology, 18*(2), 222-233.

Gathercole, S. E., & Baddeley, A. D. (1993). *Working memory and language.* Erlabaum.

Geschwind, N., & Levisky, W. (1968). Human brain: Left–right asymmetries in temporal speech region. *Science, 161*, 186–187.

Gjessing, H., & Karlsen, B. (1989). *A Longitudinal Study of Dyslexia*. U.S. Goverment Printing Office.

Gowsami, U. (2010). Phonology, reading, and reading difficulty. In K. Hall, U. Goswami, C. Harrison, S. Ellis, & J. Soler (Eds.), *Interdisciplinary perspectives on learning to read: Culture, cognition and pedagogy* (pp. 103–116). Routledge.

Grigorenko, E. L. (2005). A conservative meta–analysis of likage and likage–association studies of developmental dyslexia. *Scientific Studies of Reading, 9*, 285–316.

Grundy, K. (1989). Developmental speech disorders. *Linguistics in Clinical Phonetics, 16*, 251–265.

Hallahan, D. P., & Mercer, C. D. (2002). Learning disabilities: Historical perspectives. In R. Bradley, L. Danielson, & D. P. Hallahan (Eds.). *Identification of learning disabilities: Research to practice* (pp. 1–67). Lawrence Erlbaum Associates Publishers.

Hinshelwood, J. (1917). *Cogenital word blindness*. Lewis.

Hoeft, F., Meyler, A., Hernandez, A., Juel, C., Taylor–Hill, H., Martindale, J. L., McMillon, G., Kolchugina, G., Black, J. M., Faizi, A., Deutsch, G. K., Siok, W. T., Reiss, A. L., Whitfield–Gabrieli, S., & Gabrieli, J. D. E. (2007). Functional and morphometric brain dissociation between dyslexia and reading ability. *Proceedings of the National Academy of Sciences, 104*(10), 4234–4239.

Holm, A., & Dodd, B. (1999). An intervention case study of a bilingual child with phonological disorder. *Child Language Teaching and Therapy, 15*, 139–158.

Hoover, W. A., & Gough, P. B. (1990). The simple view of reading. *Reading and writing, 2*(2), 127–160.

Ingram, T. T. S. (1964). The nature of dyslexia. In F. A. Young & D. B. Lindsley (Eds.), *Early experience and visual information processing in perceptual and reading disorders*. National Academy of Sciences.

International Dyslexia Association. (2002). *Definition of dyslexia*. Retrieved from dyslexiaida. org.

Kearns, D. M., Hancock, R., Hoeft, F., Pugh, K. R., & Frost, S. J. (2018). The neurobiology of dyslexia. *Teaching Exceptional Children, 51*(3), 175–188.

Kucian, K., Grond, U., Rotzer, S., Henzi, B., Schonmann, C., Plangger, F., Galli, M., Martin, E., & von Asrer, M. (2011). Mental number line training in children with developmental dyscalculia. *Neuroimage, 57*(3), 782-795.

Liberman, A. M., Harris, K. S., Hoffman, H. S., & Griffith, B. C. (1957). The discrimination of speech sounds within and across phoneme boundaries. *Journal of Experimental Psychology, 54*(5), 358-68.

Lyon, G. R., Shaywitz, S. E., & Shaywitz, B. A. (2003). A definition of dyslexia. *Annals of dyslexia, 53*(1), 1-14.

Manis, F. R., Seidenberg, M. S., Doi, L. M., McBride-Chang, C., & Petersen, A. (1996). On the bases of two subtypes of development dyslexia. *Cognition, 58*(2), 157-195.

Marshall, J., & Newcombe, F. (1973). Patterns of paralexia: A psycholinguistic approach. *Journal of Psycholinguistic Research, 2,* 175-200.

Mather, N., & Wendling, B. J. (2012). Essentials of dyslexia assessment and intervention. John Wiley & Sons, Inc.

McCandliss, B. D., & Noble, K. G. (2003). The development of reading impairment: A cognitive neuroscience model. *Developmental Disabilities Research Reviews, 9*(3), 196-205.

Mody, M., Studdert-Kennedy, M., & Brady, S. (1997). Speech perception deficits in poor readers: Auditory processing or phonological coding? *Journal of experimental child psychology, 64*(2), 199-231.

Morgan, W. P. (1896). A case of congenital word-blindness. *British Medical Journal, 2*(1). 378.

Nation, K., & Norbury, C. F. (2005). Why reading comprehension fails: Insights from developmental disorders. *Topics in language disorders, 25*(1), 21-32.

Nancy, M., & Barbara, J. W. (2012). *Essentials of Dyslexia Assessment and Intervention.* John Wiley & Sons, Inc.

Neuhaus, G. F., & Swank, P. R. (2002). Understanding the relations between RAN letter subtest components and word reading in first-grade students. *Journal of Learning Disabilities, 35*(2), 158-174.

Norton, E. S., Beach, S. D., & Gabrieli, J. D. E. (2015). Neurobiology of dyslexia. *Current Opinion in Neurobiology, 30,* 73-78.

Nothen, M. M., Schulte-Korne, G., Grimn, T., Cichon, S., Vogt, I. R., & Muller-Myhsok, B. (1999). Genetic linkage analysis with dyslexia: Evidence for linkage of spelling disability to chromosome 15. *European Child and Adolescent Psychiatry, 3,* 56-59.

Pernet, C., Valdois, S., Celsis, P., & Démonet, J. F. (2006). Lateral masking, levels of processing and stimulus category: A comparative study between normal and dyslexic readers. *Neuropsychologia, 44*(12), 2374-2385.

Rispens, J., & Parigger, E. (2010). Non-word repetition in Dutch-speaking children with specific language impairment with and without reading problems. *British journal of developmental psychology, 28*(1), 177-188.

Rumsey, J. M., Nace, K., Donohue, B., Wise, D., Maisog, J. M., & Andreason, P. (1997). A positron emission tomographic study of impaired word recognition and phonological procession in dyslexic men. *Archieves of Nerology, 54*, 562-573.

Salmelin, R., Service, E., Kiesila, P., Uutela, K., & Salimen, O. (1996). Impaired visual word processing in dyslexia revealed with magnetoencephalography. *Annals of Neurology, 40*, 157-162.

Shaywitz, B. A., Shaywitz, S. E., Blachman, B., Pugh, K. R., Fulbright, R. K., & Skudlarski, P. (2004). Development of left occipitotemporal systems for skilled reading on children after a phonologically based intervention. *Brological Psychiatry, 55*, 926-933.

Shaywitz, B. A., Shaywitz, S. E., Pugh, K. R., Fulbright, R. K., Mencl, W. E., Constable, R. T., ... & Gore, J. C. (2001). The neurobiology of dyslexia. *Clinical neuroscience research, 1*(4), 291-299.

Shaywitz, S. E., & Shaywitz, B. A. (2008). Paying attention to reading: The neurobiology of reading and dyslexia. *Development and Psychology, 20*, 1329-1349.

Silberberg, N. W., & Silberberg, M. C. (1967). Hyperlexia: Speacific word recognition skills in young children. *Exceptional Children, 34*, 41-42.

Smith, E. E., & Jonides, J. (1997). Working memory: A view from neuroimaging. *Cognitive psychology, 33*(1), 5-42.

Stanovich, K. E. (1993). Does reading make you smarter? Literacy and the development of verbal intelligence. *Advances in child development and behavior, 24*, 133-180.

Stanovich, K. E., & Siegel, L. S. (1994). The phenotypic performance profile of reading-disabled children: A regression-based test of the phonological-core variable-difference model. *Journal of Educational Psychology, 86*, 24-53.

Swan, D., & Goswami, U. (1997). Phonological awareness deficits in developmental dyslexia and the phonological representations hypothesis. *Journal of experimental child psychology, 66*(1), 18-41.

Temple, E., Deutch, G. K., Poldrack, R. A., Millder, S. L., Tallal, P., & Merzenich, M. M. (2003). Neural deficits in children with dyslexia ameliorated by behavioral remediation:

Evidence form functional MRI. *Proceeding of the National Academy of Sciences, 100*, 2860-2865.

Tunmer, W., & Greaney, K. (2010). Defining dyslexia. *Journal of learning Disabilities, 43*(3), 229-243.

Vellutino, F. R., Tunmer, W. E., Jaccard, J. J., & Chen, R. (2007). Components of reading ability: Multivariate evidence for a convergent skills model of reading development. *Scientific studies of reading, 11*(1), 3-32.

Wagner, R. F. (1973). 5. Rudolf berlin: Originator of the term dyslexia. *Annals of Dyslexia, 23*(1), 57-63.

Wagner, R. K., & Torgesen, J. K. (1987). The nature of phonological processing and its causal role in the acquisition of reading skills. *Psychological bulletin, 101*(2), 192.

Wagner, R. K., Torgesen, J. K., Rashotte, C. A., Hecht, S. A., Barker, T. A., Burgess, S. R., Donahue, J., & Garon, T. (1997). Changing relations between phonological processing abilities and word-level reading as children develop from beginning to skilled readers: A 5-year longitudinal study. *Developmental psychology, 33*(3), 468.

Wimmer, H. (1993). Characteristics of developmental dyslexia in a regular writing system. *Applied Psycholinguistics, 14*(1), 1-33.

Wolf, M., Pfeil, C., Lotz, R., & Biddle, K. (1994). Towards a more universal understanding of the developmental dyslexias: The contribution of orthographic factors. In V. W. Berninger (Ed.), *The varieties of orthographic knowledge* (pp. 137-171). Kluwer Academic/Plenum Publishers.

Zamarian, L., Ischebeck, A., & Delazer, M. (2009). Neuroscience of learning arithmetic: Evidence from brain imaging studies. *Neuroscience & Biobehavioral Review, 33*(6), 909-925.

Zoubrinetzky, R., Collet, G., Serniclaes, W., Nguyen-Morel, M-A., & Valdois, S. (2016). Relationships between categorical perception of phonemes, p honeme awareness, and visual attention span in developmental dyslexia. *PloS one, 11*(3), e0151015.

제**2**부

읽기 · 쓰기 발달 및 처리 과정

언어와 읽기 처리 과정

1. 읽기 구성 요소

읽기reading는 문자를 지각하고 지각한 문자를 음성 기호로 옮기며, 쓰인 글의 의미를 이해하고, 이해한 것을 분석, 비판, 수용, 적용하는 고차원적인 행동이다. 읽기는 다양한 정보와 지식을 습득하기 위한 필수적인 요소로, 우리는 내용과 정보를 이해하고 습득하기 위해 텍스트를 읽는다(Chall, 1983).

읽기에 대한 단순 관점 모델Simple view of reading(Gough & Tunmer, 1986)에 의하면, 해독decoding과 언어이해linguistic comprehension를 읽기이해reading comprehension의 필수 요건으로 본다. 즉, 해독이나 언어이해력 중 하나가 0이면 읽기이해력도 0이 되는 곱셈의 산

[그림 3-1] 읽기에 대한 단순 관점 모델

출처: Gough & Tunmer (1986).

물로 본다. 초기에는 읽을 수 있는 낱말이 얼마나 되느냐가 주어진 문장 또는 문단글을 이해하는 정도를 결정하며, 해독 능력이 발달한 이후에는 언어이해력이 읽기이해 능력을 좌우하는 등 읽기 발달 수준에 따라 해독과 언어이해력의 영향의 정도는 달라질 수 있으나, 해독과 언어이해는 읽기이해의 필수 불가결한 요소에 해당한다(Hoover & Gough, 1990).

김영숙(2017)은 글을 읽고 이해하는 능력을 '집 모형'으로 설명했다([그림 3-2] 참조). 읽기이해 능력은 집을 지을 때 제일 마지막으로 올리는 지붕에 비유할 수 있는 고차원적인 능력으로, 이 지붕을 받쳐 주는 기둥이 해독(단어재인)과 언어이해력이며, 지붕과 기둥들을 연결하는 대들보는 읽기유창성으로 설명한다. 그리고 해독과 언어이해력은 각각 그 하부에 주춧돌 격인 다른 능력들이 단단히 받쳐 주어야 전체적인 구조물로 제대로 서게 되는데, 해독과 언어이해의 주춧돌 역할을 하는 것은 활자인식, 자모자 지식, 음운인식, 철자법, 형태소 지식, 상식, 어휘력, 구문력, 상위인지력(추론 능력, 이해점검 능력, 텍스트 구조 지식) 등이 있다. 즉, 해독을 위해서는 글자 지식, 음운인식, 철자법 지식과 같은 문식성 지식이 필요하며, 읽기이해를 위해서는 언어이해력뿐 아니라, 상식, 인지 능력, 작업기억 그리고 불필요한 정보는 무시하며 중심 내용을 찾아내고 행간의 의미를 파악하며 정보를 통합하는 추론 능력, 과제 수행을 위해 어떻게 읽을지를 계획하고 제대로 이해한 것이 맞는지를 스스로 모니터링할 수 있는 이해점검 능력, 글의 구조에 대한 지식 등이 복잡하게 상호작용하는 고차원적인 능력이

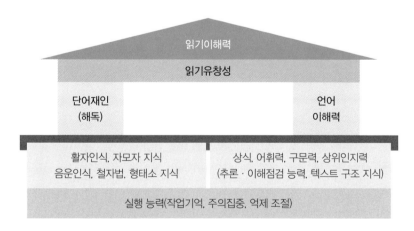

[그림 3-2] 읽기 구성 요인에 대한 집 모형

출처: 김영숙(2017).

필요하다(김영숙, 2017; Bryant et al., 2000). 이러한 복잡한 읽기 과정을 **읽기 밧줄**reading rope로 설명하기도 한다(Scarborough, 2003).

즉, 능숙한 읽기는 글자 지식, 음운인식, 해독, 상식, 어휘력, 구문 능력, 문법 지식, 추론 능력, 글의 구조 지식과 같은 요인들이 서로 잘 연결되어야 하는 복잡한 과정으로, 읽기 과정은 간단하지 않다. 읽기는 언어의 구조, 어휘, 구문 지식 등 구어로 학습한 언어 체계를 바탕으로 하며, 말하기, 듣기, 쓰기와 상호 통합적으로 발달한다(Learner, 2004; Roberts & Scott 2006).

[그림 3-3] 읽기에 영향을 주는 언어적 요인

2. 읽기 처리 과정

읽기 처리 과정은 Gough와 Tunmer(1986), Thomson(1984)의 구어와 문해 처리 모형으로 이해할 수 있다. 이들은 각 구성 요소가 순차적이고 상향적인 방식으로 연속적으로 처리되기도 하며, 수준 간 혹은 수준 내에서 병렬처리도 가능하며, 단어재인은 철자와 음운의 어휘집 연결망으로 처리되기도 하는데, 다음의 [그림 3-4]와 같다.

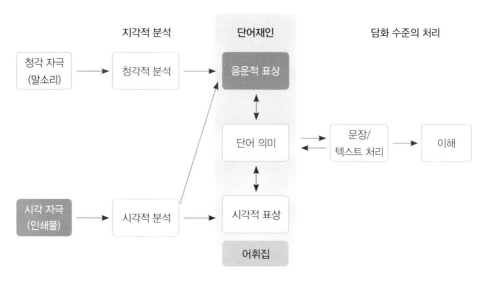

[그림 3-4] **구어와 문어 처리 모형**

출처: Gough & Tunmer (1986).

1) 지각적 분석 처리 과정

(1) 청각적 정보처리

지각적 분석 단계에서 입력 자극은 말(구어)이나 인쇄물이 된다. 말소리(구어)로 입력된 자극은 구어의 음성학적 변별과 음소적 확인이라는 청각적 분석 단계를 거친다.

음성학적 변별phonetic discrimination은 음향·음성학적으로 다른 말소리 간의 차이점을 지각하는 능력으로, 각각의 음소phoneme[1] 소리가 다르다는 것을 인식하는 것이다. /ㄱ/과 /ㄴ/의 말소리 차이, 조음위치와 조음방법이 같은 /ㅋ/, /ㄲ/과의 차이를 지각하는 것이다. 또한 **음소적 확인**phonetic identity은 '밥'이라는 단어를 말할 때 /ㅂ/, /ㅏ/, /ㅂ/은 순차적으로 발음되는 것이 아니라 **동시 조음**되어 하나의 말소리로 들리는데, 단어 및 대화 상황에서의 말소리 차이를 인식하는 것이다.

한편, 글자와 연합해야 하는 음운phonology은 물리적으로 구체적 실체라기보다 추상적인 언어학적 개념으로, 각 음소에 대한 범주적 지각 능력이 필요하다. 음소는 같은

---

1) 음소phoneme는 스스로 의미를 가지고 있지 않으면서 말의 뜻을 구별 짓는 소리로, 자음과 모음의 소리를 의미하며, 음가 혹은 음운phonology이라고도 한다.

사람마다 특정 음소의 음향값이 다르고, 같은 사람이 말하더라도 문맥이나 상황에 따라 다를 뿐만 아니라 같은 문맥이나 상황에서도 똑같을 수가 없다. 예를 들어, '밥, 밥, 밥'이라는 단어는 세 번 연달아 말할 때, 세 번의 초성 /ㅂ/의 음향값이 똑같을 수 없다. 그럼에도 불구하고 /ㅂ/ 음소에 대한 범주가 마련되어 /ㅂ/로 지각하며, 음성적으로 유사한 /ㅃ/나 /ㅍ/, 혹은 /ㄷ/나 /ㄱ/과 다르다고 지각한다.

일반적으로 모국어의 음소를 지각하고 확인하는 것은 일반 아동에게는 자연스럽게 발달해 가는 능력이다.

(2) 시각적 정보처리

인쇄물로 입력된 시각적으로 입력된 자극 역시 시각적 변별과 시각적 확인이라는 시각적 분석 단계를 거친다. **시각적 변별**은 자소들의 형태 차이를 변별하는 능력으로, 'ㄱ과 ㅁ' 혹은 'ㄱ과 ㅋ'이 다르다는 것을 인식하는 것이다. 한편, 음절 구조나 자음 위치, 글자체에 따라 자소들의 형태나 크기가 약간의 차이를 가질 수 있으며, 글씨체에 따라서도 약간의 형태 차이가 있으나, 이러한 차이는 무시하고 동일한 자소로 인식할 수 있어야 한다. 예를 들어, '사슴'이라는 단어에서 '사'와 '슴'의 'ㅅ' 크기나 선의 기울기 등이 똑같지 않으며, 고딕체('ㅅ')와 명조체('ㅅ') 형태 차이가 있지만, 모두 시옷으로 인지할 수 있어야 한다. 시각적 확인은 해당 자소의 이름이 무엇인지를 아는 것으로, 'ㅅ'을 보고 '시옷', 'ㅈ'을 보고 '지읒'이라는 것을 아는 글자 지식을 기반으로 한다.

시각적 분석은 자소-음소 대응 지식을 필요로 하는데, 'ㅅ'과 'ㅈ'의 형태 차이를 지각했더라도 글자 시옷(ㅅ)이 /ㅅ/[s] 소리와 대응되고, 글자 지읒(ㅈ)이 /ㅈ/[tɕ] 소리와 대응된다는 것을 모르면 읽기 처리 과정은 일어나지 못한다.

단어를 시각적으로 지각할 때, '수영과 수염'처럼 의미적인 관련성은 없으나 음운 구조에서의 유사성을 가진 단어로의 혼돈을 보이기도 하며, 시각적인 밀집 현상[2]은 읽기 속도에 영향을 미친다. 단어재인을 위해서는 낱자를 보는 것뿐만 아니라 단어 전체로의 통합도 이루어져야 하는데, 1음절 단어보다는 다음절 단어 속에서의 음소

---

[2] 밀집 현상crowding이라고 불리는 시각 현상은 '시각 과부화'라고도 하는데, 많은 사람이 모인 그룹에서 아는 얼굴을 식별하는 것 또는 많은 물건으로 가득 찬 서랍에서 특정한 물건을 찾는 것이 어려운 것으로, 많은 것이 제시되면 더 적게 보는 것을 의미한다.

지각이 더 어려우며, 문장 속에서 단어를 지각할 때 목표 단어 주변의 부가적인 시각 자극이 목표 단어의 인식을 방해할 수 있다. 난독증은 일반인보다 읽는 동안에 주변의 시각적 자극을 억제하는 데 어려움을 보인다(Geiger & Lettvin, 1987; Lorusso et al., 2004).

2) 단어재인 처리 과정

단어재인은 단어를 소리 내어 읽고, 그 단어의 의미를 파악하는 능력이다. 단어재인과 해독을 동일한 개념으로 사용하는 경우가 있으나, 해독은 자소−음소의 대응 관계를 활용하여 단어를 읽는 과정을 의미하므로 해독은 단어재인보다는 좁은 개념이다(Harris & Hodges, 1995). 단어재인은 시각적으로 지각된 자소를 음소와 대응시키고 분석하여 어휘 지식과 연결하며 소리로 바꾸어 읽어 내는 과정으로, 자소−음소 대응 지식을 이용하는 **음운 경로**를 통한 해독과 이미 알고 있는 어휘 지식vocabulary knowledge을 활용하는 **어휘 경로**를 통한 읽기가 상호적이면서 독립적인 과정으로 일어난다.

(1) 어휘 경로를 통한 단어재인

어휘 경로는 이미 알고 있는 어휘 자극이 제시되었을 때 활성화되는 경로로 시각-어휘 경로라고 말하기도 한다(McArthur et al., 2015). 심상 어휘집(어휘 목록)에 있는 이미 알고 있는 지식을 활용하는 인지 과정으로 낱말을 기억하여 읽는 과정으로, 친숙한 단어가 하나의 덩이로 인식이 되어 심상 어휘집으로부터 빠른 인출이 가능하다.

한편 어휘 경로는 다시 두 가지 경로, 즉 어휘−의미 경로lexical−semantic route와 어휘−비의미 경로lexical−nonsemantic route로 나뉘게 된다. **어휘-의미 경로**는 친숙한 어휘를 읽을 때, 시각적 입력 어휘집visual input lexicon에 저장되어 있던 정보를 이용하여 어휘를 인식한 후, 의미 체계semantic system를 거치게 되는 과정이며, 일반적으로 이 경로는 여러 가지 의미를 갖는 동음이의어를 읽을 때 활성화된다. **어휘-비의미 경로**는 친숙한 어휘를 읽을 때, 시각적 입력 어휘집에서 의미 체계를 거치지 않고 바로 음운적 출력 어휘집phonologic output lexicon으로 가게 된다. 모호하지 않은 친숙한 어휘를 읽을 경우에는 시각적 입력 어휘집에서 바로 음운적 출력 어휘집으로 보내지는 어휘−비의미 경로를 거치게 된다.

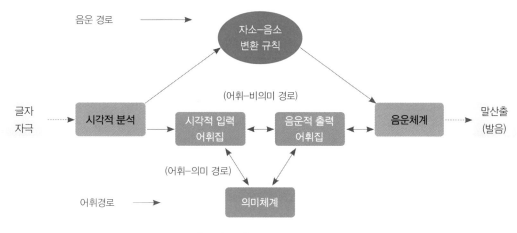

[그림 3-5] 읽기 경로 모델

출처: Ellis & Young (1988).

(2) 음운 경로를 통한 단어재인

음운 경로phonological route는 생소한 어휘 또는 어휘가 아닌 무의미단어를 읽을 경우, 자소-음소 대응 규칙grapheme-phoneme corresponding rule에 기초하여 읽게 되는 과정을 의미한다. 심상 어휘집에 있는 친숙한 낱말은 어휘 경로가 활성화되어 음운 경로를 거치지 않고도 단어재인이 가능하지만, 비친숙한 단어나 무의미단어는 음운 경로 없이는 읽을 수 없다(김미배, 배소영 2014; 김애화, 강은영, 2010; 김애화, 2009; 임유진, 김영태, 2008; Catts & Kamhi, 2005).

음운 경로를 통한 읽기는 자소-음소 대응 지식을 기반으로 해독하는 것으로, 자소-음소 대응 관계 학습을 위해서는 단어의 구조, 특히 단어가 개개의 음소들로 이루어졌다는 것을 분명히 인식해야 한다(Liberman & Shankweiler, 1991). 쓰인 낱말은 여러 자소로 구성되어 있으며, 자소에 대응하는 음소(음운)들이 있다는 것을 알고 있어야 읽을 수 있다. 즉, 음소 지식에 제한이 있거나 음운인식에 어려움이 있다면, 읽기에 어려움을 가질 수 있다.

3) 문장 이해 처리 과정

읽기이해는 단어 수준 이해, 문장 수준 이해, 문단글(덩이글) 수준 이해라는 3단계의 이해 과정이 필요하다. 해독이 확립된 이후에는 어휘 능력, 단어 유추와 같은 의미론적 지식과 더불어 문법 지식을 포함하는 구문론적 지식 같은 언어 능력이 읽기이해에 매우 중요한 요인이 된다(정미란, 2013; 황민아, 2008). 연령에 적합한 해독 능력이 있음에도 불구하고 글의 내용을 파악하지 못하는 읽기이해부진 아동은 일반 아동보다 어휘력이 낮고, 구문론적 지식과 맥락 활용 및 담화에 대한 추론 능력이 부족하며, 자기점검 능력에서도 어려움을 가진다(황민아, 최경순, 2011; Cain & Oakhill, 1999; Cain, 2006; Nation et al., 2004).

(1) 어휘 처리 과정

글을 읽고 이해하는 것은 단어의 의미를 처리하는 것부터 시작한다(조명한, 2003). 즉, 어휘 지식은 읽기이해의 기초가 되는 중요한 역할을 한다(Nelson & Stage, 2007).

어휘vocabulary는 단어가 모여서 이루어진 집합을 지칭하며, 단어word와 구별되는 개념이다. 어휘 지식은 단어의 의미를 아는 지식뿐만 아니라 문맥 속에서 의미를 추론하고, 단어 사이의 관련성을 이해하며, 문장에서 적절히 단어를 활용할 수 있는 능력 모두를 포함한다(김광해, 2003; 이관규, 2004). 즉, 어휘 지식은 얼마나 많은 어휘를 알고 있는지 뿐만 아니라, '읽다, 읽음, 읽으면, 읽어도'와 같이 형태소와 관련된 구조에 따른 의미를 이해하고(어휘의 특성), 동의어, 반의어 및 유추 능력(빨강: 색깔 = 네모: 모양)과 같이 다른 어휘와의 관계 속에서 의미를 이해하고(어휘의 조직), 관용어나 속담 등 적절한 의미를 맥락 속에서 이해하는 능력(어휘의 화용)을 모두 포함하는 다차원적인 이해 과정을 거쳐 이루어진다(Nagy & Scott, 2000).

어휘 발달은 아주 어려서부터 시작하기 때문에 초등학교 입학 직전의 아동은 이미 3,000~5,000개 정도의 어휘를 알고 있고(김광해, 2003), 초등학교 시기에는 약 15,000~20,000개 정도의 어휘를 아는 것으로 보고되었다(국립국어연구원, 1995). 학령기 이후에도 사람들은 자신이 사용하는 어휘 수를 계속 늘려 가면서 어휘의 정의와 의미 영역을 자세히 분화시켜 나간다. 그렇게 하면서 단어의 개별적인 의미 해석이나 특정한 맥락과는 별도로 독립적인 추상화된 단어 의미에 대한 지식을 가지게 된다. 이런 과정에서 자신이 사용하는 언어의 의미론적 측면을 재조직화하고, 새로 조직화된 의미는 단어를 사용하는 방식에 반영한다(이승복, 1994).

음운론, 형태론, 구문론의 체계가 학령전기에 확고하게 확립되는 것과 달리 어휘 발달은 일생을 통해 계속된다. 어휘 능력은 읽기이해 능력을 촉진하는 요인임과 동시에 읽기이해 경험은 다시 어휘 능력 발달을 촉진하는 요인으로 서로 발달을 촉진한다. 즉, 단어의 의미를 알게 되면서 문장의 의미를 파악하게 되며, 거꾸로 읽기이해 경험을 통하여 새로운 어휘들을 습득하기도 한다. 따라서 어휘 능력은 읽기이해력 발달에 큰 장벽이 될 수 있으며, 읽기이해부진 학생은 학년이 올라감에 따라 어휘력과 읽기이해력 지체가 더욱 악화되어 상호적으로 발달을 저해하게 된다(정미란, 2013). 읽기부진 학생의 어휘량은 일반 학생과 비교하여 약 4배 정도 부족하다(Beck & McKeown, 1991). 이러한 이유로 읽기이해 지도에서 어휘 지식의 중요성이 강조된다(김애화, 강은영, 2010; 정미란, 2009).

어휘 처리 과정은 단어재인, 어휘접속, 어휘해석으로 이루어진다(조명한, 2003). 단어재인은 해독을 통하여 단어의 구조적 정보들을 대응시켜서 단어를 확인하는 과정이고, 어휘 접속lexical access은 단어재인에서 확인된 단어의 심상 어휘집에서 단어의 의미정보를 활성화시켜서 인출시키는 과정이며, 어휘 해석lexical interpretation은 최종적으로 단어가 맥락을 따라 올바른 의미로 해석되어 가는 과정이다. 어휘는 단어재인을 통해 확인된 단어와 관련된 정보 간의 의미연결망이 구축되며, 그 연결 강도가 높을수록 알맞은 의미를 빠르고 정확하게 처리할 수 있는 것이다(Collins & Loftus, 1975; Gernsbacher & Faust, 1991; Nation & Snowling, 2000). 어휘 처리가 신속하고 정확해야 정교하고 효율적인 읽기가 가능하다.

읽기이해부진 아동은 어휘 지식을 갖고 있더라도 적절한 단어를 찾는 데 시간이 오래 걸리며, 맥락상 부적절하고 불필요한 의미정보를 잘 억제하지 못하여 부적절한 어휘를 선택하게 된다. 읽기이해부진 아동은 단어재인에서 어휘접속으로 넘어가는 의미연결망의 접속이 느리거나 불필요한 의미정보를 활성화하여 의미단어(예: 양말)와 무의미단어(예: 니벅)를 구분하는 데 시간이 오래 걸린다(고선희, 최경순, 황민아, 2010; Cain, 2006). 또한 '조상에게 차례를 드리다'라는 문장을 보고 차례[3]라는 단어에서 '제사'와 '순서'라는 의미를 동시에 활성화하더라도 일반적으로는 문맥을 파악하여 '제사'를 말한다는 것을 이해하는데, 읽기이해부진 아동은 부적절한 의미를 선택하거나 적절한 의미를 선택하더라도 그 처리속도가 느려서 읽기이해에 곤란을 갖는다.

3) '차례'는 '순서'와 '제사'라는 두 가지 이상의 의미를 가진 단어인데, 이러한 단어를 다의어ambiguous word라고 한다.

(2) 구문 처리 과정

문장 수준의 읽기이해를 위해서는 어휘 지식과 더불어 문장의 주어-서술어 호응과 같은 구문 지식 같은 언어 능력이 필수적이다(Cain & Oakhill, 2007). 문장의 의미를 파악하기 위해서는 한 단어가 다른 단어와 어떻게 관련되며, 어떤 단어가 어떤 단어에 의해 수식되고 기술되는가를 파악하고, 그 관련성에 관한 구조적 표상을 만들어야 한다.

구문론syntax은 단어가 더 큰 의미적 단위인 구나 절, 문장으로 결합되는 규칙 체계를 말하며, 언어의 문법 체계, 통사론이라고도 한다. 구문 규칙은 어순이나 문장 구조, 단어나 어절, 명사구나 동사구와 같은 문장의 구성 성분 간의 관계를 구체화하며, 구문 지식은 문장이 문법적으로 적절한지를 판단할 수 있게 한다(〈표 3-1〉 참조). 예를 들면, '사과만 먹었다'와 '사과도 먹었다'라는 문장에 포함된 조사 '~만'과 '~도'의 차이로 문장의 의미가 다르다는 것을 이해하는 것이다. '엄마가 아이를 업었다'라는 능동태 문장을 수동태인 '아이가 엄마한테 업혔다'로 바꾸거나, '개가 고양이를 쫓는다'와 '개가 고양이에게 쫓긴다'는 의미의 차이를 이해하는 지식도 포함된다.

문장의 의미를 완전히 해석하기 위해서는 앞뒤의 다른 문장을 찾아보아야 하기도 하며, 두 가지 명제를 연결하기 위해 어떤 장치를 사용하기도 해야 한다. 결속 표지[4]에는 '이것' '그것'과 같은 대명사나 한정사 같은 지시어 대용의 문법적 결속, 문장에 나타난 참조물을 동일 어휘 또는 유사 어휘로 표현하여 의미를 결속시키는 어휘적 결속, 문장 간 내용을 시간, 인과, 대조, 부가 등의 논리적 관계로 결합하는 논리적 결속이 있다(Halliday & Hasan, 1976). 우리말의 논리적 결속에는 '와, 과, 하고, (이)나, (이)랑' 등과 같은 접속조사와 '그리고, 그래서, 그런데, 그러므로, 왜냐하면' 등과 같은 접속부사가 있다. 연결어미는 '~고, ~며, ~나'와 같은 대등적 연결어미, '~면, ~니'와 같은 종속절 연결어미, '~아/어, ~게, ~지, ~고'와 같은 보조적 연결어미와 같으 명제와 명제를 하나의 문장으로 이어 주면서 이들 간의 관계를 보여 주는 것이 있다. 절clause은 주어와 서술어가 기본이 되는 구성 요소로, 구문 표현에서 살펴보아야 할 중

---

4) 결속 표지cohesive device란 다른 문장에 있는 요소를 참고해야 하거나, 문장 내 앞뒤를 살펴보아야 의미 해석이 가능해지는 문법적 장치로, 이야기의 연결을 얼마나 자연스럽게 하는가를 평가해 주는 기준이 될 수 있다.

요한 요소이다. 종속절 사용, 결속 표지 사용은 학령전기부터 시작하여 학령기에 숙달한다(권유진, 배소영, 2006; 이현정, 김영태, 윤혜련, 2008).

읽기이해부진 아동은 문장 따라 말하기, 문장에 맞는 그림 선택하기, 시제 바꾸기와 같은 구문 능력도 일반 아동에 비해 낮은 수행을 보인다(Chaney, 1998; Nation et al., 2004; Warren-Leubecker, 1987). 문장의 구조가 복잡한 관계절 문장과 수동태 문장을 이해하는 것에서 더욱 어려움을 보이며, 또래에 비해 이야기 기술이 부족하여 전체적으로 문맥에 맞게 잘 연결된 이야기를 하지 못한다(Paul, 2007). 수학에 어려움이 있다고 호소하는 경우, 수 개념과 연산의 문제가 아니라 읽기이해부진으로 인해 문장제 문제를 풀지 못하기도 한다. 따라서 학습에 어려움이 있는 대상을 지도할 때는 읽기와 쓰기 발달 수준에 대한 평가와 함께 어휘 지식과 구문 지식 능력을 확인하여야 한다(Kirk & Gillon, 2009; Rubin et al., 1991).

표 3-1 조사, 접속부사, 절의 예

유형			예문
격조사	주격		은, 는, 이, 가
	서술격		~(이)다, ~(이)야, ~(이)고, ~(이)로구나, 로다
	목적격		을, 를
	보격		이, 가
	관형격		의
	부사격		에, 에게, 한테, 께, 더러, 보고, 의, 에게서, 한테서, 로부터, 로써, 처럼, 만큼
	호격		아, 야
보조사			만, 도, 는, 부터, 까지, 조차, 마다, (이)나, (이)든지, (이)라도, 마저, (이)나마
접속조사	대등	나열 함께	~과/와, ~하고, ~이랑
		나열 선택	~이니, ~이다, ~이라든가, ~이라든지, ~이며, ~에, ~하며
		나열 대조	~은 커녕, ~이고, ~이나
		나열 첨가	~에, ~에다
		기타	~이나, ~이든~, ~이든가, ~이든지
	종속		~의

접속부사	대등	나열	그리고, 또는, 또한, 한편, ~고, ~며, ~든지, ~거나 (예: 과일을 먹고 숙제를 했다.)
		대립	그러나, 그래도, 하지만, 그렇지만, ~나, ~(아)도, ~지만, ~나마, ~건만, ~련만 (예: "힘들지만 재미있었어요." "내일은 늦게 일어나도 괜찮아요.")
		동시	그러면서, ~고, ~고서, ~면서, ~며
	종속	계기	그리고, 그러고 나서, ~(아)서, ~고, ~(으)며, ~(으)면서, ~어/아 (예: 화가 나서 소리를 질렀다.)
		상황	그런데, ~는데, ~은데, ~되, ~더니, ~다시피, ~듯이 (예: 보란 듯이 웃었다.)
		인과	그래서, 그러니까, 그러므로, 그러면, 따라서, 왜냐하면, ~아서/어서/러서, ~니까, ~므로, ~느라고, ~니, ~게(끔), ~도 록, ~(으)라고 (예: '고마워서, 눈물이 났다.' '꽃이 잘 자라라고 물을 주었다.')
		전환	그러다(가), ~다가 (예: 병 속을 보다가 머리가 병에 끼었다.)
		목적	그러고자, 그러려고, ~(으)러 (예: 사과를 사러 마트에 갔다.)
		첨가	또, 더욱이, 더욱, 특히, ~(으)ㄹ뿐더러, ~(으)ㄹ수록 (예: 운동을 열심히 할수록 건강해질 수 있다.)
		의도	~(으)려고, ~고자 (예: 더 잘 보려고 의자 위로 올라갔다.)
		조건	~면, ~라면, ~거든, ~더라도 (예: "추우면 옷을 입어라.")
		인용	~고, ~라고, ~이라고, ~하고 (예: 영희는 배가 아프다고 말했다.)
명사절			~것은, ~것을, ~기를 (예: 우산을 챙긴 것은 잘한 일이다.)
관형절			~(하)는, ~(부)는, ~(다)니는 (예: 차가 많이 다니는 길은 위험하다.)
의존명사			~다음, ~ 전에 (예: "잠자기 전에 양치해라.")
			~대로 (예: 불러 주는 대로 받아썼다.)
			~것 (예: "이 장난감은 새로 나온 거예요.")
			~동안 (예: 걸어가는 동안 계속 생각했다.)

의존명사		~뻔 하다 (예: 버스를 놓칠 뻔 했다.)	
		~수 (예: "이름을 쓸 수 있어요.")	
		~줄 (예: "김치를 담글 줄 몰라요.")	
보조동사	시제	지난 주말에는 영화를 봤고, 내일은 등산을 할 것이다.	
	능동/피동	문을 닫았다. 문이 바람에 닫혔다.	
	주동/사동	나무 뒤에 숨었다. 나무꾼이 사슴을 숨겼다.	
	부정	시간이 없어서 다 못했어요. 저녁을 안 먹을래요.	

출처: 김영태(2014).

(3) 형태론적 지식

형태론적 지식이란 단어의 형태 구조, 어근에 형태소를 결합한 결과로 나타난 철자의 변화, 형태적으로 관련된 단어 간의 관계 등을 고려하는 문법형태소 지식을 의미한다. 형태소^morpheme는 의미의 최소 단위를 의미하며, 명사나 용언의 어근/어간과 같이 단독으로 사용하는 실질형태소(파생어, 합성어)와 조사, 용언의 어미, 접사 등과 같은 형식형태소(문법형태소)로 구분된다. 한국어는 형태소가 풍부한 언어로, 문법형태소는 문장의 구성 요소가 되어 절을 이끌거나 격이나 부가적 의미를 부여하며, 문장 구성 성분의 변화를 이끄는 등 문법의 주요 역할을 담당한다.

학령전기부터 아이들은 일상적 대화에서 필요한 우리말의 조사나 어미와 같은 문법형태소들을 이미 활발하게 사용하기 시작한다(배소영, 2006). 학령기에 이르면 길게 문장을 말하거나 글을 쓰는 상황에서 문법형태소가 사용된다(안은주, 김정미, 2010; Paul, 2007). 따라서 조사와 어미에 대한 지식을 가지고 이를 적절하게 사용하는 것은 글을 읽고 이해하는 데에도 도움이 된다. 읽기부진 아동은 조사 및 어미에 대한 문장 판단 능력이 일반 아동에 비해 제한적이다(김미배, 배소영, 정경희, 2012).[5]

파생어^derivation는 어근과 접두사 혹은 접미사의 결합으로 새로운 의미의 복합어를 생성한 것이며(예: 접두사+어근: 알+밤, 날+고기, 햇+과일, 덧+니(이); 어근+접미사: 넓+

---

5) 김미배, 배소영, 정경희(2012)는 문법형태소 지식을 '아빠가 방에서 신문이 읽어요'에서 조사 오류를, '빨리 달렸고 차를 놓쳤어요'에서 어미 오류를 탐지하고 수정할 수 있는 문장 판단 능력으로 확인하였다. 우리말의 조사에는 '은/는, 이/가, 에, 에서, 을/를, 로, 만, 도, 부터, 까지, 밖에, 이나' 등이 있다.

이, 가난+뱅이, 슬기+롭다), 합성어compound word는 어근과 어근이 결합하여 하나의 단어가 된 것이다(예: 흑백, 여기저기, 돌다리, 작은형, 나뭇가지, 늦더위, 본받다).

학령기 단어의 상당 부분이 형태론적으로 복잡한 단어로 이루어져 있고, 학년이 올라갈수록 복합어가 증가한다. 복합어를 이루는 형태소 구조에 대한 인식 능력은 낯선 단어의 의미를 추론하는 데 영향을 미쳐서 궁극적으로 읽기이해에 영향을 미친다(정경희, 2014; Apel et al., 2013).

형태소 인식 능력은 어휘 지식을 예측하는 변인이며, 형태소 처리에 대한 중재는 전체적인 언어 능력뿐만 아니라, 학습 어휘 발달을 촉진해 준다(Gabig & Zaretsky, 2013; Wang, Ko, & Choi, 2009).[6] 합성어 과제를 수행하기 위해서는 문장을 읽고 제시어에 알맞은 어근과 어근을 조작하여 처리해야 하고, 파생어 과제를 수행하기 위해서는 어근과 접사를 조작하여 처리해야 한다. 파생어는 합성어보다 어려운 과제로, 파생형태소 인식 능력은 초등 3~4학년 시기부터 발달하기 시작하여 고등학교 시기까지 발달하는 능력으로(Deborah, 2008; Jones, 1991), 한자어가 많고, 분리되어 있을 때 의미 해석이 불분명한 접사의 특성으로 인해 파생형태소의 조작 및 처리는 합성어보다 어려운 과제다.

(4) 비유언어 이해

비유언어figurative language는 문자 그대로의 의미 외에 상상의 의미로 언어를 사용하는 것으로, 은유, 직유, 관용어, 속담이 포함된다(Owens, 2014).

① 은유 · 직유 이해

직유simile는 '번개처럼 빠른 치타'와 같이 '~같은' '~처럼' '~만큼' '~만' 등의 낱말을 첨가하여 만들어지는 구문으로서 겉으로 드러난 비유이며, 은유metaphor는 직유보다 한 단계 발전된 비유법으로 '우리 선생님은 호랑이다'와 같이 문맥에 따라 그 문장에 내포된 숨은 의미를 파악하는 비유이다(Nippold & Fey, 1983). 은유 이해는 주제어(비유하는 대상)와 매개어vehicle가 공유한 특성(예: 우리 선생님은 무섭다, 호랑이는 무섭

---

6) 형태소 인식 능력은 의미를 가진 최소 단위인 형태소에 대해 의식적으로 생각하고, 조작하고, 형태소의 결합으로 이루어진 단어 형성의 규칙을 적용하는 능력이다.

표 3-2 지각적 은유와 심리적 은유의 예

지각적 은유	심리적 은유
가을 산은 빨간색 사과이다.	우리 선생님은 교실의 호랑이다.
선생님의 가방은 돌이다.	아기의 눈은 구슬이다.
장군의 갑옷은 장미의 가시다.	진수는 세상에 갇힌 새이다.
아빠의 수염은 뾰족한 빗이다.	연희의 마음은 하늘을 나는 연이다.
기린은 동물원에 있는 전봇대이다.	정수는 진공청소기다.
소라 껍데기는 라디오이다.	삼촌은 발톱 빠진 독수리다.

출처: 이현정, 김미배(2015).

다)을 알아내는 것이 핵심이 된다(Nippold, 1985; Ortony, 1993).

은유 이해는 5세부터 시작되며, 9~11세가 되면 지각적·개념적으로 이해한 것을 바탕으로 관계적인 범주로 이해하며, 12세 이상이 되면 지각적·개념적·관계적인 범주 모두를 이해할 수 있게 된다(정혜승, 2002; Siltanen, 1990). 초등 4학년 이상의 고학년은 Piaget의 인지 발달단계 중 구체적 조작기나 형식적 조작기 이후의 단계로, 이때 은유 이해 능력이 급격히 증가한다(정혜승, 2002). 은유 능력을 지각적 은유와 심리적 은유로 나누어 볼 수 있는데, 주제어와 매개어의 관계가 시각적인 유사성으로 표현된 지각적 은유perceptual가 심리적 은유psychological보다 빨리 발달한다. 5~7세의 아동과 초등 2~3학년 아동 둘 간에는 이해 차이가 존재하나, 초등 4학년 이상의 아동에게는 그 차이가 나타나지 않는다(이현정, 김미배, 2015).

② 관용어 이해

관용어idiomatic는 문자적 의미와 비유적 의미를 모두 가질 수 있는 비유언어이다. 즉, 문자적인 의미로도 사용이 가능하지만 어떠한 문맥 속에서는 상징적인 다른 의미로 사용되어 문법적으로 분석할 수 없는 표현을 말한다. 예를 들어, '저 친구는 발이 넓다'라는 말은 문자 그대로는 '발바닥의 크기가 크고 넓다'라는 뜻이지만, 관용적으로 사용된 문맥 속에서는 '아는 사람이 많고 활동 범위가 넓다'라는 뜻으로 사용된다. 관용어는 수용적인 면에서는 상대방의 표현 의도를 분명하게 이해할 수 있게 하며, 사용적인 면에서는 자신의 생각을 좀 더 분명하고 효과적으로 전달할 수 있게 한다.

관용어 이해 부족은 주어진 글에 대한 완전한 이해를 어렵게 하는 요인이 된다. 관용어 표현은 초등 1학년 교과서부터 포함되어 있으며, 5학년을 기점으로 급격하게 증가한다(조창규, 2006). 읽기이해부진 아동은 관용어 이해 곤란으로 내포된 의미를 이해하기 위해서 문맥 상황을 이용하는 능력이 떨어지며, 5학년이 되면서 그 심각성이 두드러진다(Rinaldi, 2000; Paul, 2007).

관용어는 항구적 관용어와 문맥적 관용어로 나눌 수 있다. 항구적 관용어는 문맥에 의존적이지 않고 중의성을 가지지 않으며 동일한 관용적 의미가 있다(예: 시치미를 떼다). 문맥적 관용어는 문맥에 의존적이며 중의성을 가지고 있기 때문에 문맥에 따라서 문자적 의미로 해석될 수도 있고, 때로는 관용적 의미로도 사용될 수 있다(예: 눈을 감다). 읽기이해부진 아동은 문맥적 관용어 이해를 더 어려워할 수 있다. 즉, 읽기이해부진 아동들의 관용어 이해 부족은 의미 분석 능력의 부족이라기보다는 문맥으로부터의 추론 능력의 부족과 관련이 높을 수 있다(Cain & Towse, 2008). 하지만 관용어에 대한 이해도 지체를 보이므로 관용어에 대한 명시적인 지도와 병행될 필요가 있다.

③ 속담 이해

속담이란 교훈이나 기지, 경계, 비유, 풍자, 상상이나 관찰 경험에 도움이 되는 지식으로, 통속적이고 진솔함이 깃든 구비 전승의 언어이면서 민중들의 경험과 지혜와 교훈에서 얻은 진리를 평범하고도 간결하게 표현한 은유적 관용어이다(김희아, 1995). 간결한 형식과 쉬운 비유로 되어 있는 속담은 의미 전달의 효과가 커서 일상적 대화에서 자주 쓰인다.

속담은 구체적이고 특수한 사실을 진술하여 보편적 의미를 나타내는 기능을 하는데, 지시적 의미literal meaning 외에 비유적 의미figurative meaning를 갖는 것이 특징이다. 예를 들어, '세살 적 버릇이 여든까지 간다'라는 표현은 '어릴 적부터 있던 습관이 나이가 들어서까지 있다'라는 의미 외에 '어릴 적 습관은 나이가 들어서까지 고치기 힘드니 습관을 잘 들여야 한다'는 의미를 담고 있다. 일일이 습관의 중요성이나 좋은 습관을 들여야 하는 이유를 설명하지 않고 속담이라는 간결한 표현을 활용하면 좀 더 생동감 있고 의미 있게 전달할 수 있다. 이러한 속담은 그 의미가 절대적 진리라기보다는 문맥에 따라 의미가 달라질 수 있으므로 문맥적 요소들을 파악해야 전달하고자 하는 의미를 파악할 수 있는 경우가 많다(박정희, 임종아, 2011).

추상적이고 함축적인 의미를 지닌 속담을 이해하기란 쉬운 일이 아니다. 속담의 정확한 비유적 이해는 맥락 속에 쓰인 속담의 뜻을 추론하여 속담과 문맥과의 기저 관계를 파악해야 하는 지각적 유추 추론 능력perceptual analogical reasoning ability과 관련이 있다(Nippold et al., 1988). 즉, 주어진 문맥을 활용하여 속담의 의미를 활발히 추측하고, 실제 상황과의 유사점을 찾아내어 비교하고 분석할 수 있는 능력이 요구된다. 속담의 이해 능력은 학령기 이후 청소년기를 거쳐 성인기까지 지속적으로 발달한다(오소정, 2001; 정혜승, 2002).

언어는 구어spoken language(듣기, 말하기)와 문어written language(읽기, 쓰기) 형태의 통합 체계이다. 언어의 듣기와 읽기는 수용 언어 방식, 말하기와 쓰기는 표현 언어 방식으로 분류하기도 한다. 듣기는 구어로 된 언어를, 읽기는 문어로 된 언어를 해독해서 이해하는 것이며, 말하기는 구어로 된 언어를, 쓰기는 문어로 된 언어를 글로 표기하는 것이다. 즉, 읽기와 쓰기는 문자를 매개로 한 언어이므로 문해litercy(읽기, 쓰기) 발달에 구어 능력이 중심 역할을 하는 것은 당연하다.

아동은 한 형태의 언어를 가지고 지식을 획득함으로써 다른 형태의 언어를 학습하도록 하는 능력의 기초를 만든다. 즉, 구어로 하는 경험을 통하여 언어의 구조에 관하여 학습하며, 어휘를 확장하고, 다른 유형의 문장들과 친숙해진다. 언어 체계에 관하여 구어로 학습한 것은 읽기와 쓰기 발달의 기초를 제공한다. 그리고 쓰기로 학습한 내용은 다시 읽기와 구어 능력 향상의 원동력이 된다. 구어와 문해 능력의 이러한 상호 관계성으로 인해 구어 발달에 어려움을 보인 아동이 학령기에 문해(읽기, 쓰기) 발달의 어려움을 가질 위험이 높다(Liberman, 1997; Torgenon, 1998).

4) 문단글 이해 처리 과정

읽기이해란 단순히 글자 그 자체를 읽는 것이 아니라 글 속에 숨어 있는 뜻을 알아야 하는 것으로, 글을 읽고 이해한다는 것은 문자적 의미 이상의 것을 이해하고 자신의 관점에서 해석, 분석, 종합하는 비판적인 능력을 의미한다(서선진, 2008; Westby, 2005). 문단글을 읽고 이해할 때 가장 핵심적인 기능은 중심 내용을 파악하는 것이다(Williams, 1998). 텍스트를 이해하기 위해서는 단어를 인식하고 그것의 의미에 접근해야 하며, 관련된 배경 지식을 활성화하고 주어진 정보를 통합하여 추론하는 능력이 요구된다(Nation & Angell, 2006).

선행 지식은 읽기이해 과정에서 지식 이해에 강력한 영향을 미친다(Mayer, 1996). 배경 지식이 많을수록 글의 내용을 더 잘 기억하고, 질문에 더 잘 대답할 수 있다.

다수의 글에서 중심 내용은 직접적으로 명시되기보다는 글을 읽으면서 자연스럽게 내용을 떠올릴 수 있는 것이기 때문에 중심 내용을 파악하기 위해서는 기존에 자신이 가진 정보와 글에서 제시된 내용을 통합하는 추론 능력이 필요하다(조명한, 2003). 추론inference은 어떠한 판단을 근거로 삼아 다른 판단을 이끌어 내는 것으로, 이미 알고 있는 또는 확인된 정보로부터 논리적 결론을 도출하는 과정이다. 일반 아동은 글의 내용을 연결짓거나 정교화시키는 추론 유형을 빈번하게 사용하나, 읽기이해부진 아동의 경우에는 반복하거나 바꾸어 말하는 등 비추론 유형을 많이 보인다(김가림, 황민아, 2020; 김우리, 고혜정, 2019; 임연순, 고선희, 황민아, 2019; 최경순, 황민아, 2010). 읽기이해부진 아동은 사실적 정보이해 능력은 일반 아동과 비슷한 수준이나, 글의 문맥을 잘 활용하지 못하여 어휘를 정확하게 이해하는 데 어려움을 보였으며, 더 나아가 종합적 해석이 필요한 추론에서도 어려움을 보인다(윤효진, 2016; Cain & Oakhill, 1999; Nation & Snowling, 2000).

한편, 글의 구조에 대한 지식과 글을 읽고 그 내용을 이해하였는지를 점검하는 능력은 의미구성에 중요한 기능이다. 글의 구조text structure는 글에 나타나는 조직적인 특성으로, 대표적인 글의 유형에는 소설, 수필과 같은 이야기 글과 신문, 안내문, 교과 내용 등에서 접할 수 있는 설명글이 있다. 이야기 글narative text의 구조는 인물, 배경(시간과 장소), 발단 사건, 해결해야 할 문제, 일련의 사건, 결론 등을 포함하는 이야기 문법story grammar 형태가 대표적이다(Idol, 1987). 설명글expository text의 구조는 서술식, 열거식, 비교−대조 구조 등이 있으며, 각 문단은 중심 내용main idea과 세부 내용supporting details을 포함하고 있다(Anderson & Ambruster, 1984).

효과적인 읽기이해를 위해서는 선행 지식 이용하기, 글의 구조 이해하기, 추론하기, 자료 이해 여부 점검하기와 같은 인지 처리 능력이 필요하다.

참고문헌

고선희, 최경순, 황민아(2010). 읽기이해부진 아동의 다의어 의미 처리 특성. 언어청각장애연구, 15(3), 348-356.

국립국어연구원(1995). 한국어문규정집. 국립국어연구원.

권유진, 배소영(2006). 이야기 만들기(story generation)과제를 통한 초등 저학년 아동의 이야기구성 능력. 언어치료연구, 15(3), 115-126.

김가림, 황민아(2020). 읽기이해부진 아동의 중심내용 추론 특성. 특수교육논총, 36(1), 1-17.

김광해(2003). 국어교육용 어휘와 한국어교육용 어휘. 국어교육, 111, 255-291.

김기주(2022a). 음운처리기술 그룹 중재가 자소-음소 대응 지식 및 읽기 · 쓰기 유창성에 미치는 효과. 인지발달중재학회, 13(1), 51-71.

김기주(2022b). 난독증 성인 파닉스 중재 사례 연구. Communication Sciences & Disorders, 27(3), 558-576.

김미배, 배소영(2014). 음운해독부진 아동의 낱말읽기 능력과 예측 변인. 학습자중심교과교육연구, 14(9), 329-343.

김미배, 배소영, 정경희(2012) 읽기부진 아동의 문법형태소 사용력. 언어치료연구, 21(1), 17-37.

김애화(2009). 초등학교 학생의 철자 특성 연구: 철자 발달 패턴 및 오류 유형 분석. 초등교육연구, 22(4), 85-113.

김애화, 강은영(2010). 초등학교 읽기장애 학생과 일반 학생의 단어인지 특성 비교연구: 단어인지 수행력 및 오류 패턴 비교. 언어청각장애연구, 15(4), 632-647.

김영숙(2017). 찬찬히 체계적 · 과학적으로 배우는 읽기 & 쓰기 교육. 학지사.

김영태(2014). 아동언어장애의 진단 및 치료 (2판). 학지사.

김우리, 고혜정(2019). 설명글과 이야기글 읽기에서 읽기이해부진 학생과 일반 학생의 추론 특성 분석: Think-aloud를 이용하여. 서울교육대학교 초등교육연구원, 30(2), 135-150.

김희아(1995). 언어 속담의 유형과 의미. 청람어문교육, 13, 189-206.

문화관광부(1999). 교과서의 어휘 분석 연구-초등학교 교과서를 대상으로. 문화관광부.

박정희, 임종아(2011). 문맥 유무에 따른 속담 이해 발달. Communication Sciences & Disorders, 16, 559-569.

배소영(2006). 한국어 발달 특성과 학령전기 문법형태소. 한국어학, 31, 31-45.

서선진(2008). 통합학급 내 학습문제를 보이는 아동을 위한 평가와 교수 읽기이해를 중심으로. 학습장애연구, 5(1), 23-41.

안은주, 김정미(2010). 초등학교 2, 4, 6학년 아동의 설명 담화 쓰기 비교. 언어청각장애연구,

15(3), 321-336.

오소정(2001). 속담 이해능력의 발달: 학령기 아동, 청소년 및 성인을 대상으로. 석사학위논문, 이화여자대학교 대학원.

윤효진(2016). 학령기 아동의 읽기이해 관련 요인: 단어재인정확도와 읽기유창성을 중심으로. 언어치료연구, 25(4), 109-118.

이관규(2004). 문법 영역의 위상과 문법론의 내용 체계. 이중언어학, 26, 211-226.

이승복(1994). 어린이를 위한 언어획득과 발달. 정민사.

이윤경(2010). 문장 연결과제를 통한 초등학생의 복문 산출 발달. 언어치료연구, 19(1), 159-178.

이현정, 김미배(2015). 4~6학년 읽기부진아동의 은유이해능력과 읽기이해능력의 상관관계. Communication Sciences and Disorders, 20(2), 331-343.

이현정, 김영태, 윤혜련(2008). 담화유형에 따른 학령기 단순언어장애 아동의 구문사용특성: 대화와 설명담화를 중심으로. 언어청각장애연구, 13(1), 103-121.

임연순, 고선희, 황민아(2019). 학령기 읽기이해부진아동의 단어 의미 추론 특성. Communication Sciences and Disorders, 24(2), 379-386.

임유진, 김영태(2008). 단어 읽기 과제에서 초등 2학년과 5학년 아동의 음운규칙 적용 능력의 비교. Communication Sciences & Disorders, 13, 635-653.

정경희(2014). 1-3학년 학령기 아동의 형태소 인식과 읽기 능력. Communication Sciences and Disorders, 19(1), 21-30.

정미란(2009). 초등학교 3-5학년 읽기이해부진 학생의 단어 유추. 언어청각장애연구, 14(1), 275-287.

정미란(2013). 초등학교 3-6학년 읽기이해부진 학생의 읽기이해력 예측 변인 탐색. 학습장애연구, 10(3), 79-103.

정혜승(2002). 초등학생의 간접적 표현의 이해에 관한 연구-은유와 속담을 중심으로. 국어국문학, 132, 89-119.

조명한(2003). 언어심리학. 학지사.

조창규(2006). 국어교과서의 관용 표현에 대한 연구-7차 국어교과서 관용 표현의 빈도와 교과 내용 분석을 주로 하여. 배달말, 38, 61-86.

최경순, 황민아(2010). 읽기이해부진 아동의 의미 처리 특성: 의미 점화 효과. 언어청각장애연구, 15(2), 168-176.

황민아(2008). 초등학교 고학년 읽기부진 학생의 문장읽기에서 통사처리 특성. 언어청각장애연구, 13(3), 397-417.

황민아, 최경순(2011). 읽기이해부진 아동의 어휘판단에서 단어길이 효과. Communication

Sciences & Disorders, 16, 570-581.

Anderson, T. H., & Armbruster, B. B. (1984). Content area textbooks. In R. C. Anderson, J. Osborn, & R. J. Tierney (Eds.), *Learning to read in American schools* (pp. 193-224). Erblaum.

Apel, K., Diehm, E., & Apel, L. (2013). Using multiple measures of morphological awareness to assess its relation to reading. *Topics in Language Disorders, 33*, 42-56.

Beck, I., & McKeown, M. (1991). Conditions of vocabulary acquisition. In R. Barr, M. L. Kamil, P. B. Mosenthal, & P. D. Pearson (Eds.), *Handbook of reading research, Vol. 2*, pp. 789-814). Lawrence Erlbaum Associates, Inc.(Beck & McKeown, 1991)

Bryant, D. P., Vaughn, S., Linan-Thompson, S., Ugel, N., Hamff, A., & Hougen, M. (2000). Reading outcomes for students with and without reading disabilities in general education middle-school content area classes. *Learning Disability Quarterly, 23*(4), 238-252.

Cain K, Oakhill J. (1999). Inference making ability and its relation to comprehension failure. *Reading and Writing. 11*(5-6), 489-503.

Cain, K. (2006). Individual differences in children's memory and reading comprehension: An investigation of semantic and inhibitory deficits. *Memory, 14*(5), 553-569.

Cain, K., & Oakhill, J. (2007). Reading comprehension difficulties: Correlates, causes, and consequences. In K. Cain & J. Oakhill (Eds.), *Children's comprehension problems in oral and written language* (pp. 41-75). The Guilford Press.

Cain, K., & Towse, A. S. (2008). To get hold of the wrong end of the stick: Reasons for poor idiom understanding in children with reading comprehension difficulties. *Journal of Speech, Language, and Hearing Research, 51*(6), 1538-1549.

Cain, K., Oakhill, J., & Bryant, P. (2000). Investigating the causes of reading comprehension failure: The comprehension-age match design. *Reading and Writing: An Interdisciplinary Journal, 12*(1-2), 31-40.

Catts, H. W., & Kamhi, A. G. (2005). *Language and reading disabilities* (2nd ed.). Allyn & Bacon.

Chall, J. S. (1983). *Learning to read: The great debate.* McGraw-Hill.

Chaney, C. (1998). Preschool language and metalinguistic skills are links to reading success. *Applied psycholinguistics, 19*(3), 433-446.

Collins, A. M., & Loftus, E. F. (1975). A spreading-activation theory of semantic processing. *Psychological review, 82*(6), 407.

Deborah, M. C. (2008). Children's morphological knowledge: Links to literacy. *Reading Psychology, 29*, 289-314.

Ehri, L. C., & Roberts, T. (2006). The roots of learning to read and write: Acquisition of letters and phonemic awareness. In D. K., Dickinson & S. B. Neuman(Eds.), *Handbook of early literacy research* (Vol. 2., 113-134). The Guilford Press.

Ellis, H. D., & Young, A. W. (1988). Training in face-processing skills for a child with acquired prosopagnosia. *Developmental Neuropsychology, 4*(4), 283-294. https://doi.org/10.1080/87565648809540412

Gabig, C., & Zaretsky, E. (2013). Promoting morphological awareness in children with language needs: Do the common core state standards pave the way?. *Topics in Language Disorders, 33*(1), 7-26.

Geiger, G., & Lettvin, J. Y. (1987). Peripheral vision in persons with dyslexia. *New England Journal of Medicine, 316*(20), 1238-1243.

Gernsbacher, M. A., & Faust, M. E. (1991). The mechanism of suppression: A component of general comprehension skill. *Journal of Experimental Psychology: Learning, Memory, and Cognition, 17*(2), 245.

Gough, P. B., & Tunmer, W. E. (1986). Decoding, reading, and reading disability. *Remedial and special education, 7*(1), 6-10.

Halliday, M. A. K., & Hasan, R. (1975). *Cohesion in English.* Longman.

Harm, M. W., & Seidenberg, M. S. (1999). Phonology, reading acquisition, and dyslexia: Insights from connectionist models. *Psychological Review, 106*(3), 491-528.

Harris, T. L., & Hodges, R. E. (1995). The literacy dictionary: The vocabulary of reading and writing. Newark, DE: International Reading Association. Harris, K. R., & Jones, N. (1991). Development of morphemic segments in children's mental representations of word. *Applied Psycholinguistics, 12*, 217-239.

Hoover, W., & Gough, P. (1990). The simple view of reading. *Reading and Writing: An Interdisciplinary Journal, 2*, 127-160.

Idol, L. (1987). Group story mapping: A comprehension strategy for both skilled and unskilled readers. *Journal of learning disabilities, 20*(4), 196-205.

Jones, N. (1991). Development of morphophoneimic segments in children's mental representations of word. *Applied Psycholinguistics, 12*, 217-239.

Kirk, C., & Gillon, G. T. (2009). Intergrated morphological awareness intervention as a tool for improving literacy. *Language, Speech, and Hearing Services in Schools, 40*, 341–351.

Learner, J., Lowenthal, B., & Egan, R. (2003). *Pre school children with Special needs: children at risk and children with disabilities*. Baston.

Liberman, A. M. (1997). How Theories of Speech Affect Research in Reading and Writing. *Foundations of Reading Acquisition and Dyslexia*. Erlbaum.

Liberman, I. Y., & Shankweiler, D. (1991). Phonology and beginning reading: A tutorial. In L. Rieben & C. A. Perfetti (Eds.), *Learning to read: Basic research and its implications* (pp. 3–17). Lawrence Erlbaum Associates, Inc.

Lorusso, M. L., Facoetti, A., Pesenti, S., Cattaneo, C., Molteni, M., & Geiger, G. (2004). Wider recognition in peripheral vision common to different subtypes of dyslexia. *Vision research, 44*(20), 2413–2424.

Mayer, R. E. (1996). Learners as information processors: Legacies and implications of educational psychology, second metaphor. *Educational Psychologist, 31*(3/4), 151–164.

McArthur, G., Castles, A., Kohnen, S., Larsen, L., Jones, K., Anandakumar, T., & Banales, E. (2015). Sight word and phonics training in children with dyslexia. *Journal of learning disabilities, 48*(4), 391–407.

Nagy, W. E., & Scott, J. A. (2000). Vocabulary processes. In M. L. Kamil, P. B. Mosenthal, P. D. Pearson, & R. Barr (Eds.), *Handbook of Reading Research* (Vol. 3., pp. 269–284). Erlbaum.

Nation, K., & Angell, P. (2006). Learning to read and learning to comprehend. *London Review of Education, 4*(1), 77–87.

Nation, K., & Snowling, M. J. (2000). Factors influencing syntactic awareness skills in normal readers and poor comprehenders. *Applied psycholinguistics, 21*(2), 229–241.

Nation, L., Clarke, P,. Marshall, C. M., & Durand, M. (2004). Hidden language impairments in children: Parallels between poor reading comprehension and specific language impairments?. *Journal of Speech, Language, and Hearing Research, 47*, 199–211.

Nelson, J. R., & Stage, S. A. (2007). Fostering the development of vocabulary knowledge and reading comprehension though contextually–based multiple meaning vocabulary instruction. *Education and treatment of children, 30*(1), 1–22.

Nippold, M. A. (1985). Comprehension of figurative language in youth. *Topics in Language Disorders, 5*(3), 1–20.

Nippold, M. A. (2007). *Later language development: School–age children, adolescents, and young adults* (3rd ed.). Pro-Ed.

Nippold, M. A., & Fey, S. H. (1983). Metaphoric understanding in preadolescents having a history of language acquisition difficulties. *Language, Speech, and Hearing Services in Schools, 14*(3), 171–180.

Nippold, M. A., Martin, S. A., & Erskine, B. J. (1988). Proverb comprehension in context: a developmental study with children and adolescents. *Journal of Speech and Hearing Research, 31*, 19–28.

Ortony, A. (1993). *Metaphor and thought.* Cambridge University Press.

Owens, R. E. (2004). *Language disorders: A functional approach to assessment and intervention* (4th ed.). Allyn & Bacon.

Paul, R. (2007). Language, reading, and learning in school: What the speech–language pathologist needs to know. In R. Paul (Ed.), *Language disorders from infancy through adolescence* (pp. 409–439). Mosby.

Rinaldi, W. (2000). Pragmatic comprehension in secondary school–aged students with specific developmental language disorder. *International journal of language & communication disorders, 35*(1), 1–29.

Roberts, J. A., & Scott, K. A. (2006). The simple view of reading: Assessment and intervention. *Top Lang Disorders, 26*(2), 127–143.

Rubin, H., Patterson, P., & Kantor, M. (1991). Morphological development and writing ability in children and adults. *Language, Speech, and Hearing Services in Schools, 22*, 228–235.

Scarborough, H. (2003). Connection early language and literacy to later reading (dis) abilities: Evidence, theory, and practice. In S. Newman & D. Dickenson (Eds.), *Handbook of early literacy research* (pp. 97–110). The Guilford Press.

Siltanen, S. A. (1990). Effects of explicitness on children's metaphor comprehension. *Metaphor and Symbol, 5*(1), 1–20.

Thomson, M. (1984). *Developmental dyslexia: Its nature, assessment and remediaton.* Edward Arnold.

Vellutino, F. R., Scanlon, D. M., & Spearing, D. (1995). Semantic and phonological coding in poor and normal readers. *Journal of experimental child psychology, 59*(1), 76–123.

Vellutino, F. R., Tunmer, W. E., Jaccard, J. J., & Chen, R. (2007). Components of reading ability: Multivariate evidence for a convergent skills model of reading development. *Scientific studies of reading, 11*(1), 3–32.

Wang, M., Ko, I. Y., & Choi, J. (2009). The importance of morphological awareness in Korean-English biliteracy acquisition. *Contemporary Education Psychology, 34*, 132-142.

Warren, L., & Fitzgerald, J. (1997). Helping parents to read expository literature to their children: Promoting main-idea and detail understanding. *Literacy Research and Instruction, 36*(4), 341-360.

Warren-Leubecker, A. (1987). Competence and performance factors in word order awareness and early reading. *Journal of Experimental Child Psychology, 43*(1), 62-80.

Westby, C. (2005). Assessing and remediating text comprehension problems. In H. Catts & A. Kamhi (Eds.), *Language and reading disabilities* (2nd ed., pp. 157-232). Allyn & Bacon.

Williams, J. P. (1998). Improving comprehension of disabled readers. *Annals of Dyslexia, 48*, 213-238.

제4장

읽기 발달

　읽기에 어려움이 있는 대상의 읽기 수준을 파악하고 체계적으로 지도하기 위해서
는 일반 아동의 읽기 발달단계를 이해하는 것은 매우 중요하다. 읽기에 어려움이 있
는 대상들이 발달 속도가 느릴 수 있으나, 대체로 일반 아동의 발달단계를 따르기 때
문이다. 즉, 읽기 발달단계 이해는 현 수준을 가늠할 수 있는 기준 및 다음 단계의 이
정표가 될 수 있다.

　읽기 발달은 개인적 · 사회적 · 환경적 요소에 따라 발달 속도가 다를 수는 있으나,
각 단계의 읽기 발달이 적절하게 이루어지지 못하면 최종적으로 읽기를 통한 학습 또
는 읽기이해에 실패하게 된다(Chall, 1983).

1. 읽기 발달

　Chall(1983)은 읽기 발달을 0~5단계로, 총 6단계로 설명했다. 읽기를 처음 배우기
시작하는 시기부터 발달, 변화 과정을 단계별로 제시하고 있다.

　0단계는 읽기 전 단계로, 만 5세보다 어린 아동이 양육자와의 상호작용을 통해 인
쇄물을 인식하고 경험하는 단계이다. 부모가 동화책을 읽어 줄 때, 혹은 간판이나 메

뉴판을 보면서 글자가 구어와는 다르지만, 구어와 마찬가지로 의미를 전달하는 기능이 있다는 것을 알게 되는 문해사회화literacy socialization가 이루어지는 단계이다. 이 시기에는 부모와의 상호작용을 통해 인쇄물을 인식하고 경험하는 것이 중요하다(Hiebert, 1988; Morrow, 1990).

1단계는 초기 읽기 단계(해독)로, 만 5~7세 아동(유치원 7세 반~초1 학년)에게 해당한다. 이 단계는 초기 읽기 학습의 성패를 결정하는 중요한 시기로, 자모 지식과 철자법 기술을 발달시키게 된다. 이제 통글자 읽기 수준을 넘어 각 문자를 음성으로 변환하는 해독 능력으로 읽기를 할 수 있는데, 자모 지식과 음운인식을 토대로 자소-음소 대응 지식을 확립하고, 음운변동 규칙 등을 이해하며 철자법 지식을 갖추어 읽을 수 있게 된다. 이 단계에서는 대부분의 인지적 자원을 글자를 해독하는 데 사용하므로 읽은 글의 의미를 이해하는 데 집중할 자원이 부족할 수 있다.

2단계는 읽기이해로 초점이 옮겨 가려는 과정으로, 유창하게 읽는 단계이다. 만 7~9세 아동(초1~3 학년)이 이 단계에 해당하며, 이 시기에 해독은 정확하고 점점 자동화도 높아진다. 이전 단계에서 습득한 자모 지식과 음운변동 규칙을 빠르게 적용하여 정확하게 읽을 뿐만 아니라, 유창하게도 읽을 수 있게 된다. 이 단계를 해독의 최종 단계로 보기도 하는데, 단어를 한눈에 파악하여 빠르게 읽을 수 있는 일견 단어 능력이 안정되어 글의 내용을 이해하기 위한 읽기에 집중할 준비를 마치는 시기다 (Catts & Kamhi, 2005).

3단계는 새로운 것을 배우기 위해 읽는 읽기 단계로, 초등학교 고학년 아동이 해당된다. 이 시기에 아동은 읽기를 배우는 것learn to read이 아닌 배우기 위한 읽기read to learn를 하고 있으며, 인쇄물에서 새로운 정보를 얻고 내용을 이해하고 추론하는 데 초점이 맞추어지는 시기이다.

4단계는 다양한 관점의 읽기 단계로, 중학교 이상의 학생에게 해당한다. 이 시기에는 다양한 글을 읽고 이해하며, 추론 및 비판을 할 수 있게 된다.

5단계는 비평적 읽기 단계로, 대학생 이상에게 해당한다. 이 단계에서는 읽은 내용을 구성, 재구성하는 것이 가능하며, 자신의 의견과 다른 사람의 생각을 통합하여 새로운 지식을 산출할 수 있다.

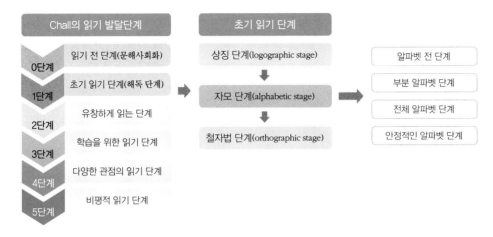

[그림 4-1] 읽기 발달단계

출처: Chall (1983); Ehri (1991); Ehri (2005b).

2. 초기 읽기 발달

성공적인 읽기이해를 위해서는 초기 읽기 발달에 해당하는 해독(1단계)과 읽기유창성(2단계) 숙달이 중요하다(Chall, 1983). Ehric(1991)과 Frith(1985)는 초기 읽기 단계를 '상징단계, 자모 단계, 철자법 단계'로 더 세분화하여 제시하였다([그림 4-1] 참조). 세분화한 초기 읽기 발달단계는 해독에 어려움을 보이는 대상의 읽기 수준을 세밀하게 분석하고, 체계적으로 지도할 수 있게 한다.

1) 상징 단계

상징 단계logographic stage는 문자를 글자 지식이나 소리-글자 관계 지식이 아니라, 문자 모양이 갖는 특징이나 상징(로고), 맥락으로 글자를 이해하는 시기로, 표의적 단계라고도 한다. 읽기 전 단계의 끝과 해독 단계로 가는 전이 단계로, 문자를 그림과는 다른 기호로 인식하기 시작하면서 친숙한 글자를 보고 해당하는 소리로 발음하는 '읽기 시늉'을 보이기도 한다. 상징 단계의 아동들에게는 시각적인 단서를 바꿈으로써 글자의 의미를 쉽게 속일 수 있다. 예를 들어, 코카콜라 로고의 색과 형태를 유지한 채 'coca-cola' 대신 'pepsi-cola'라고 써 둔다면 상징 단계의 아동들은 '펩시콜라'

가 아니라 '코카콜라'라고 인식하기도 한다(Share & Stanovich, 1995).

이 시기에는 인쇄물과 관련된 다양한 경험으로 문식성 능력을 발달시켜 간다. 가령, 음식점의 간판이나 메뉴판을 보면서 인쇄물은 구어와는 다르지만 구어와 마찬가지로 의미를 전달하는 기능이 있다는 것을 알게 된다. 또는 부모가 동화책을 읽어 주는 것을 보고 들으면서 글을 읽을 때는 페이지의 맨 위에서 아래로, 왼쪽에서 오른쪽으로, 한 줄이 끝나면 다음 줄로 내려가서 읽는다는 것, 한 페이지를 다 읽으면 다음 페이지로 넘어간다는 것 등의 인쇄물 관례 지식을 갖추게 된다(김애화 외, 2009). 이 시기의 동화책 함께 보며 읽어 주기, 책 페이지 넘기기, 낙서하기와 같은 경험은 읽기·쓰기 발달의 토대가 된다(Sulzby, 1996).

2) 자모 단계

자모 단계alphabetic stage는 단어재인 혹은 해독이 일어나는 단계로, 문자(자소)가 소리(음소)와 규칙적인 관계를 갖는다는 것을 알게 되며, 자소-음소 대응 관계와 알파벳의 원리를 활용하여 읽을 수 있는 단계이다(Gough & Tunmer, 1986).

해독은 자소-음소 대응 관계를 활용하여 낱말을 읽는 과정을 의미하며, 단어재인은 낱말을 소리 내어 읽고, 낱말의 의미를 파악하는 능력까지를 의미하므로 해독은 단어재인보다는 좁은 개념이다(Harris & Hodges, 1995). 물론 해독은 단어재인을 위해 반드시 이루어져야 하는 과정이기 때문에 단어재인 교수에서 해독이 차지하는 비중은 상당히 크며, 낱말을 해독하기 위해 가장 핵심적인 능력은 자소-음소 대응 지식이다(Moats, 2009).

자소-음소 대응 지식은 문자가 구어 소리를 표상한다는 것을 아는 것으로, /ㅁ/이 [m] 소리, 모음 /ㅏ/는 [a] 소리가 난다는 것을 아는 것이다. 그리고 /ㅁ/과 /ㅏ/가 합해지면 '마[ma]'가 되며, /ㅁ/과 /ㅗ/가 합해지면 '모[mo]'가 된다는 것을 아는 것은 알파벳의 지식으로, 자소-음소 대응 지식은 알파벳의 원리를 학습하는 데 필수적이다. 문자(자소)와 소리(음소)를 연결하지 못해도 친숙한 낱말은 어휘 경로를 통한 읽기를 할 수 있지만, 자모 단계에서의 진전 및 확립은 자소-음소 대응 지식이 갖추어질 때 가능하다(Frith, 1985).

자소-음소 대응 지식과 알파벳의 원리에 기초하여 해독 능력이 향상되면 신속한 단어재인 능력이 발달한다(Moats, 2009). 신속한 단어재인은 단어를 정확하고 빨리 읽는 능력으로, 이제 해독이 자동적으로 일어나는 과정이다(Ehri, 2000). 이 '자동성'이란 일견 단어와 같은 개념으로 단어를 해독하는 데 어떠한 주의나 노력을 기울이지 않고, 글자를 보는 즉시 단어의 발음과 의미를 인지할 수 있게 되는 것이다(Ehri, 2007). 자모 단계의 안정된 발달 없이는 읽기유창성 발달과 성공적인 읽기이해는 어렵다.

Ehri(2005a)는 자소-음소 대응 지식이 발달하는 자모 단계를 다시 4단계로 분류하였다.

(1) 전 자모 단계

전 자모 단계pre-alphabet phase는 읽기 발달의 가장 초기 단계로, 이 시기에는 알파벳의 원리[1]나 글자 지식letter knowledge[2]은 아직 모른 채로 단어를 읽을 때 시각적 특성을 기억하여 단어를 읽는다. 어린 유아들이 종종 글자 지식이 없음에도 불구하고 뽀로로의 로고를 보고 '뽀로로'라고 읽거나, '냉장고'라고 쓰인 낱말카드를 읽는 모습을 본 적이 있을 것이다. 이 시기에는 받침 있는 단어인 '선풍기' '냉장고'를 읽는 모습을 보이면서도, '기차'라는 단어에 '선풍기'에 포함된 글자와 같은 글자('기')가 있는지 전혀 인식하지 못하거나, 쉬운 형태인 받침 없는 단어(예: '모자')를 읽지 못하기도 한다. 이처럼 가장 초기 읽기는 단어를 자소로 인식하는 것이 아니라, 단어의 전체적인 모양을 이미지화시켜서 기억하여 읽는 단계다. 낱말기억에 의존하여 친숙한 글자를 보고 말하는 단계로, '통글자 읽기' 단계라고 부르기도 하며, 통글자로 읽는 단어가 50~100개 정도는 되어야 글자에 대한 관심과 배경 지식이 갖추어져서 다음 단계인 자소 읽기 학습을 할 준비가 되었다고 볼 수 있다(Ehri & McCormick, 1998; Bender & Waller, 2011).

---

1) 한글의 자모 원리는 초성, 중성, 종성의 음절체로 구성되며, 음절체는 모음(V), 자음과 모음(CV) 혹은 자음과 모음, 자음(CVC) 등의 구조가 있다.
2) 글자 지식은 자음 'ㄱ'의 글자 이름은 '기역'이며, 소리(음가)는 초성에서는 [k], 종성에서는 [k˥], 모음 'ㅏ'는 [a], 'ㅑ'는 [ja] 소리가 난다는 것을 아는 것을 말한다.

(2) 부분적 자모 단계

부분적 자모 단계^{partial alphabet phase}는 상대적으로 쉬운 글자는 일부 음소(음운)를 대응시켜 해독하나, 자소–음소 대응이 완전히 확립되지 않은 상태이다. 이 시기는 단어의 일부, 즉 일부 음절만 읽을 수 있거나(예: '고래'를 보며 '고'만 읽음), 받침 없는 친숙한 단어(예: 나비, 모자)는 읽을 수 있으나, 받침이 있거나(예: 냄비, 전기) 형태가 복잡한 단어(예: 스웨터, 메뚜기)는 읽지 못하는 모습을 보인다.

한글의 경우, 부분 알파벳 단계를 '음절 읽기, 받침 없는 글자 읽기, 받침 있는 글자 읽기'로 더 세분화할 수 있다. 한글에는 자소보다 크고 단어보다는 작은 '음절'이라는 단위가 있다. '낱자'라고도 하는데, 시각적으로 독립적이어서 두드러져 지각되며 글자에 상응하는 소리값인 음절로, 한글은 다른 음절과의 음절 경계가 명확하다. 따라서 한글의 읽기 발달은 영미권의 철자와 달리 모아쓰기를 하므로 '음절 읽기' 단계가 추가된다(윤혜경, 1997). 음절 읽기는 한 글자는 한 음절로 발음되고, 한 글자는 항상 같은 소리로 발음된다는 것을 아는 음절인식(음절 수 세기)과 발음 항상성 인식 능력이 필요하며, 일반적으로 유치원 5세 반 아동(만 3세 7개월~4세 6개월)은 가능한 능력이다(윤혜경, 1997).

한편, 한글은 초성자와 중성자가 모여 하나의 음절로 읽히는 받침 없는 글자(예: 1형: 배, 2형: 소, 3형: 쥐)를 형성하고, 정해진 위치에 종성자가 추가되어 받침 있는 글자(예: 4형: 감, 5형: 풀, 6형: 황) 글자를 형성한다(이상로, 1989). 받침 있는 글자는 음성학적으로 음절체(초성+중성)와 종성으로 분리된다. 받침 있는 단어에서의 종성인식은 유치원 7세 반 아동(만 5세 7개월~6세 6개월)부터 가능한 수준으로, 받침 있는 글자는 받침 없는 글자보다 늦게 발달한다.

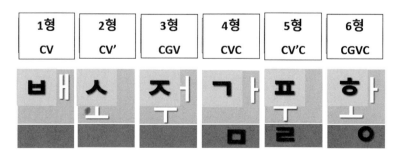

[그림 4–2] 한글의 글자 구조와 자모(C: 자음, V: 모음, G: 활음)

(3) 완전 자모 단계

완전 자모 단계^{full alphabet phase}는 자소-음소 대응 지식을 충분히 활용하여 읽는 시기로, 외래어나 친숙하지 않은 단어(예: 스웨덴, 파프리카) 혹은 무의미단어(예: 흡찰, 폰테)도 해독이 가능한 단계이다. 자소-음소 대응 지식을 확실하게 갖추었는지는 친숙한 단어보다는 비친숙한 단어 혹은 무의미단어 읽기가 가능한지를 통해 확인할 수 있다. 형태가 유사한 철자(예: 엘리베이터/엘리자베스)를 다소 주저하며 느리게 읽는 모습을 보이기도 하나, 유사한 철자를 혼동하여 읽지는 않는다.

(4) 안정적 자모 단계

안정적 자모 단계^{consolidated alphabet phase}는 자소-음소 대응 지식이 완전히 확립된 단계로, 단어뿐 아니라 어휘형태소와 문법형태소가 결합된 어절, 접사와 결합된 단어 등도 빠르고 정확하게 재인해 낼 수 있는 자동적인 단어재인이 이루어지는 단계이다. 이제 자소-음소 대응 지식으로 정확하게 해독할 수 있는 단계를 넘어 글자를 보는 즉시 단어의 의미를 인지하고 발음하는 일견 단어 읽기가 가능하다. 물론 친숙한 단어에 포함된 자소-음소 불일치형(예: 했습니다[핻씀니다], 많아요[마나요])은 바르게 읽을 수 있기도 하지만, 비친숙한 자소-음소 불일치형 낱말은 소리나는 대로 읽을 수 있다.

3) 철자법 단계

철자법 단계^{orthographic stage}는 구어를 문자로 옮겨 쓸 때 적용하는 일련의 관습에 관한 지식을 활용하여 음운변동 규칙을 적용해서 읽는 단계라고 볼 수 있다. 철자법 단계는 아동들이 알파벳 지식과 자소-음소 대응 지식이 확립되어 일견 단어 읽기가 가능할 때 발달하기 시작한다(Ehri, 1991, 2005a; Frith, 1985). 물론 그 전에 음운변동 규칙이 적용되는 친숙한 단어를 정확하게 읽는 모습은 볼 수 있지만, 이는 철자법 지식을 적용한 것이라기보다는 낱말기억에 의존하여 읽는 것이다. 따라서 자모 단계가 완전히 확립되기 전에 철자법을 지도하는 것은 자모 단계 확립 시기를 늦추는 일이 될 수 있으며, 읽기ㆍ쓰기유창성 발달을 저해할 수도 있다(김기주, 2022).

철자법 지식^{orthographic knowledge}이란 구어를 문자로 옮겨 쓸 때 적용하는 일련의 관습에 관한 지식으로, 다음이 포함된다.

① 자소-음소 대응규칙[예: 시옷(ㅅ)은 초성에서는 [s], 종성에서는 [은, t̚] 음가를 가진다. 겹자음은 하나의 음가만 갖는다(예: 몫의 'ㄳ'은 [윽, k̚], 여덟의 'ㄼ'은 [을, l̚] 음가를 가진다)]

② 음운변동 규칙에 관한 지식[예: 앞 음절이 자음으로 끝나고 다음 음절이 모음으로 시작할 경우, 앞 음절의 종성이 다음 초성으로 옮겨 가서 발음된다(예: 얼음 → [어름]), ㄷ, ㅌ, ㅅ, ㅈ, ㅊ은 받침 글자가 상이하더라도 모두 /ㄷ/ 소리가 난다(예: 맏아들, 맛, 찾다, 꽃, 밭)]

③ 철자 결합 가능에 대한 지식[예: 한글에는 5개의 쌍자음(ㄲ, ㄸ, ㅃ, ㅆ, ㅉ), 11개의 겹자음(ㄳ, ㄵ, ㄶ, ㄺ, ㄻ, ㄼ, ㄽ, ㄾ, ㄿ, ㅀ, ㅄ)은 허용하지만, 'ㅎㅎ, ㄸ, ㅆ' 등의 형태는 허용하지 않는다]

④ 철자 위치 제약에 대한 지식(예: 겹자음은 종성에서만 사용한다)

철자법 지식은 한글의 자모음을 관습적인 방식으로 나열하여 낱말을 구성하는 것으로, 한글의 맞춤법과 띄어쓰기 등에 대한 지식을 바탕으로 이루어진다. 한글 맞춤법은 낱자와 음소 사이에 일대일 대응에 맞게 소리 나는 대로 쓰는 것을 기본으로 하지만, 앞 음절과 뒤 음절의 충돌로 인한 음운변동 현상이 많이 발생하기 때문에 음운변동 규칙 지식이 필요하다(Perfetti, 2011). 음운변동 규칙 이해는 초기 읽기 발달뿐 아니라, 맞춤법에 맞게 철자를 쓰고 작문을 하는 데 중요한 능력 중 하나이다(Ehri, 2002; Kim, 2011).

한국어 음운변동 규칙이 적용되는 형태는 평폐쇄음화(7종성법), 연음화, 경음화(된소리화), 비음화, 설측음화(유음화), 구개음화, ㅎ탈락, 축약(기식음화), 활음 생략, 겹받침, 사잇소리 , ㄴ첨가 등이 있다(김미배, 배소영, 2011; 김애화, 임화경, 박성희, 2009; 이상억, 1990).

참고문헌

김기주(2022). 음운처리기술 그룹 중재가 자소-음소 대응 지식 및 읽기 · 쓰기 유창성에 미치는 효과. 인지발달중재학회, 13(1), 51-71.

김미배, 배소영(2011). 낱말읽기에서의 초등학생 음운해독력 발달. Communication Sciences & Disorders, 16, 143-153.

김애화, 임화경, 박성희(2009). 초등학생의 단어인지 특성 연구: 단어인지 정확도와 유창성 발달 패턴 및 오류 유형 분석. 특수교육학연구, 44(2), 157-184.

윤혜경(1997). 아동의 한글 읽기 발달에 관한 연구: 자소-음소 대응 규칙의 터득을 중심으로. 박사학위논문, 부산대학교 대학원.

이상억(1990). 현대국어 음변화 규칙의 기능부담량. Language Research, 26(3), 441-467.

Bender, W., & Waller, L. (2011). *The Teaching Revolution: RTI, Technology, and Differentiation Transform Teaching for the 21st Century.* Corwin

Catts, H. W., & Kamhi, A. G. (2005). *Language and reading disabilities* (2nd ed.). Allyn & Bacon.rf

Chall, J. S. (1983). *Learning to read: The great debate.* McGraw-Hill.

Ehri, L. C. (1991). Development of the ability to read words. In R. Barr, M. L. Kamil, P. B. Mosenthal, & P. D. Pearson (Eds.), *Handbook of reading research* (Vol. 2., pp. 383-417). Lawrence Erlbaum Associates, Inc.

Ehri, L. C. (2000). Learning to read and learning to spell: Two sides of a coin. *Topics in language disorders, 20*(3), 19-36.

Ehri, L. C. (2002). Reading processes, acquisition, and instructional implications. In G. Reid & J. Wearmouth (Eds.), *Dyslexia and literacy: Theory and practice* (pp. 167-186). John Wiley and Sons.

Ehri, L. C. (2005a). Development of sight word reading: Phases and findings. In M. J. Snowling & C. Hulme (Eds.), *The science of reading: A handbook* (pp. 135-154). Blackwell Publishing.

Ehri, L. C. (2005b). Learning to read words: Theory, findings, and issues. *Scientific Studies of reading, 9*(2), 167-188.

Ehri, L. C. (2007). Development of sight word reading: Phases and findings. In M. J. Snowing & C. Hulme(Eds.), *The science of reading: A handbook* (pp. 135-154). Blackwell.

Ehri, L. C., & McCormick, S. (1998). Phases of word learning: Implications for instruction with delayed and disabled readers. *Reading & Writing Quarterly: Overcoming Learning Difficulties, 14*(2), 135-163.

Frith, U. (1985). Beneath the surface of developmental dyslexia. In K. Patterson, J. Marshall, & M. Coltheart (Eds.), *Surface dyslexia: Neurological and cognitive studies of phonological reading* (pp. 301- 330). Lawrence Erlbaum.

Gough, P. B., & Tunmer, W. E. (1986). Decoding, reading, and reading disability. *Remedial and special education, 7*(1), 6-10.

Harris, T. L., & Hodges, R. E. (1995). *The literacy dictionary: The vocabulary of reading and writing.* International Reading Association.

Hiebert, J. (1988). A theory of developing competence with written mathematical symbols. *Educational studies in mathematics, 19*(3), 333-355.

Kim, Y. S. (2011). Considering linguistic and orthographic features in early literacy acquisition: Evidence from Korean. *Contemporary Educational Psychology, 36*, 177-189.

Moats, L. (2009). Knowledge foundations for teaching reading and spelling. *Reading and Writing, 22*(4), 379-399.

Morrow, L. M. (1990). Preparing the classroom environment to promote literacy during play. *Early Childhood Research Quarterly, 5*(4), 537-554.

Share, D. L., & Stanovich, K. E. (1995). Cognitive processes in early reading development: Accommodating individual differences into a model of acquisition. *Issues in education, 1*(1), 1-57.

Sulzby, E. (1996). Roles of oral and written language as children approach conventioal literacy. In C. Pontecorvo, M. Orsolini, B. Burge, & L. B. Resnick(Eds.), *Childreni's early text constucton* (pp. 25-46). Erlbaum.

제5장

한글 특성

1. 한글 특성

한글은 표층 표기 체계에 속하는 언어로, 자소-음소 대응 관계의 투명성이 높은 편이다. 하지만 모든 한글이 발음대로 표기하는 것이 아니며, 한글은 그 단어의 뜻을 밝히기 위해 기본 형태소의 원형을 그대로 둔 채 탈락하여 표기하는 표기상 표의주의도 취하고 있다. 한글의 자모 특성과 음절의 구조, 음운변동 규칙에 대해 좀 더 자세히 알아보고자 한다.

1) 한글의 자모

한글은 자음(子音)과 모음(母音)으로 구성되어 있으며, 특성은 다음과 같다.

한글의 모음은 단모음 8개(ㅏ, ㅓ, ㅗ, ㅜ, ㅡ, ㅣ, ㅐ, ㅔ), 이중모음 13개(ㅑ, ㅕ, ㅛ, ㅠ, ㅘ, ㅝ, ㅟ, ㅢ, ㅚ, ㅙ, ㅞ, ㅒ, ㅖ)의 문자로 구성되어 있으며, 글자 이름과 글자 소리가 같다. 한글 모음은 글자 형태(자소)[1]와 글자 소리(음소)[2]의 대응이 대부분 일대일로, 모음 /ㅏ/는 어떤 낱말에서나 항상 [a] 소리를 내며, 음운 변화는 없다(〈표 5-1〉 참조). 단모음 중 'ㅏ, ㅓ, ㅗ, ㅜ, ㅡ, ㅣ'와 이중모음 중 'ㅑ, ㅕ, ㅛ, ㅠ' 10개를 기본 모음이라

표 5-1 **한글의 자음과 모음**

자음의 위치	자모 유형	글자 형태(자소) 글자 이름 [글자 소리(음소)]								
초성	단자음	ㄱ	ㄴ	ㄷ	ㄹ	ㅁ	ㅂ	ㅅ	ㅇ	ㅈ
		기역 [k,g]	니은 [n]	디귿 [t, d]	리을 [l,ɾ]	미음 [m]	비읍 [p,b]	시옷 [s,ɕ]	이응	지읒 [tɕ, dʑ]
		ㅊ	ㅋ	ㅌ	ㅍ	ㅎ				
		치읓 [tɕʰ]	키읔 [kʰ]	티읕 [tʰ]	피읖 [pʰ]	히읗 [h,ɸ,ç,x]				
	쌍자음	ㅉ	ㄲ	ㄸ	ㅃ	ㅆ				
		쌍지읒 [tɕ*]	쌍기역 [k*]	쌍디귿 [t*]	쌍비읍 [p*]	쌍시옷 [s*, ɕ*]				
중성	단모음	ㅏ	ㅓ	ㅗ	ㅜ	ㅡ	ㅣ	ㅐ	ㅔ	
		[a]	[ʌ]	[o]	[u]	[ɯ]	[i]	[ɛ]	[ɛ]	
	이중모음	ㅑ	ㅕ	ㅛ	ㅠ					
		[ja]	[jʌ]	[jo]	[ju]					
		ㅘ	ㅝ	ㅟ	ㅢ	ㅚ	ㅙ	ㅞ	ㅒ	ㅖ
		[wa]	[wʌ]	[wi]	[ɯi]	[wɛ]	[wɛ]	[wɛ]	[jɛ]	[jɛ]
종성		ㄱ	ㄴ	ㄷ		ㄹ	ㅁ	ㅂ	ㅇ	
		ㅋ/ㄲ		ㅌ/ㄸ ㅅ/ㅆ ㅈ/ㅊ/ㅉ				ㅍ/ㅃ		
		ㄳ/ㄺ	ㄵ/ㄶ			ㄿ/ㄽ/ㄾ/ㅀ	ㄻ	ㅄ/ㄼ		
		[k̚]	[n̚]	[t̚]		[l]	[m̚]	[p̚]	[ŋ]	

출처: 김영숙(2017); 신지영, 차재은(2003).

고도 한다.

한글 모음의 자소와 음소는 대부분 일대일로 대응된다. 단, 단모음 중 /ㅐ/와 /ㅔ/

1) 자소는 어떤 언어의 문자 체계에서 의미상 구별할 수 있는 가장 작은 단위로, 자음과 모음 문자의 형태를 의미하며, 서기소(書記素), 문자소, 낱글자라고도 한다.
2) 음소는 스스로 의미를 가지고 있지 않으면서 말의 뜻을 구별 짓는 소리로, 자음과 모음의 소리를 의미하며, 음가 혹은 음운이라고도 한다.

는 둘 다 [ɛ]로 같은 음가이며(예: 매미/메뚜기, 재미/어제, 애벌레/누에), 이중모음 중 /ㅒ/와 /ㅖ/ 둘 다 [ɛ]로 같은 음가(예: 얘/예)이고, /ㅚ/, /ㅙ/, /ㅞ/ 모두 [wɛ]로 같은 음가(예: 외야수/왜가리/스웨터, 괴물/괜찮아/궤도)로 실현된다. 이러한 모음을 동음이형어[3]라고 한다. 즉, '재주'와 '제주'는 발음만으로는 구분되지 않으며 상황이나 텍스트 문맥상 적합한 어휘를 구문 지식 등을 활용하여 맞춤법에 맞게 써야 한다.

한글의 자음은 단자음 14개(ㄱ,ㄴ,ㄷ,ㄹ,ㅁ,ㅂ,ㅅ,ㅇ,ㅈ,ㅊ,ㅋ,ㅌ,ㅍ,ㅎ)와 쌍자음 5개 (ㄲ,ㄸ,ㅃ,ㅆ,ㅉ)로 총 19개의 문자로 구성되어 있으며, /ㄱ/의 문자 이름은 '기역', 문자 소리는 [k]로 글자 이름과 글자 소리(음소)가 다르다(⟨표 5-1⟩ 참조). 한글의 자음은 모음과 마찬가지로 글자 형태(자소)와 글자 소리(음소)의 대응이 대체로 일대일로 이루어지나, 음운 변화가 일어날 때도 있다.

한글의 자음자는 초성과 종성 소리를 표기하며, 초성 위치에는 19개의 자음 글자로 표기되나, 'ㅇ'은 초성 자리에 오면 아무런 음가가 없다. 한글 표기법 특성 때문에 모음 단독으로 음절이 구성될 때 'ㅇ' 글자를 사용하는 것일 뿐이기 때문이다. 종성 위치에는 19개의 자음 글자와 11개의 겹받침 등으로 표기되나, 발음(음운)은 7개(ㄱ,ㄴ,ㄷ,ㄹ, ㅁ,ㅂ,ㅇ)로만 실현된다. 겹받침도 두 자음 글자 중 하나의 소리로 실현된다. 자음의 위치가 달라도 글자 형태(자소)는 같지만, 자음의 위치에 따라 음가는 각각 다르다. 예를 들어, 'ㅁ'의 경우 초성에서는 /ㅁ/([m]) 소리지만, 종성에서는 [m˺] 소리로 실현된다.

표 5-2 한글에 사용되는 겹받침

	말끝 또는 자음이 따라올 때		모음이 따라올 때	
겹받침	소리	예	소리	예
앞 글자 소리가 나는 경우				
ㄳ	/ㄱ/	몫 /목/	/ㄱ//ㅆ/	몫이 /목씨/*
ㄵ	/ㄴ/	앉다 /안따/*	/ㄴ//ㅈ/	앉아 /안자/
ㄼ	/ㄹ/	여덟 /여덜/	/ㄹ//ㅂ/	여덟이 /여덜비/
ㄾ	/ㄹ/	핥다 /할따/	/ㄹ//ㅌ/	핥아 /할타/

---

3) 동음이형어는 형태는 다르지만 같은 소리를 갖는 글자로, 한글에는 'ㅐ/ㅔ, ㅒ/ㅖ, ㅚ/ㅙ/ㅞ'가 있다(예: 매미/메뚜기, 재미/어제, 애벌레/누에, 얘/예, 외야수/왜가리/스웨터, 괴물/괜찮아/궤도).

ᄡ	/ㅂ/	값 /갑/	/ㅂ/ /ㅆ/	값이 /갑씨/*
	앞 글자 소리가 나고 모음이 따라올 때 뒷 글자 소리가 탈락			
ㄶ	/ㄴ/	않고 /안코/*	/ㄴ/	않아 /아나/
ㅀ	/ㄹ/	앓고 /알코/*	/ㄹ/	앓아 /아라/
	뒷 글자 소리가 나는 경우			
ㄺ	/ㄱ/	닭 /닥/	/ㄹ/ /ㄱ/	닭이 /달기/**
ㄻ	/ㅁ/	닭다 /담따/	/ㄹ/ /ㅁ/	닭아 /달마/
	예외			
ㄿ	/ㅂ/	읊다 /읍따/*	/ㄹ/ /ㅍ/	읊어 /을퍼/
ㄽ	/ㄹ/	곬 /골/	/ㄹ/ /ㅅ/	곬이 /골시/

* 경음화 혹은 기식음화 음운변동이 적용됨
** '닭이'의 정확한 발음은 /달기/이나 /다기/라고 흔히 발음됨.[4]
출처: 김영숙(2017).

2) 한글의 음절 구조

글자는 서로 모여서 크고 작은 단위를 구성하는데, 자소/음소(자음과 모음)가 결합하여 음절을 이루고, 음절이 모여 낱말(단어)을 이루며, 낱말과 낱말이 모여 어절^eojeol을 이루고, 어절과 어절이 모여 어구^phrase를 이루며, 어구와 어구가 모여 문장을 이룬다. 어절은 띄어쓰기 단위와 일치하며, 음운(음소)의 결합으로 만들어지는 음운론적 단위 중에서 가장 하위 단위는 음절^syllable이다.

한글은 자음-모음 문자들을 선형으로 풀어쓰기 배열을 취하는 영어와 달리, 음절 단위의 조합식 배열을 취하고 있으며, 이를 모아쓰기, 합자법(合字法)이라고 한다. 시각적 형태로 본 한글 글자의 구조 특징은 자음과 모음 혹은 자음과 모음과 자음으로 정사각형이나 직사각형 내부에 배치된다(이영애, 1990). 모음의 위치와 받침의 유무

---

4) /ㄽ/ 받침은 '곬(한쪽으로 트여 나가는 방향이나 길), 옰(일을 잘못한 것에 대한 갚음), 물곬(물이 흘러 빠져나가는 작은 도랑), 외곬(단 한 곳만으로 트인 길), 통곬(여러 갈래의 물이 한 곬으로 모이는 곳)'에서 사용되는데, 현대 한국어로 넘어올 때 각각 '골' '물골' '올' '외골' '통골'로 사용하는 경우가 많아 잘 사용되지 않고 있다.

에 따라 같은 자소도 다른 시각적 형태를 가지게 되며, 6개의 유형(예: 1형-가, 2형-
고, 3형-과, 4형-강, 5형-공, 6형-곽)으로 구분하기도 한다(이상로, 1989; [그림 4-2]
참조).

한편, 모음^{vowel}은 음절을 이루는 데 빠져서는 안 되는 핵심 요소[5]이자 단독으로
도 음절을 구성한다(예: 아, 야). 또한 이중모음은 활음^{glide}과 단모음으로 구성되어
2개의 조음 동작으로 만들어지는 모음으로 단모음과 다르다. 따라서 한글의 글자 구
조를 글자(자소)의 소리(음운)를 고려하여 모음의 위치 대신 단모음과 이중모음으로
구분하고, 자음 없이 모음 단독으로 음절을 구성한 형태와 받침 유무를 기준으로 하
면 한글의 글자 구조는 여덟 가지로 나눌 수 있다(〈표 5-3〉 참조). 한글을 시각적 형태
로 6형으로 구분한 것과 음운적 요소를 고려한 8유형을 함께 고려하면 20개로 세분
화하여 구분할 수도 있다.

표 5-3 글자 소리(음운)를 고려한 한글의 음절 유형

	설명	예		시각적 형태로 본 한글의 글자 구조
1유형	모음 하나로 이루어진 음절	V	아 오	1형 2형
2유형	이중모음(활음과 모음)으로 이루어진 음절	GV	야 요 와	1형 2형 3형
3유형	자음과 모음으로 이루어진 음절	CV	가 무	1형 2형
4유형	자음과 이중모음(활음과 모음)으로 이루어진 음절	CGV	규 벼 과	1형 2형 3형
5유형	모음과 자음으로 이루어진 음절 (1유형에 받침이 더해짐)	VC	옥 악	4형 5형

5) 모음은 음절 구성의 핵심적인 요소(음절핵^{syllable nucleus})로, 음절은 모음 없이 존재할 수 없으며, 모음은 단독
   으로 음절을 이룰 수 있다(예: 아, 요, 가).

6유형	이중모음(활음과 모음)과 자음으로 이루어진 음절 (2유형에 받침이 더해짐)	GVC	욕 염 왕	4형 5형 6형
7유형	자음과 모음과 자음으로 이루어진 음절 (3유형에 받침이 더해짐)	CVC	박 통	4형 5형
8유형	자음과 이중모음(활음과 모음)과 자음으로 이루어진 음절 (4유형에 받침이 더해짐)	CGVC	귤 형 꽥	4형 5형 6형

출처: 김수진, 신지영(2020).

3) 한글 자모의 음운적 자질

한글의 자음과 모음은 발성기관의 모양과 소리의 특성을 시각적으로 표현한 것이다. 모음의 경우, 한글의 제자 원리에 따라 천(天), 지(地), 인(人) 세 글자를 조합해서 만들어졌다. 세 가지의 기본 모양으로 총 21개의 글자가 만들어졌으므로 그 모양들이 비슷하며, 글자를 분별하기 어렵거나 혼동하기 쉬워서 누군가에게는 글자 모양과 그 이름을 익히기 힘들 수도 있다(Kim & Petscher, 2013).

자음 'ㄱ(기역)'은 혀뿌리가 목구멍을 막는 모양, 'ㄴ(니은)'은 혀끝이 윗잇몸에 붙는 모양, 'ㅁ(미음)'은 입술이 붙었다가 떨어지는 모양, 'ㅅ(시옷)'은 앞니의 모양, 'ㅇ(이응)'은 목구멍의 모양을 본떠 만들어진 문자로, 'ㄱ, ㄴ, ㅁ, ㅅ, ㅇ'은 한글의 기본 자음에 해당한다(김영송, 1981). 그리고 가획에 따라 형태적 · 음성적 자질이 달라지는 자질 문자로, 문자 자체가 계열을 이루면서 소리의 특질을 반영하며, 그 모양도 유사성이 있다(이익섭, 1992). 예를 들어, /ㅋ/은 /ㄱ/ 소리에서 파생되어 격음화된 것으로, 글자 'ㄱ'에 가로선을 첨가하여 표시하며, /ㄲ/은 /ㄱ/소리에서 내는 힘의 정도를 강하게 하는 것으로, /ㄱ/은 평음(예사소리), /ㅋ/은 격음(기식음, 거센소리), /ㄲ/은 경음(긴장음, 된소리)라고 한다. 이러한 관계는 ㅂ-ㅍ-ㅃ, ㄷ-ㅌ-ㄸ, ㅈ-ㅊ-ㅉ에도 해당된다.

파닉스 지도는 자소와 음소의 대응 지식을 갖추게 하는 것으로, 한글 지도 시 자음과 모음의 글자 형태(자소)와 함께 글자 소리(음소)를 체계적, 명시적으로 안내하기 위해서는 음운적 특성을 자세히 알고 있어야 한다.

(1) 모음

모음^{母音, vowel}은 발화 시 기류가 구강의 중앙 통로에서 방해를 받지 않고 나는 소리로 홀소리라고도 한다.

모음은 단모음과 이중모음으로 구분된다. 단모음^{monophthong}은 해당 모음의 조음 시 조음 동작이 한 번이며, 이중모음^{diphthong}은 조음 동작이 둘이다.

한글을 구성하고 있는 단모음 글자 형태(자소)는 8개(ㅏ, ㅓ, ㅗ, ㅜ, ㅡ, ㅣ, ㅐ, ㅔ)이며, /ㅐ/와 /ㅔ/는 둘 다 [ɛ]로 같은 소리를 내는 동음이형어로, 글자 소리(음소)는 7개이다(신지영, 차재은, 2000). 일부 학자들이 'ㅟ[y]' 'ㅚ[ø]'를 포함하여 단모음을 10개라고 주장하기도 하나 더 이상 한글에서 [y, ø]가 단모음으로 존재하지 않는다고 보며(배주채, 1996, 2003), /ㅐ[e]/와 /ㅔ[æ]/는 더 이상 변별되지 않고 하나의 음운으로 통합되었다고 본다(신지영, 2000, 2014). 실제 2002년 국립국어원에서 실시한 대다수 표준어 화자들의 실제 단모음 소리를 검토한 결과, 한글의 단모음은 7개로 나타났다(최혜원, 2002; 김선철, 2003). 〈표 5-4〉는 7개의 단모음 체계를 정리한 것이다.

모음은 혀의 높이, 혀의 위치, 입술의 모양에 의하여 분류할 수 있다. 혀의 높이에 따라 고모음, 중모음, 저모음으로 분류되며, 고모음^{high vowel}은 'ㅣ, ㅡ, ㅜ'가 해당되며, 혀의 표면이 마찰을 일으키지 않을 정도로 구개에 접근된 상태에서 조음되는 모음으로 폐모음^{close vowel}이라고도 한다. 중모음^{mid vowel}은 혀의 높이가 고모음을 조음할 때보다는 낮고 저모음을 조음할 때보다는 높은 상태에서 조음되는 모음으로, 'ㅐ/ㅔ, ㅗ, ㅓ'가 있다. 저모음^{low vowel}은 'ㅏ'가 해당되며, 혀가 구개에서 가장 멀어진 상태에서 조음되는 모음으로서 개모음^{open vowel}이라고도 한다.

모음을 혀의 위치에 따라 전설모음, 중설모음^{central vowel}, 후설모음으로 분류된다.

표 5-4 한글의 모음 체계

단모음	전설모음	후설모음	
	평순	평순	원순
고모음	이 i	으 ɯ	우 u
중모음	애/에 ɛ	어 ʌ	오 o
저모음		아 a	

이중모음	이 i	애/에 ɛ	아 a	어 ʌ	우 u	오 o
이계 j	—	예/얘 jɛ	야 ja	여 jʌ	유 ju	요 jo
우계 w	위 wi	외/웨/왜 wɛ	와 wa	워 wʌ	—	—
으계 ɰ	의 ɰi	—	—	—	—	—

전설모음^{front vowel}은 혓몸의 앞쪽(전설면)이 경구개에 접근된 상태에서 조음되는 모음으로서 'ㅣ,ㅔ/ㅐ'가 해당되며, 후설모음^{back vowel}은 혓몸의 뒤쪽(후설면)이 연구개에 접근된 상태에서 조음되는 모음으로서 'ㅡ, ㅓ, ㅜ, ㅗ, ㅏ'가 해당된다.

입술의 모양에 따라 원순모음과 비원순모음으로 분류되며, 원순모음^{round vowel}은 입술을 둥글게 내민 상태에서 조음되는 모음으로 'ㅜ, ㅗ'가 해당되며, 비원순모음 ^{unrounded vowel}은 입술을 평평하게 한 상태에서 조음되는 모음으로 평순모음이라고도 하며, 원순모음 외의 모음은 모두 평순모음이다.

이중모음^{diphthong}은 두 개의 조음 동작으로 만들어지는 모음으로, 활음^{gilde6)}과 단모음^{monophthong}으로 구성된다. 한글에 존재하는 활음은 세 종류(j, w, ɰ)로, 이 활음이 단모음과 결합하여 13개의 이중모음(ㅑ, ㅕ, ㅛ, ㅠ, ㅘ, ㅝ, ㅟ, ㅢ, ㅚ, ㅙ, ㅔ, ㅒ, ㅖ)을 만들어 낸다. 한글의 이중모음은 활음 부분이 단모음에 선행되어 '야'는 [ja], '여'는 [jʌ], '와'는 [wa]로 발음된다.

한글 모음을 국제음성기호로 표시하면 '이'는 [i], '애/에'는 [ɛ], '아'는 [ɑ], '으'는 [ɯ], '어'는 [ʌ], '우'는 [u], '오'는 [o]에 해당한다. 한편, 전설중모음에 해당하는 '애/에[ɛ]'를 구개를 더 개방하여 발음하는 [æ], 혹은 구개를 덜 개방하는 [e]로 표기하거나, 후설고모음에 해당하는 '으[ɯ]'를 중설고모음 위치에서 발음되는 [ɨ]로, 후설중모음에 해당하는 '어[ʌ]'를 중설모음에서 발음되는 [ə]로, 후설저모음 '아[ɑ]'를 중설모음 [ɐ]로 표기하는 학자들도 있는데, 이는 모음에 대한 음운 변별이 쉽지 않다는 반증이다. [그림 5-2]는 서울, 경기 지역에 거주하는 성인 남녀를 대상으로 /아, 에, 이, 오, 우/를 단독으로 발음하게 하여 모음값을 구한 것으로, 각 음소가 하나의 특정 음향값을 가진 것이 아니라 범주적으로 지각되는 것임을 보여 준다.

---

6) 활음^{gilde}이란 모음과 기본적으로 같은 원리로 생성되지만, 조음 동작의 변화 속도가 매우 빨리 나타나는 소리를 말한다.

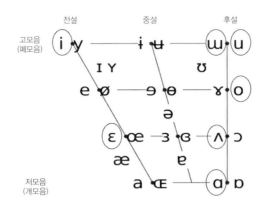

[그림 5-1] 모음의 국제음성기호

출처: IPA(n.d.).

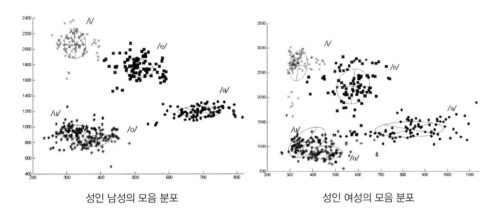

성인 남성의 모음 분포   성인 여성의 모음 분포

[그림 5-2] 한국 성인의 /a/, /e/, /i/, /o/, /u/ 구간의 f1, f2 포먼트주파수 좌표의 궤적 분포

출처: 최예린(2010).

(2) 자음

자음子音, consonant은 조음되는 음에 있어 허파에서 공기가 올라와 구강 안의 어느 부분 또는 성문을 마찰하거나 폐쇄하여 나는 음으로, 닿소리라고도 한다.

한글을 구성하고 있는 자음은 단자음 14개(ㄱ,ㄴ,ㄷ,ㄹ,ㅁ,ㅂ,ㅅ,ㅇ,ㅈ,ㅊ,ㅋ,ㅌ,ㅍ,ㅎ)와 쌍자음 5개(ㄲ,ㄸ,ㅃ,ㅆ,ㅉ)의 글자로 구성되어 있으며, 초성에서 음운을 갖는 자음은 'ㅇ'을 제외한 18개이며, 종성에서는 7개의 음운으로만 실현된다.

자음은 조음 위치, 조음 방법, 발성 유형으로 구분할 수 있다. 한글에는 조음 위치에 따라 양순음, 치경음, 경구개음, 연구개음, 성문음에서 만들어지는 자음이 있다.

양순음bilabial은 두 입술로 내는 음으로, 한글의 'ㅂ,ㅃ,ㅍ,ㅁ'과 활음 [w]가 해당된다. 치경음alveolar은 혀끝(설첨)을 윗잇몸에 대고 내는 음으로, 'ㄷ,ㄸ,ㅌ,ㄴ,ㅅ,ㅆ,ㄹ'이 해당된다. 경구개음palatal은 혓몸의 앞쪽(전설면)을 잇몸과 경구개 사이에 대고 내는 음으로, 'ㅈ,ㅉ,ㅊ'이 해당된다. 연구개음velar은 혓몸의 뒤쪽(후설면)을 연구개에 대고 내는 음으로, 'ㄱ,ㄲ,ㅋ'과 종성의 'ㅇ'이 해당된다. 성문음glottal은 두 성대 사이에서 나는 음으로, 'ㅎ'이 해당된다.

조음 방법에 따라서는 파열음, 마찰음, 파찰음, 비음, 설측음으로 실현되는 자음이 있으며, 파열음plosive은 허파에서 올라온 공기가 입 안에서 완전 폐쇄되었다가 갑자기 터지면서 나는 음으로 폐쇄음stop이라고도 하며, 'ㅂ,ㄷ,ㄱ 계열'이 해당된다. 마찰음fricative은 조음체(턱, 혀)를 조음점(양순, 치경, 경구개, 연구개, 성문)에 매우 가까이 접근시켜서 생긴 좁은 틈 사이로 공기를 불어 낼 때 나는 음으로, 'ㅅ 계열'이 해당된다. 파찰음affricate은 폐쇄에 의하여 압축된 공기가 파열과 마찰의 과정 둘 다를 거치면서 나는 음으로, 'ㅈ 계열'이 해당된다. 비음nasal은 파열음과 마찬가지의 조음 방법으로 실현되나 공기가 비강(鼻腔)으로 나가게 하면서 나는 음으로 'ㅁ,ㄴ,ㅇ'이 있다. 설측음lateral은 구강의 중앙 통로가 차단되어 공기가 혀 옆을 지나면서 나는 음으로서 'ㄹ'이 해당되며, 유음이라고 하기도 한다.

파열음, 마찰음, 파찰음을 장애음obstruent[7], 비음과 설측음을 공명음sonorant이라고 부르기도 한다.

발성 유형으로 자음을 분류하면 성대의 진동 유무에 따라 유성음/무성음, 긴장음, 기식음으로 구분할 수 있다. 무성음voiceless sound은 성대의 진동을 동반하지 않고 나며, 유성음voicing sound은 성대의 진동을 동반하고 난다. 성대가 원활하게 진동하기 위해서는 두 성대 사이의 거리가 가까워야 하고, 성대의 상태가 유연해야 하며, 성문 아래쪽의 압력(성문 하압)이 성문 위쪽의 압력(성문 상압)보다 충분히 커야 한다. 모음은 모두 유성음으로 실현되는데, 입을 많이 벌린 상태로 나기 때문에 성문 하압이 성문 상압보다 쉽게 커질 수 있어서 유성음이 나기에 적당하다. 자음 중에서 비음(ㅁ,ㄴ,ㅇ)과 유음(ㄹ)도 마찬가지다. 반면, 자음 중 파열음과 마찰음은 자연스러운 상태에서는 무

---

7) 장애음obstruent은 (−)공명성sonorant 자질의 자음인 파열음(ㅂ,ㄷ,ㄱ), 마찰음(ㅅ), 파찰음(ㅈ,ㅊ)을 말한다.

표 5-5 | 한글의 자음

구분			양순음	치조음	경구개치경음	연구개음	성문음
장애음	파열음	평음	ㅂ p, b, p˥	ㄷ t, d, t˥		ㄱ k, g, k˥	
		격음 (기식음)	ㅍ p^h	ㅌ t^h		ㅋ k^h	
		경음 (긴장음)	ㅃ p*	ㄸ t*		ㄲ k*	
	마찰음	평음		ㅅ s, ɕ			ㅎ h, ɸ, ç, x
		경음		ㅆ s*, ɕ*			
	파찰음	평음			ㅈ tɕ, dʑ		
		격음			ㅊ p^h		
		경음			ㅉ p*		
공명음	비음		ㅁ m˥	ㄴ n˥		ㅇ ŋ˥	
	설측음(유음)			ㄹ l, ɾ			

출처: 김수진, 신지영(2020).

성음으로 난다. 파열음은 비강으로 가는 통로를 막은 상태에서 구강의 일부를 막으면서 나고, 마찰음 역시 비강으로 가는 통로를 막고 구강의 통로를 아주 좁히면서 나는 것으로 성문 상압이 높아지기 쉽다. 파열음, 마찰음, 파찰음과 같은 장애음은 무성 자음, 비음과 유음과 같은 공명음은 유성 자음이라고도 한다. 한편, 장애음이 어두 초성이 아니라, 유성음 사이의 어중 초성일 때는 유성 자음으로 실현된다.

　장애음(파열음, 마찰음, 파찰음)은 성대의 진동 유무 외에 다른 변별 기준이 필요한데, 하나는 기식성 유무, 나머지 하나는 긴장성 유무이다. 파열음에서의 기식^aspiration이란 파열음의 개방으로 기류가 방출되고 난 뒤에 후두에서 난기류[8]가 생성되는 것으로, 기식성은 성대 사이의 거리와 관련이 있다. 한글에는 기식성을 가진 격음(ㅋ, ㅌ, ㅍ, ㅊ)과 기식성을 갖지 않은 평음이 있다. 긴장성^{tenseness}은 성대의 긴장도와 관련 있는 것으로, 긴장성을 가진 소리는 상대적으로 조음체가 조음점에 닿는 길이도 길고, 강도도 크다. 한글에는 긴장성을 가진 경음(ㄲ, ㄸ, ㅃ, ㅉ, ㅆ)이 있다.

한글의 양순파열음 체계는 다음과 같다.

p   p$^\text{h}$ p*

무성 무기 연음   무성 유기 경음   무성 무기 경음

이처럼 음소(음운)의 음향적 단서는 복잡하며, 음절에서의 소리의 위치와 인접한 소리의 성격에 따라 다르다. 유성음^{voicing}의 지각은 파열음(폐쇄음)의 폐쇄 개방과 유성의 시작 사이의 시간에 달려 있다. 일반적으로 폐쇄음의 폐쇄 개방 후 30ms 이후에 유성화가 시작되면, 그 앞의 음운은 무성음으로 지각된다. 30ms의 성대 진동 개시 시간$^{\text{Voice Onset Time: VOT}}$ 중 10ms가 유성음이냐 무성음이냐의 차이를 지각하는 것으로, 음소를 지각하는 것은 매우 짧은 시간에 이루어지는 일이다. 이러한 음소(음운)인식이 일반적으로 자동적으로 발달해 가나, 음소(음운)인식에 어려움이 있는 난독증의 경우에는 매우 어려운 것이다.

지금까지 살펴본 자음과 모음처럼 스스로 의미를 가지고 있지 않으면서 말의 뜻을 구별 짓는 소리를 음운 또는 음소라고 하며, 음성([ ])과 구별하여 / /로 표시한다. 음성은 스펙트로그램[9] 분석 등을 통하여 물리적인 존재를 우리 눈으로 확인해 볼 수 있으며, 음운(음소)은 심리적이고 추상적인 존재로 눈으로 직접 확인하는 것은 어렵다. 말소리는 물리적인 존재인 음성과 심리적인 존재인 음소의 두 가지 얼굴을 가지고 있다. 이처럼 그리고 그러한 음운들 사이의 차이를 음운론적 대립이라고 한다. 한글의 자질 체계는 사용되는 자음과 모음 중 어떠한 것들이 음소로 기능하는가를 살피고,

---

8) 난기류$^{\text{turbulence airflow}}$란 일정 속도 이상을 가진 기류가 갑자기 좁아진 통로를 지날 때 만들어지는 교란된 어지러운 기류를 의미한다.

9) 스펙트로그램이란 말소리에 사용되는 음파(복합파)가 어떤 단순파들로 이루어져 있는지를 주파수와 진폭으로 분석한 스펙트럼을 시간에 따라 어떻게 변화하는지 보여 주는 삼차원 그림이다. 스펙트로그램에서 가로로 보이는 진한 띠는 그 주파수 대역의 강도가 크다는 사실을 의미한다.

그 결과인 음소 상호 간의 음운론적 대립 관계를 밝힘으로써 확립된다(〈표 5-6〉〈표 5-7〉 참조).

표 5-6 한국어 자질

자음 자질		파열음									마찰음			파찰음			비음			유음
		양순음			치경음			연구개음			치경음		성문음	경구개음			양순음	치경음	연구개음	치경음
		ㅂ	ㅃ	ㅍ	ㄷ	ㄸ	ㅌ	ㄱ	ㄲ	ㅋ	ㅅ	ㅆ	ㅎ	ㅈ	ㅉ	ㅊ	ㅁ	ㄴ	ㅇ	ㄹ
주요 자질	공명성	−	−	−	−	−	−	−	−	−	−	−	−	−	−	−	+	+	+	+
	자음성	+	+	+	+	+	+	+	+	+	+	+	+	+	+	+	+	+	+	+
	성절성	−	−	−	−	−	−	−	−	−	−	−	−	−	−	−	−	−	−	−
조음 방법	지속성										+	+	+							
	지연개방성													+	+	+				
	설측성																			+
조음 위치	설정성				+	+	+				+	+		+	+	+		+		+
	전방성	+	+	+	+	+	+				+	+					+	+		+
발성 유형	긴장성	−	+	+	−	+	+	−	+	+	−	+	+	−	+	+				−
	기식성	−	−	+	−	−	+	−	−	+	−	−	+	−	−	+				−

출처: 김수진, 신지영(2020).

표 5-7 한글 모음의 변별자질

모음/활음 자질		i	ɛ	ɯ	ʌ	o	u	a	j	w	ɥ
주요 자질	공명성	+	+	+	+	+	+	+	+	+	+
	자음성	−	−	−	−	−	−	−	−	−	−
	성절성	+	+	+	+	+	+	+	−	−	−
조음 방법	지속성	+	+	+	+	+	+	+	+	+	+
	지연개방성	−	−	−	−	−	−	−	−	−	−
	설측성	−	−	−	−	−	−	−	−	−	−

혓몸	고설성	+	−	+	−	−	+	−	+	+	+
	저설성	−	−	−	−	−	−	+	−	−	−
	후설성	−	−	+	+	+	+	+	+	−	+
입술	원순성	−	−	−	−	+	+	−	−	+	−

출처: 김수진, 신지영(2020).

(3) 변이음

한글의 자음자는 글자의 형태인 자소가 동일하지만, 음절 위치 혹은 자음 위치와 모음 문맥에 따라서 다른 음으로 실현되기도 한다. 예를 들어, '곡'이라는 단어에서 'ㄱ' 자소가 초성에서는 [k](/ㄱ/) 소리가 나며, 종성에서는 [kˀ] 소리로 각각 다르게 나지만, 자소는 동일하다. 이처럼 한 음소에 속하지만 환경에 따라 조금씩 달리 실현되는 소리를 변이음^allophone^이라고 한다.

음절 위치에 따른 변이음에는 초성 위치에서는 'ㅂ[p], ㄷ[t], ㄱ[k]'으로 개방파열음이 실현되나, 종성에서는 불파열음으로 '[pˀ], [tˀ], [kˀ]'로 실현되는 파열음(예: 밥, 덛, 곡)과 초성 위치에서는 'ㅁ[m], ㄴ[n]'으로 개방비음이 실현되나 종성에서는 불파열음 '[mˀ], [nˀ]'으로 실현되는 비음(예: 맘, 논)이 있다. 그리고 유음 'ㄹ'은 종성 위치와 종성 위치의 /ㄹ/ 다음에는 설측음[l]으로 발음되지만, 초성에서는 탄설음[ɾ]으로 실현된다. '고래'의 /ㄹ/은 탄설음^flap^으로 혀끝이 치경을 가볍게 한 번 두들기면서 나며, '달, 콜라'의 /ㄹ/은 구강의 중앙 통로가 차단되어 공기가 혀 옆을 지나면서 나는 설측음 ^lateral^으로 발음하는 것으로, 두 음은 서로 다르지만 자소는 동일하다.

변이음은 자음 위치에 따라 일어나기도 하는데, 장애음(파열음, 마찰음, 파찰음)의 경우 어두 초성에서는 무성 파열음([p], [t], [k]), 무성 파찰음([ʨ])으로 실현되나, 어중 초성에서는 유성 파열음([b], [d], [g]), 유성 파찰음[ʥ]으로 실현된다. 즉, '바비'에서 어두 초성의 '바'는 무성 파열음[pa]으로 실현되나, 유성성이 있는 모음과 모음 사이에 위치하여 어중 초성의 '비[bi]'는 유성 파열음으로 실현된다.

모음 문맥에 따른 변이음에는 치경 마찰음인 'ㅅ[s]'이 전설고모음 /ㅣ/ 앞에서 경구개마찰음[ɕ]으로 실현되는 것(예: 시소[ɕiso])과 성문마찰음인 'ㅎ[h]'가 전설고모음 /ㅣ/ 앞에서 경구개마찰음[ç]으로 실현되거나(예: 힘[çimˀ]), 원순모음 /ㅜ/ 앞에서 양순마찰음[ɸ]으로 실현되거나(예: 후추[ɸutɕʰu]), 후설고모음 /ㅡ/ 앞에서 연구개마찰음[x]으

	양순음 (Bilabial)	순치음 (Labiodental)	치음 (Dental)	치경음 (Alveolar)	후치경음 (Post Alveolar)	권설음 (Retroflex)	경구개음 (Palatal)	연구개음 (Velar)	구개수음 (Uvular)	인두음 (Pharygenal)	성문음 (Glottal)
파열음 (plosive/Stop)	p b			t d		ʈ ɖ	c ɟ	k g	q ɢ		ʔ
비음 (Nasal)	m	ɱ		n		ɳ	ɲ	ŋ	ɴ		
전동음 (Trill)	ʙ			r					ʀ		
탄설음 (Tap/Flap)		ⱱ		ɾ		ɽ					
마찰음 (Fricative)	ɸ β	f v	θ ð	s z	ʃ ʒ	ʂ ʐ	ç ʝ	x ɣ	χ ʁ	ħ ʕ	h ɦ
설측마찰음 (Lateral Fricative)				ɬ ɮ							
접근음 (Approcimant)		ʋ		ɹ		ɻ	j	ɰ			
설측접근음 (Lateral Approcimant)				l		ɭ	ʎ	ʟ			

[그림 5-3] 국제음성기호 자음

로 실현되는 것(예: 흙[xɯk˺]) 등이 있다.

이처럼 변이음은 단어 내 음소인식 및 자소-음소 대응 지식을 갖추는 데 관건이 되기도 한다.

4) 한글의 음운변동 규칙

한글은 자소-음소 대응 관계가 투명한 편으로, 학습이 쉬운 언어에 속한다. 하지만 모든 한글이 발음 대로 표기하는 것이 아니며, 한글은 그 단어의 뜻을 밝히기 위해 기본 형태소의 원형을 그대로 둔 채 탈락하여 표기하는 표기상 표의주의도 취하고 있다(이문정, 2004). 이러한 음운변동 규칙은 읽기·쓰기 발달을 저해하는 요인이 되기도 한다(윤혜경, 권오식, 이도헌, 2001). 음운변동 규칙이 적용되면서 글자와 소리의 대응이 일치하지 않는 자소-음소 불일치형 낱말들이 있으며, 일반 아동의 경우에는 이를 읽어 내는 것이 해독 능력 완성에 중요한 과제가 될 수 있다.

한국어 음운변동 규칙이 적용되는 형태는 평폐쇄음화(7종성법), 연음화, 경음화(된소리화), 비음화, 설측음화(유음화), 구개음화, ㅎ탈락, 축약(기식음화), 활음 생략, 사잇소리, ㄴ 첨가, 겹받침 등이 있다(김미배, 배소영, 2011; 김애화, 임화경, 박성희, 2009; 이상억, 1990; 임유경, 2005). '연음화'는 '앞 음절이 자음으로 끝나고 다음 음절이 모음으로 시작할 경우, 앞 음절의 종성이 그다음 초성으로 옮겨 가는 현상'을 말하며, '구개음화'는 '끝소리가 /ㄷ, ㅌ/인 어휘형태소가 / ㅣ /로 시작하는 문법형태소 앞에서 /ㅈ, ㅊ/로 바뀌는 현상' 이다. 이를 단계별로 정리하면 다음과 같다(〈표 5–8〉 참조).

표 5–8 **한글의 음운변동 규칙**

음운 규칙	설명	예
평폐쇄음화 (7종성법)	• 종성은 'ㄱ, ㄴ, ㄷ, ㄹ, ㅁ, ㅂ, ㅇ'의 7개의 소리만 남 • 종성 위치에서 장애음은 같은 조음 위치의 평폐쇄음인 /ㄱ, ㄷ, ㅂ/ 중 하나로 바뀜 • 겹받침은 하나의 음소 소리만 남	• 앞[압] • 부엌[부억] • 낫[낟] • 몫[목]
연음화	• 받침이 있는 음절이 초성 모음으로 시작하는 음절을 만나면 앞 음절의 종성이 다음 초성으로 옮겨 감	• 얼음[어름] • 깊이[기피] • 있어요[이써요]
경음화 (된소리화)	• 장애음(ㄱ, ㄷ, ㅂ) 뒤 장애음(ㄱ, ㄷ, ㅂ, ㅅ, ㅈ)은 경음으로 바뀜 • 비음(ㅁ, ㄴ) 뒤 'ㄱ, ㄷ, ㅅ, ㅈ'은 경음으로 바뀜 • /ㄹ/ 받침의 한자어 뒤 설정성을 가진 장애음(ㄷ, ㅅ, ㅈ)은 경음으로 바뀜	• 국자[국짜] • 감다[감따] • 갈등[갈뜽]
비음화	• 장애음의 비음화 • 장애음(ㄱ, ㄷ, ㅂ) 받침 다음에 비음(ㅁ, ㄴ)이 올 때 장애음이 같은 조음 위치의 비음으로 바뀜 • 설측음의 비음화 /ㄹ/은 외래어(예: 라디오)를 제외하고, 모음과 모음 사이, /ㄹ/ 뒤에서만 초성으로 실현됨 (한국어는 [ㅁ–ㄹ], [ㅇ–ㄹ], [ㄴ–ㄹ]을 허용하지 않음)	• 국물[궁물] • 꽃나무[꼰나무] • 뽑는[뽐는] • 담론[담논] • 등록[등녹] • 신라면[신나면]
설측음화 (유음화)	• 'ㄴ'이 'ㄹ'을 만났을 때 'ㄴ'이 /ㄹ/로 바뀜 (하나의 자립 형태소 안에서 적용)	• 칼날[칼랄] • 난로[날로] • 신라[실라]
구개음화	• 'ㄷ, ㅌ' 다음에 초성 / ㅣ /, j가 올 때 /ㅈ, ㅊ/으로 바뀜	• 굳이[구지] • 같이[가치]
ㅎ탈락	• 'ㅎ' 받침 다음에 모음으로 시작하는 어미 또는 접미사가 올 때 /ㅎ/ 발음이 생략됨	• 좋은[조은] • 낳았다[나아따]
기식음화 (축약)	• 장애음(ㄱ, ㄷ, ㅂ, ㅈ) 앞과 뒤의 /ㅎ/은 축약되어 격음 /ㅍ, ㅌ, ㅋ, ㅊ/으로 바뀜	• 백합[배캅] • 놓고[노코] • 싫다[실타]

활음 생략	• /ㅈ, ㅉ, ㅊ/ 뒤의 활음 /j/ 연쇄에서 [j]는 생략됨	• 다쳐[다처] • 살쪘다[살쩐다]
/ㄷ/ 첨가	• 합성어에서 후행 형태소의 첫소리가 모음이면 /ㄷ/이 첨가 된 후 초성으로 실현됨 • 후행 형태소의 첫소리가 평장애음인 경우에는 /ㄷ/ 첨가가 후행하는 평장애음을 경음화시킴	• 위+옷=윗옷[위돋] • 뒤+덜미=뒷덜미[뒤떨미] • 모기+불=모깃불[모기뿔]
/ㄴ/ 첨가	• 종성에서 /ㅣ, j/로 시작하는 형태소가 연쇄되면 /ㅣ, j/ 앞에 /ㄴ/을 첨가함	• 담요[담뇨] • 색연필[생년필]

출처: 김미배, 배소영(2011); 김애화, 임화경, 박성희(2009); 이상억(1990).

2. 한글 발달

한글은 자음 19개, 모음 21개로 자모 수는 총 40개로 이루어진 언어로, 250개의 자모로 된 인도어에 비하면 상대적으로 글자를 배우기가 쉽다. 하지만 난독증을 비롯한 읽기부진 아동은 자모의 수, 시각적 변별의 난이도, 음운적 특성, 글자 구조, 사용 빈도 등에 따라 자소-음소 대응 관계 학습에 큰 영향을 받는다(윤혜경, 권오식, 1995).

1) 음절 지식 발달

한글은 표층 표기 체계에 속하는 언어로, 자소-음소 대응 관계의 투명성이 높고, 상대적으로 심층 표기 체계deep orthography에 속하는 영어에 비해 자소-음소 대응 관계 학습이 쉽다. 영어권 아동의 경우에는 6, 7세가 되어야 자소-음소 대응이 가능한 데 비해(Treiman & Baron, 1983), 한글을 사용하는 아동은 받침 없는 글자(CV 구조)는 만 4세경, 받침 있는 글자(CVC 구조)는 만 5세에도 가능하다(윤혜경, 1997).

한글의 읽기 발달은 음절 읽기(글자 읽기), 자소 읽기, 철자법적 읽기 순서로 이루어진다. 이는 Ehri(1991)의 초기 읽기 단계에서 음절 읽기 단계가 추가된 것으로, 한글은 영미권의 철자와 달리 모아쓰기를 하므로 음절 읽기 단계가 추가된다. 즉, 한글에는 통글자 읽기 단계에서 자소-음소 대응 지식을 갖는 자소 단계를 넘어가는 사이에 음절 읽기 단계가 존재한다(윤혜경, 1997). 음절 읽기는 자음과 모음의 글자 이름이나 글자 형태(자소)와 글자 소리(음소)를 연결하는 지식을 갖추고 있지 않아도 '가방'에서의 /가/와 '가구'에서의 /가/ 글자와 소리가 같다는 것을 인식하고, '가, 나, 다' 등을 읽을 수 있는 것을 말한다.

한글은 구조적 특성상 초성(자음)과 중성(모음)이 먼저 결합되고, 그다음에 종성(자음)이 결합되는 특성이 있다. 즉, 받침 없는 글자 1형식과 2형식(CV)이 먼저 발달하고, 다음으로 받침 있는 글자 4형식과 5형식(CVC)이 발달하며, 이중모음으로 이루어진 3형식(CGV)과 6형식(CGVC)을 가장 어려워한다(이주근, 1972; 윤혜경, 권오식, 1995).

한 글자는 한 음절로 발음되고 한 글자는 항상 같은 소리로 발음된다는 것을 아는 음절 수 세기와 글자의 발음 항상성 인식 능력은 유치원 5세 반(만 3세 7개월~4세 6개월)부터 시작하며, 자소-음소 대응 지식은 유치원 7세 반(만 5세 7개월~6세 6개월)부터 발달하기 시작하여 초등학교 1~2학년에 완성된다(윤혜경, 1997). 받침 있는 낱말(폐음절)의 종성인식은 유치원 7세 반 아동(만 5세 7개월~6세 6개월)부터 가능한 수준으로, 받침 없는 낱말(개음절)을 더 쉽게 인식한다.

표 5-9 초기 읽기 능력 발달

하위 능력		예	3;7~4;6 (5세 반)	4;7~5;6 (6세 반)	5;7~6;6 (7세 반)	초등1	초등2
음절 세기			57%	80%	100%		
글자 수-음절 수 대응 관계 인식			50%	80%	97%		
글자의 발음 항상성 인식			55%	92%			
받침 있는 단어의 종성인식		강 (가+ㅇ)		87%	97%		
음소 인식	CV 개음절에서의 초성/중성	가 (ㄱ+ㅏ)		57%	85%		
	CVC 폐음절에서의 초성/중성인식	강 (ㄱ+ㅏ)			40%	80%	
	CVC 폐음절에서의 종성인식	강 (ㅇ)			50%	90%	
자소-음소 대응 규칙의 적용					40%	83%	90%

출처: 윤혜경(1997).

2) 자모 지식 발달

한글 모음의 경우, 음운적 특성을 고려하면 지속성이 있는 모음이 자음보다는 쉽게 인식될 수 있으며, 7개의 단모음 중 대체로 'ㅏ, ㅗ, ㅣ'를 먼저 습득하며 'ㅡ'는 오류가 많은 것으로 알려져 있다. 물론 'ㅗ'가 먼저 습득되는 단모음이기는 하나 'ㅜ'와는 변별자질이 적은 음소로 서로 간의 변별이 어려울 수 있다. 이중모음 중에서는 음운적 유사성을 가진 'ㅚ/ㅟ'도 서로 혼동하기 쉬워 오류가 많은 편이다.

형태적 특성을 고려하면 'ㅑ, ㅕ, ㅛ, ㅠ'는 이중모음 중에서는 쉬운 편에 속하나 형태가 단모음과 혼동하기 쉬우며, 이중모음 중 형태적 유사성을 가진 'ㅚ/ㅘ/ㅝ'는 서로 혼동하기 쉬워 오류가 많은 편이다(김영송, 1975; 이기문, 김진우, 이상억, 2000; 엄훈, 2011; 윤혜경, 1997). 일반적으로 단모음이 이중모음보다 습득이 쉬운 것으로 알려져 있으나, 모음은 조음 방법이나 조음 위치를 정확하게 기술하는 것이 자음보다 어려운 특징이 있으므로(이은주, 2021) 음운인식에 어려움이 있는 난독증은 단모음 확립에 어려움을 갖기도 한다(김기주, 2021).

한글 자음의 경우, 14개의 단자음(ㄱ,ㄴ,ㄷ,ㄹ,ㅁ,ㅂ,ㅅ,ㅇ,ㅈ,ㅊ,ㅋ,ㅌ,ㅍ,ㅎ) 중 기본 자음에 해당하는 'ㄱ,ㄴ,ㅁ,ㅅ,ㅇ'을 대체로 먼저 습득하며, 'ㅊ,ㅋ,ㅌ,ㅍ' 오류가 가장 많은 것으로 알려져 있다(김영송, 1981; 윤혜경, 권오식, 1995). 음운적 특성을 고려하면 지속성이 있는 마찰음(ㅅ,ㅎ)과 공명음(ㅁ,ㄴ,ㅇ)이 파열음(ㄱ,ㄷ,ㅂ)보다 쉽게 인식되는 것이다. 조음 방법과 조음 위치가 동일한 파열음(ㅂ/ㅍ/ㅃ, ㄷ/ㅌ/ㄸ, ㄱ/ㅋ/ㄲ)과 마찰음(ㅅ/ㅆ), 파찰음(ㅈ/ㅉ/ㅊ) 내에서는 서로 형태적 유사성과 음운적 유사성을 가진 복잡성으로 서로 간에 대치 오류가 많은 편이다. 영어 자모에서는 'b/d, p/q', 숫자에서는 '6/9, 1/7', 기호에서는 '+/×'과 같은 문자가 형태적 변별이 어려운 문자 기호라고 볼 수 있다.

초성 자음보다는 종성 자음 습득이 어렵다. 종성의 경우에 'ㄱ,ㄴ,ㄷ,ㄹ,ㅁ,ㅂ,ㅇ'의 7개 소리만 나며, 음운적 특성을 고려하면 조음 방법이 같은 비음 간에 대치(예: 수긍→수금)가 많은 편이다. 또한 저압력 자음(ㅁ,ㄴ,ㅇ,ㄹ,ㅎ)이 어중 종성 혹은 어중 초성에 해당할 때의 음소인식은 쉽지 않아 생략 혹은 대치 오류를 보이기 쉽다(예: 고향[고얌], 공기[고기]).

또한 이중모음, 쌍자음, 겹자음과 같은 문자 특성과 글자의 형태에 따라 난이도 차이는 존재한다. 또한 음소가 같은 동음이형어 습득(예: 다채로운/다체로운, 훼방/회방), 자음동화가 일어나는 단어의 맞춤법(예: 신문[심문], 신발[심발], 연필[염필], 손가락[송까락], 감기[강기], 전화[저놔], 밥그릇[바끄륻], 엿보다[여뽀다]) 받아쓰기에서 생략 혹은 대치 오류를 보이기 쉽다.

3) 음운변동 규칙 이해

자소-음소 일치형 낱말 해독은 초등 저학년은 약 94%, 초등, 중, 고학년은 약 97%의 정확률로 초등 저학년부터 완성이 되는 해독 능력이다. 하지만 자소-음소 불일치형에서는 초등 저학년이 약 55%, 초등 중학년이 약 67%, 초등 고학년이 약 73%의 정확률로 자소-음소 불일치형 해독 능력은 초등 고학년까지 계속된다(김미배, 배소영, 2011).

경음화(된소리화)는 유치원 시기부터 이루어지는 쉬운 음운변동 규칙으로, 일반적으로 음운변동 규칙별 오류율이 가장 적은 편이다(김미배, 배소영, 2011; 양민화, 2009). 연음화, 구개음화, 설측음화(유음화)는 오류가 가장 높은 편으로, 초등 고학년까지 오류가 관찰되기도 한다(김미배, 배소영, 2011; 김애화, 임화경, 박성희, 2009). 경음화(된소리화)는 유치원 시기부터 이루어지는 쉬운 음운변동 규칙으로(양민화, 2009), 쉬운 음운변동 규칙부터 지도하는 것이 효과적이다(이광오, 1996; 김애화, 임화경, 박성희, 2009).

한편, 음운변동 규칙 이해 및 적용 능력은 어휘의 형태소와 형태론적 구조를 인식하고 그 구조를 생각하고 조절할 수 있는 형태소 인식 능력morphological awareness의 영향을 받는다(Carlise, 2000). 형태소는 의미의 가장 최소 단위로서 어근, 어미나 조사, 접사(접두사, 접미사) 등을 포함한다. 예를 들어, '어제 갔어요'라는 문장은 '어제(실질형태소, 명사)-가(실질형태소, 형용사 어간)-았(형식형태소, 과거 시제 선어말 어미)-어요(형식형태소, 종결어미)'로 5개의 형태소로 되어 있다. 이러한 형태소 인식 능력은 음운변동으로 인해 낱말의 형태와 발음이 달라지더라도 읽고, 쓰는 데 필요한 능력이다.

4) 읽기유창성 발달

읽기유창성은 글을 빠르게, 정확하게 그리고 적절한 표현력을 가지고 읽는 능력으로(National Reading Panel, 2000), 단어재인과 읽기이해를 연결하는 다리이자(Nathan

& Stanovich, 1991; Pikulski & Chard, 2005) 읽기이해의 필수 요소 중 하나이다(김애화 외, 2010; 김재은, 2020; 윤효진, 2016; Klauda & Guthrie, 2008; Wise et al., 2010). 읽기유창성은 올바르게 읽는 정확성^accuracy, 빠르게 읽는 자동성^automaticity, 소리의 높낮이를 조절하면서 단어들을 의미단위로 띄어 읽을 수 있는 표현성^prosody으로 구성된다 (Álvarez-Cañizo et al., 2015).

읽기유창성은 글의 장르(이야기 글/설명글), 친숙도, 난이도 등의 영향을 많이 받기 때문에 연구자들마다 약간의 차이는 있으나, 한글의 경우에는 초등학교 2~3학년에 읽기유창성이 완성된다. 1분당 정확하게 읽은 음절 수로 연구한 김동일(2000)은 초등 1학년의 평균 자동성을 125(5월 기준)~170음절(12월 기준), 2학년은 196~224음절, 3학년은 238음절로 보고하였다. 분당 정확히 읽은 어절 수를 지표로 활용한 하인수(2005)는 초등 2학년은 82어절, 3학년은 87어절, 4학년은 94어절, 5학년은 91어절, 6학년은 99어절을 평균 수치로 보고하였으며, 김애화 등(2010)은 초등 1학년은 71어절, 3학년은 91어절, 5학년은 99어절을 평균 수치로 보고하였다.

읽기유창성은 철자 체계의 복잡성, 빈도, 의미에도 영향을 받는다. 철자표기와 음운의 일치성은 단어재인에 영향을 주는 주요한 요인으로, 쓰인 대로 발음되지 않는 자소-음소 불일치형(예: 선로[설로])은 자소-음소 일치형(예: 설교)보다 읽는 데 더 오랜 시간이 걸린다(이광오, 배성봉, 남기춘, 2005). 이러한 일치성 효과는 고빈도 단어에서도 나타나지만, 주로 저빈도 단어에서 더 크게 나타난다(이광오, 1996; Hino &

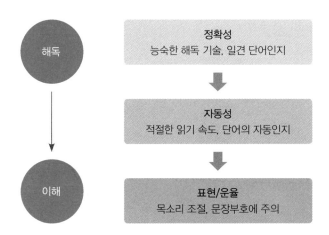

[그림 5-4] 읽기유창성의 구조

출처: Álvarez-Cañizo et al. (2015).

Lupker, 2000). 예를 들어, 고빈도 단어의 경우에는 표기와 음운의 일치성 여부에 따른 읽기 차이가 없는 반면(예: 자소-음소 일치한 '연설'과 자소-음소 불일치한 '연합[여납]'), 저빈도 단어의 경우에는 표기와 음운의 일치성에 따른 읽기 속도에 차이가 있다. 즉, 저빈도이면서 표기와 음운이 일치하지 않는 단어(예: 본업[보넙])는 저빈도이면서 표기와 음운이 일치하는 단어(예: 본색)에 비해 느리게 읽게 된다.

동음이의어(예: [가치] → 가치/같이, [공물] → 곡물/공물)는 비동음이의어 단어에 비해 오류율이 높고, 읽기 속도가 느리다. 이는 동음이의어 '옻'을 봤을 때 음운정보인 [옫]이 활성화되고, 이 음운정보를 공유하는 /옷/도 함께 활성화되기 때문이다(권유안, 조혜숙, 남기춘, 2013). 한편, 표기정보는 동일하지만 음운정보가 상이한 동철이음이의어(예: 잠자리 → [잠자리]/[잠짜리])는 상대적 빈도가 높은 단어로 반응한다(이윤형, 김태훈, 2015). '영장'은 문서의 한 종류인 [영짱]과 사람을 의미하는 [영장]으로 발음이 둘 다 가능한데, 상대적 빈도가 높은 의미(예: [영짱])로 반응하기 쉽다.

한글은 글자의 가장 기본 단위가 음소로 이루어져 있는 음소문자로 40개의 자모 글자가 있고, 단자음 14개, 쌍자음 5개, 단모음 8개, 이중모음 13개의 글자로 구성되어 있다. 이 음소들이 모여 음절과 단어를 형성하며, 음절 단위로 모아쓰기를 한다. 모음자는 중성을 표기하는 데 사용되며, 자음자는 초성과 종성을 표기한다. 초성에는 19개의 자음이 허용되는데, 14개의 단자음 글자와 5개의 쌍자음 글자로 표시된다. 음절의 초성이 모음으로 시작될 때, 초성 자리에 빈 공간으로 남겨 두지 않고 '이응'을 채워 넣는다. 중성에는 모음 21개가 쓰이는데, 동음이형어(ㅐ/ㅔ, ㅚ/ㅙ/ㅞ, ㅒ/ㅖ)가 있어 소리는 17개로 발음된다. 종성에는 초성에 허용되는 19개의 자음과 11개의 겹자음이 쓰이며, 소리는 7개(ㄱ, ㄴ, ㄷ, ㄹ, ㅁ, ㅂ, ㅇ)로 발음된다.

* 한글 자모의 구성
   단자음: ㄱ, ㄴ, ㄷ, ㄹ, ㅁ, ㅂ, ㅅ, ㅇ, ㅈ, ㅊ, ㅋ, ㅌ, ㅍ, ㅎ
   단모음: ㅏ, ㅓ, ㅗ, ㅜ, ㅡ, ㅣ, ㅐ, ㅔ
   기본 종성: ㄱ, ㄴ, ㄷ, ㄹ, ㅁ, ㅂ, ㅇ
   이중모음: ㅑ, ㅕ, ㅛ, ㅠ, ㅘ, ㅝ, ㅟ, ㅢ, ㅚ, ㅙ, ㅞ, ㅒ, ㅖ
   쌍자음: ㄲ, ㄸ, ㅃ, ㅆ, ㅉ
   겹자음: ㄳ, ㄵ, ㄶ, ㄺ, ㄻ, ㄼ, ㄽ, ㄾ, ㄿ, ㅀ, ㅄ

   참고) 이중모음 중 'ㅑ, ㅕ, ㅛ, ㅠ'와 단모음 'ㅏ, ㅓ, ㅗ, ㅜ, ㅡ, ㅣ'를 기본 모음이라고도 한다.

한글의 초기 읽기 지도는 시각적 · 음운적 변별이 쉬운 것에서부터 가획의 원리를 적용된 글자로 나아가는 한편, 음운적으로도 발음이 쉬운 기본 자모음을 중심으로 시작하여 발음이 어려운 글자로 지도해 가는 것이 효과적일 수 있다. 또한 자소-음소 대응 관계 확립 단계에서는 자소-음소 일치형 낱말로 지도하되, 목표 어휘는 받침 없이 단모음으로 이루어진 음절(1, 3유형), 받침 있는 단모음으로 이루어진 음절(5, 7유형), 받침 없는 이중모음으로 이루어진 음절(2, 4유형), 받침 있는 이중모음으로 이루어진 음절(6, 8유형) 순서로 구성하는 것이 효과적이다.

참고문헌

가경신(2006). 읽기 능력과 읽기 인지 변인과의 상관. 독서연구, 15, 246-269.

고선희, 최경순, 황민아(2010). 읽기이해부진 아동의 다의어 의미 처리 특성. 언어청각장애연구, 15(3), 348-356.

권유안, 조혜숙, 남기춘(2013). 글 단어 읽기 이해에서 음운 정보의 활성화: 동음이의어의 사건관련뇌파 증거. 언어과학, 20(20), 1-12.

김광해(2003). 국어교육용 어휘와 한국어교육용 어휘. 국어교육, 111, 255-291.

김기주(2019). 난독증 성인이 경험한 삶에 대한 생애사 연구. 학습자중심교과교육연구, 21(12), 747-760.

김기주(2020). 자소-음소 자동 대응기기(Paly Tange)를 활용한 파닉스 프로그램이 초등 1-2학년 난독증 학생의 음운인식과 해독에 미치는 효과. 학습자중심교과교육연구, 20(20), 769-787.

김기주(2021). 난독증 성인이 경험한 삶에 대한 생애사 연구. 학습자중심교과교육연구, 21(12), 747-760.

김도남(2003). 한글 해득 교육 원리 탐색. 한국초등국어교육, 23, 1-29.

김동일(2008). 기초학습기능 수행평가체제: 읽기[Basic Academic Skills Assessment: Reading(BASA: R)]. (주) 인싸이트.

김명희(2003). 읽기 부진 아동과 읽기 우수 아동의 단어 재인. 석사학위논문, 단국대학교 대학원.

김미배, 배소영(2011). 낱말읽기에서의 초등학생 음운해독력 발달. Communication Sciences & Disorders, 16, 143-153.

김미배, 배소영(2014). 음운해독부진 아동의 낱말읽기 능력과 예측 변인. 학습자중심교과교육연구, 14(9), 329-343.

김미배, 배소영, 정경희(2012) 읽기부진 아동의 문법형태소 사용력. 언어치료연구, 21(1), 17-37.

김보배, 양민화(2015). 일반아동과 철자부진 아동의 철자전략비교: 음소의 조음정보를 중심으로. Communication Sciences & Disorders, 20(3), 400-412.

김선철(2003). 표준발음실태조사Ⅱ. 국립국어연구원.

김수진, 신지영(2020). 말소리장애 (2판). 시그마프레스.

김애화(2009). 초등학교 학생의 철자 특성 연구: 철자 발달 패턴 및 오류 유형 분석. 초등교육연구, 22(4), 85-113.

김애화, 강은영(2010). 초등학교 읽기장애 학생과 일반 학생의 단어인지 특성 비교연구: 단어인지 수행력 및 오류 패턴 비교. 언어청각장애연구, 15(4), 632-647.

김애화, 강은영(2010). 초등학교 읽기장애 학생과 일반 학생의 단어인지 특성 비교연구: 단어인지 수행력 및 오류 패턴 비교. 언어청각장애연구, 15(4), 632-647.

김애화, 유현실, 김의정(2010). 단어인지, 읽기유창성, 읽기이해에 대한 예측 연구: 5세와 6세 아동을 대상으로 실시한 종단연구. 초등교육연구, 23(4), 427-453.

김애화, 임화경, 박성희(2009). 초등학생의 단어인지 특성 연구: 단어인지 정확도와 유창성 발달 패턴 및 오류 유형 분석. 특수교육학연구, 44(2), 157-184.

김영송(1975). 우리말 소리의 연구. 과학사.

김영송(1981). 우리말 소리의 연구. 과학사.

김영숙(2017). 찬찬히 체계적·과학적으로 배우는 읽기 & 쓰기 교육. 학지사.

김영태, Linda J. Lombardino, 박은혜, 이소현(2008). 한국형 진단 프로토콜을 이용한 3~5세 한국 아동의 초기읽기 발달연구. Communication Sciences & Disorders, 13(3), 418-437.

김재은(2020). 초등 3학년 학생들의 읽기 유창성 양상 연구. 초등국어과교육, 27, 1-20.

배소영(2006). 한국어 발달 특성과 학령전기 문법형태소. 한국어학, 31, 31-45.

배주채(1996). 국어음운론개설. 신구문화사.

배주채(2003). 한국어의 발음. 삼경문화사.

신지영(2000). 말소리의 이해. 한국문화사.

신지영(2014). 말소리의 이해: 음성학·음운론 연구의 기초를 위하여 (개정판). 한국문화사.

신지영(2014). 한국어의 말소리 (2판). 한국문화사.

신지영, 차재은(2003). 우리말 소리의 체계. 한국문화사.

안은주, 김정미(2010). 초등학교 2, 4, 6학년 아동의 설명 담화 쓰기 비교. 언어청각장애연구, 15(3), 321-336.

양민화(2009). 유치원 아동의 철자발달 단기종단연구. 언어청각장애연구, 14(1), 14-33.

양민화, 김보배, 나종민(2017). 초등학교 1학년 난독증 아동의 단어읽기 및 철자능력 예측지표 연구. Communication Sciences & Disorders, 22(4), 690-704.

엄훈(2011). 초등학교 저학년 읽기 발달 양상 연구: 해부호화 능력을 중심으로. 한국초등국어
교육, 46, 191-217.

윤혜경(1997). 아동의 한글 읽기 발달에 관한 연구: 자소-음소 대응 규칙의 터득을 중심으로.
박사학위논문, 부산대학교 대학원.

윤혜경, 권오식(1995). 한글터득 단계 아동의 음운인식능력과 읽기책략. 한국심리학회 연차
대회 학술대회, 233-240.

윤혜경, 권오식, 이도헌(2001). 한글읽기 발달의 이론과 그 응용. 한국심리학회지: 일반, 20(1),
211-227.

윤효진(2016). 학령기 아동의 읽기이해 관련 요인: 단어재인정확도와 읽기유창성을 중심으
로. 언어치료연구, 25(4), 109-118.

이관규(2004). 문법 영역의 위상과 문법론의 내용 체계. 이중언어학, 26, 211-226.

이광오(1996). 한글 글자열의 음독과 음운규칙. 한국심리학회지: 인지 및 생물, 8(1), 1-23.

이광오, 배성봉, 남기춘(2005). 한국어 음절의 표기 빈도와 형태소빈도가 단어인지에 미치는
효과. 인지과학, 20(3), 309-333.

이기문, 김진우, 이상억(2000). 국어음운론 (증보판). 학연사.

이문정(2004). 한글의 문자 특성에 적합한 유아 읽기, 쓰기 교육. 미래유아교육학회지, 11(1),
169-192.

이상로(1989). 학습장애 치료교육 프로그램 개발을 위한 기초연구. 경북대학교 교육대학원 논
문집, 21, 1-77.

이상억(1990). 현대국어 음변화 규칙의 기능부담량. Language Research, 26(3), 441-467.

이영애(1990). 한글 낱자의 정보처리에 있어서 시각 변형의 효과. 인지과학, 2(2), 221-259.

이윤형, 김태훈(2015). 한국어 중의어 처리 과정에서 음운 경로의 역할: 교차 감각 과제를 통
해. 한국자료분석학회, 17(3), 1545-1555.

이은주(2021). 읽기장애 아동의 한글 단어 해독 특성: 읽기중재와 읽기관련 언어수준 변수의
함의. Communication Sciences & Disorders, 26(4), 797-819.

이익섭(1992). 국어표기법연구. 서울대학교 출판부.

이익섭(2005). 한국어 문법. 서울대학교출판부.

이주근(1972). 한글문자의 인식에 관한 연구. 전자공학회지, 9(4), 25-32.

이진호(2014). 국어 음운론 강의. 삼경문화사.

임유경(2005). 한글단어재인에서 음운규칙의 적용도 연구. 석사학위논문, 이화여자대학교
대학원.

임유진, 김영태(2008). 단어 읽기 과제에서 초등 2학년과 5학년 아동의 음운규칙 적용 능력의

비교. Communication Sciences & Disorders, 13, 635-653.

정경희(2014). 1-3학년 학령기 아동의 형태소 인식과 읽기 능력. Communication Sciences and Disorders, 19(1), 21-30.

정미란(2009). 초등학교 3-5학년 읽기이해부진 학생의 단어 유추. 언어청각장애연구, 14(1), 275-287.

정미란(2010). 초등학교 3-6학년 일반학생과 읽기이해 부진학생의 구문인식 비교: 문장 구성하기 과제를 중심으로. 언어청각장애연구, 15(3), 337-347.

정미란(2013). 초등학교 3-6학년 읽기이해부진 학생의 읽기이해력 예측 변인 탐색. 학습장애연구, 10(3), 79-103.

조명한(2003). 언어심리학. 학지사.

최나야, 이순형(2007). 한글 자음과 모음에 대한 유아의 지식이 단어 읽기에 미치는 영향. 한국가정관리학회지, 25(3), 151-168.

최예린(2010). Magnetoencephalography를 이용한 한국어 음소의 주파수/강도 변화에 대한 청지각 연구. 한국연구재단.

최혜원(2002). 표준 발음 실태 조사. 국립국어연구원.

태진이, 남예은, 이윤형, 김태훈(2015). 한국어 시각단어재인에서 음절과 음절체의 역할. 언어과학회, 73, 204-224.

하인수(2005), 학령기 아동의 읽기속도에 관한 연구. 석사학위논문, 대구대학교 대학원.

황민아(2008). 초등학교 고학년 읽기부진 학생의 문장읽기에서 통사처리 특성. 언어청각장애연구, 13(3), 397-417.

황민아, 최경순(2011). 읽기이해부진 아동의 어휘판단에서 단어길이 효과. Communication Sciences & Disorders, 16, 570-581.

Álvarez-Cañizo, M., Suárez-Coalla, P., & Cuetos, F. (2015). The role of reading fluency in children's text comprehension. Frontiers in Psychology, 6, Article 1810.

Apel, K., Diehm, E., & Apel, L. (2013). Using multiple measures of morphological awareness to assess its relation to reading. Topics in Language Disorders, 33, 42-56.

Beck, I., & McKeown, M. (1991). Conditions of vocabulary acquisition. In R. Barr, M. L. Kamil, P. B. Mosenthal, & P. D. Pearson (Eds.), Handbook of reading research (Vol. 2., pp. 789-814). Lawrence Erlbaum Associates, Inc.

Bryant, D. P., Vaughn, S., Linan-Thompson, S., Ugel, N., Hamff, A., & Hougen, M. (2000). Reading outcomes for students with and without reading disabilities in general education middle-school content area classes. Learning Disability Quarterly, 23(4),

238-252.

Cain, K. (2006). Individual differences in children's memory and reading comprehension: An investigation of semantic and inhibitory deficits. *Memory, 14*(5), 553-569.

Cain, K., & Oakhill, J. (2007). Reading comprehension difficulties: Correlates, causes, and consequences. In K. Cain & J. Oakhill (Eds.), *Children's comprehension problems in oral and written language* (pp. 41-75). The Guilford Press.

Carlisle, J. F. (2000). Awareness of the structure and meaning of morphologically complex words: Impact on reading. *Reading and Writing: An Interdisciplinary Journal, 12*(3-4), 169-190.

Collins, A. M., & Loftus, E. F. (1975). A spreading-activation theory of semantic processing. *Psychological Review, 82*(6), 407.

Deborah, M. C. (2008). Children's morphological knowledge: Links to literacy. *Reading Psychology, 29*, 289-314.

Ehri, L. C., & Roberts, T. (2006). The roots of learning to read and write: Acquisition of letters and phonemic awareness. In D. K. Dickinson & S. B. Neuman (Eds.), *Handbook of early literacy research* (Vol. 2., pp. 113-131). The Guilford Press.

Gabig, C., & Zaretsky, E. (2013). Promoting morphological awareness in children with language needs: Do the common core state standards pave the way?. *Topics in Language Disorders, 33*(1), 7-26.

Geiger, G., & Lettvin, J. Y. (1987). Peripheral vision in persons with dyslexia. *New England Journal of Medicine, 316*(20), 1238-1243.

Gernsbacher, M. A., & Faust, M. E. (1991). The mechanism of suppression: A component of general comprehension skill. *Journal of Experimental Psychology: Learning, Memory, and Cognition, 17*(2), 245.

Graham, S. (1996). *Making the writing process work: Strategies for composition and self-regulation*. Brookline Books.

Harris, K. R., & Jones, N. (1991). Development of morphemic segments in children's mental representations of word. *Applied Psycholinguistics, 12*, 217-239.

Hino, Y., & Lupker, S. J. (2000). Effects of word frequency and spelling-to-sound regularity in naming with and without preceding lexical decision. *Journal of Experimental Psychology: Human Perception and Performance, 26*(1), 166-183.

Hoover, W., & Gough, P. (1990). The simple view of reading. *Reading and Writing: An Interdisciplinary Journal, 2*, 127-160.

IPA (n.d.). https://www.internationalphoneticassociation.org/

Kim, Y.-S., Petscher, Y., & Foorman, B. (2015). The unique relation of silent reading fluency to end-of-year reading comprehension: Understanding individual differences at the student, classroom, school, and district levels. *Reading and Writing: An Interdisciplinary Journal, 28*(1), 131-150.

Kirk, C., & Gillon, G. T. (2009). Intergrated morphological awareness intervention as a tool for improving literacy. *Language, Speech, and Hearing Services in Schools, 40*, 341-351.

Klauda, S. L., & Guthrie, J. T. (2008). Relationships of three components of reading fluency to reading comprehension. *Journal of Educational Psychology, 100*(2), 310-321

Liberman, I. Y., & Shankweiler, D. (1991). Phonology and beginning reading: A tutorial. In L. Rieben & C. A. Perfetti (Eds.), *Learning to read: Basic research and its implications* (pp. 3-17). Lawrence Erlbaum Associates, Inc.

Lorusso, M. L., Facoetti, A., Pesenti, S., Cattaneo, C., Molteni, M., & Geiger, G. (2004). Wider recognition in peripheral vision common to different subtypes of dyslexia. *Vision research, 44*(20), 2413-2424.

McArthur, G., Castles, A., Kohnen, S., Larsen, L., Jones, K., Anandakumar, T., & Banales, E. (2015). Sight word and phonics training in children with dyslexia. *Journal of learning disabilities, 48*(4), 391-407.

Nagy, W. E., & Scott, J. A. (2000). Vocabulary processes. In M. L. Kamil, P. D. Mosenthal, P. D. Pearson, & R. Barr (Eds.), *Handbook of Reading Research* (Vol. 3., pp. 269-284). Erlbaum.

Nathan, R. G., & Stanovich, K. E. (1991). The causes and consequences of differences in reading fluency, *Theory Into Practice, 30*(3), 176-184

Nation, K., & Snowling, M. J. (2000). Factors influencing syntactic awareness skills in normal readers and poor comprehenders. *Applied psycholinguistics, 21*(2), 229-241.

Nation, L., Clarke, P,. Marshall, C. M., & Durand, M. (2004). Hidden language impairments in children: Parallels between poor reading comprehension and specific language impairments?. *Journal of Speech, Language, and Hearing Research, 47*, 199-211.

National Reading Panel. (2000). *Teaching children to read: An evidenced-based assessment of the scientific research literature on reading and its implications for reading instruction.* National Institute of Child Health and Human Development.

Nelson, J. R., & Stage, S. A. (2007). Fostering the development of vocabulary knowledge and reading comprehension though contextually-based multiple meaning vocabulary instruction. *Education and treatment of children, 30*(1), 1-22.

Paul, R. (2007). Language, reading, and learning in school: What the speech-language pathologist needs to know. In R. Paul (Ed.), *Language disorders from infancy through adolescence* (3rd ed., pp. 429-453). Mosby.

Perfetti, C. A. (2011). Phonology is critical in reading: But a phonological deficit is not the only source of low reading skill. In S. A. Brady, D. Braze, & C. A. Fowler (Eds.), *Explaining individual differences in reading: Theory and evidence* (pp. 163-171). Psychology Press.

Pikulski, J. J., & Chard, D. J. (2005). Fluency: Bridge between decoding and reading comprehension. *The reading teacher, 58*(6), 510-519.

Rubin, H., Patterson, P., & Kantor, M. (1991). Morphological development and writing ability in children and adults. *Language, Speech, and Hearing Services in Schools, 22*, 228-235.

Scarborough, H. (2003). Connection early language and literacy to later reading (dis) abilities: Evidence, theory, and practice. In S. Newman & D. Dickenson (Eds.). *Handbook of early literacy research* (pp, 97-110). The Guilford Press.

Snowling, M. J. (1980). The development of grapheme: Phoneme correspondence in normal and dyslexia readers. *Journal of Experimental Child Psychology, 29*(2), 294-305.

Thomson, M. (1984). *Developmental dyslexia: Its nature, assessment and remediaton.* Edward Arnold.

Treiman, R., & Baron, J. (1983). Phonemic-analysis training helps children benefit from spelling-sound rules. *Memory & Cognition, 11*(4), 382-389.

Vellutino, F. R., Scanlon, D. M., & Spearing, D. (1995). Semantic and phonological coding in poor and normal readers. *Journal of experimental child psychology, 59*(1), 76-123.

Vellutino, F. R., Tunmer, W. E., Jaccard, J. J., & Chen, R. (2007). Components of reading ability: Multivariate evidence for a convergent skills model of reading development. *Scientific studies of reading, 11*(1), 3-32.

Wang, M., Ko, I. Y., & Choi, J. (2009). The importance of morphological awareness in Korean-English biliteracy acquisition. *Contemporary Education Psychology, 34*, 132-142.

Warren, L., & Fitzgerald, J. (1997). Helping parents to read expository literature to their children: Promoting main-idea and detail understanding. *Literacy Research and Instruction, 36*(4), 341-360.

Westby, C. (2005). Assessing and remediating text comprehension problems. In H. Catts

& A. Kamhi (Eds). *Language and reading disabilities* (2nd ed., pp. 157–232). Allyn & Bacon.

Wise, J. C., Sevcik, R. A., Morris, R. D., Lovett, M. W., Wolf, M., Kuhn, M., ... & Schwanenflugel, P. (2010). The relationship between different measures of oral reading fluency and reading comprehension in second-grade students who evidence different oral reading fluency difficulties. *Language Speech and Hearing Services in Schools, 41*(3), 340-348.

제**6**장

쓰기 발달

1. 쓰기 개념

쓰기write란 언어적 전달 내용을 기호로 전환하는 과정이며, 언어의 소리를 정확한 철자 형태로 갖춘 문자 기호로 나타내는 과정이다. 쓰기는 읽기와 함께 문해 능력literacy의 한 영역으로, 전달하고자 하는 내용을 시각적이며 운동감각적인 방식으로 표현하는 활동이다. 쓰기는 듣기, 말하기, 읽기와 같은 언어 능력과 더불어 주의, 사고, 지각, 기억, 운동 등의 여러 가지 인지 능력이 통합되고 조정되는 다양한 기술이 합쳐진 복합체다.

쓰기는 교과 학습을 위해 학령기 아동이 반드시 갖추어야 할 과제이다. 또한 일상에서의 의사소통(문자 메시지, 메일, 편지), 정보 기억하기(메모), 계획하기(약도, 시간표, 계획표), 돌아보기(일기, 가계부), 추억하기(여행 후기, 수필, 가족 신문) 등과 같은 일상생활을 영위하는 기초가 되는 능력이다(배성미, 박현숙, 2002). 쓰기 기술은 스마트폰으로 실시간 문자로 소통하는 것이 일상적인 현대사회가 되면서 더욱 중요한 기술로 자리매김하고 있다.

쓰기는 글씨 쓰기handwriting, 철자 쓰기spelling, 작문written expression–composition으로 구성된다(Mercer & Mercer, 2005). 글씨 쓰기는 읽기 용이성을 결정하는 글씨 모양, 띄어쓰

기, 크기, 연결성, 기울기, 위치 등과 낱자와 단어를 쓰는 기술 영역을 말한다. 철자 쓰기는 단어를 맞춤법에 맞게 쓰는 것으로, 교육과정에서는 '받아쓰기spelling dictation'라고도 한다. 작문은 문자를 통하여 자신의 의견을 표현하고, 다른 사람들과 의사소통하며, 의미를 발견하고 창조하는 활동을 말한다.

쓰기장애written expression disability는 학습장애의 하위 유형으로, '정상 수준의 지능(70±5 이상)을 가지고 있으나, 철자나 작문 등 쓰기에 어려움을 보이는 상태로, 관련한 교육을 받았음에도 쓰기 어려움의 증상이 적어도 6개월 이상 지속적으로 보이는 아동'으로, 읽기장애와 같이 출현 빈도가 높다(민현식, 2008). 쓰기장애는 글씨 쓰기, 철자 쓰기, 작문이라는 쓰기의 세 요소에 기반하여 글씨 쓰기와 철자 쓰기에 곤란을 겪는 철자 쓰기장애written expression disability: spelling와 작문에 곤란을 겪는 작문 쓰기장애written expression disability: composition로 분류하며, 종종 철자 쓰기 단계에 머물러 있는 것처럼 보이기도 한다(Moats, 1991).

난서증dysgraphia은 기계적인 쓰기 기술과 관련한 문어장애로, 명백한 신경학적 장애 그리고/혹은 명백한 지각-운동장애를 가지지 않은, 적어도 평균 지능의 아동이 부족한 쓰기 수행을 보이는 경우를 말한다(Bos & Vaughn, 2002).

난서증을 가진 아동의 특징
- 엉성한 문자 형성
- 너무 크거나 또는 작거나, 일정치 않은 크기의 문자
- 부정확한 대문자와 소문자의 사용
- 복잡하고 비좁게 쓴 문자
- 문자들 간 일정하지 않은 공간
- 부정확한 정렬(문자들이 기준선에 자리하지 않음)
- 쓰기에서의 유창성 부족
- 가능한 한 빠르게 쓰라고 해도 빠르게 쓰지 못함

2. 쓰기 발달단계

Hoy와 Gregg(1994)는 쓰기 발달단계를 4단계로 나누어 전체적인 쓰기의 발달에 대한 이해를 도왔다.

1단계는 취학 전 시기로 상징 놀이, 그리기 단계이다.

2단계는 초등학교 시기로 글씨 쓰기, 철자 패턴 지식에 맞추어 쓰기가 가능한 단계로, 일기 등 자기중심적 쓰기와 설명적 이야기 쓰기가 가능하다.

3단계는 중학교 시기로 어휘 구사력 수준이 높아지고, 독자에 따라 혹은 글의 양식에 따라(설명하는 글과 주장하는 글) 다른 형식의 쓰기가 가능하다.

4단계는 고등학교 시기로 어휘와 구문 수준이 한결 높아지며, 독자의 이해에 영향을 미치는 사회적 역할 관계를 묘사할 줄 알고, 사고와 감정의 의사소통을 다룬 유연한 글쓰기가 가능하다.

쓰기는 글씨 쓰기, 철자 쓰기, 글쓰기(작문) 단계로 발달한다.

1) 글씨 쓰기 발달단계

글씨 쓰기는 쓰기의 하위 요소 중 하나로 손으로 글자를 쓰는 능력을 의미한다. 글씨 쓰기 능력은 소근육 운동과 시지각 운동 기능을 이용하여 학습자가 사용하는 언어 체계의 활자를 표현하는 것으로, 도형과 그림 그리기 등은 쓰기 능력에 기초가 되는 능력이다(Abbott & Berninger, 1993; Berninger et al., 2002).

글씨 쓰기 능력은 글씨 쓰기 준비 기술, 글자의 형태를 이해하는 능력, 글씨 쓰기 유창성으로 구성된다(이태수 외, 2017). 글씨 쓰기 준비 기술은 글씨를 쓰는 것에 대한 흥미 유발, 필기구 쥐기 능력을 포함하여 연필 잡는 자세, 글씨 쓰기 자세, 줄 긋기나 도형 그리기와 같은 눈-손 협응 등의 시지각 과제로 구성된다.

다양한 방향으로 손 움직임, 기하학적 모양과 점선 따라 긋기, 점 연결하기, 선 긋기(위에서 아래로 → 왼쪽에서 오른쪽으로), 원, 사각형, 삼각형 등의 도형 그리기, 단순한 디자인의 모양 그리기를 비롯하여 글자의 이름을 알고 형태의 유사점과 차이점 구분하기 등이 포함된다(Graham, 1997). 글씨 쓰기 준비 기술은 유치원~초등학교 1학년 시기에 완성되는데, 긁적거리기나 색칠하기 경험 등은 글씨 쓰기에 대한 자연스러운 흥미 유발을 제공하는 기회가 될 수 있다.

시지각^{visual perception}이란 눈을 통해 주어진 자극이나 정보를 수집, 조절, 판단, 해석하여 적절한 수행을 하도록 돕는 것으로, 단순 시감각과 고차원적 인지를 연결해 주는 발달적 과정이다(Beery & Beery, 2010; Solomon & O'brienm 2011). 시지각 능력은 교과 학습 이전의 기초 능력으로, 시지각 발달은 일반 아동의 경우에는 2세 중반경부터 단순한 도형(예: 원, 십자가, 사각형 등)을 변별하고, 만 3세 6개월에서 7세 6개월 사이에 급속도로 발달한 후, 9세까지 발달이 지속되다가 10~11세 사이에 완성된다(Colarusso & Hammill, 1996; Frostig, 1972). 시지각 능력은 글씨 쓰기에 보다 직접적인 관련성을 갖고 있다. 눈-손 협응은 그리기, 색칠하기, 가위질하기와 같은 조작적인 활동 등으로 발달한 근육 조절과 선과 도형 따라 그리기와 같은 연결 활동을 통해 발달한다. 시각 변별은 글자의 모양, 크기, 형태 등을 구분할 수 있는 기술로, 한글의 자모음 형태 차이를 시각적으로 구분하여 글씨 쓰기로 이어지게 한다.

글자 형태 이해 능력에는 낱자 및 글자의 형태 인식과 같은 표기 처리 능력이 해당한다. 글자를 쓰기 위해서는 글자 자체를 쓸 수 있는 능력뿐 아니라, 한글의 모양과 형태를 정확히 알고 있어야 한다. 즉, 한글 자음과 모음의 형태와 명칭을 구분하고, 글자의 크기나 비율, 기울기, 띄어쓰기, 줄 맞추기 등을 고려하여 읽을 수 있도록 써야 한다(Mercer & Mercer, 2005).

글씨 쓰기유창성은 가독성과 글씨 쓰기 속도와 밀접하게 연결된다. 반듯하더라도 너무 천천히 글자를 쓰면 이후 철자나 글쓰기 기능을 적절히 수행하기 어려울 수 있으므로 적절한 속도로 글씨를 쓰는 쓰기유창성도 중요하다.

2) 철자 쓰기 발달단계

철자 쓰기^{spelling}는 단어를 맞춤법에 맞게 쓰는 것을 의미한다. 철자 쓰기는 자소-음소 대응이 일치하는 단어를 해독하는 수준에서부터 음운변동 규칙을 이해하는 철자법 지식과 어근을 포함하는 형태소 등의 다른 수준에서의 해독 능력을 기반으로 한다. 쓰기 발달은 지속해서 이루어지는 학습 과정으로, 철자 쓰기도 읽기처럼 일련의 발달단계를 거치며 서서히 발달한다(Ehri, 1987).

(1) 문자 전 단계

1단계 **문자 전 단계**pre-literate stage는 메시지를 전달하기 위해 관계없는 일련의 낱자들을 결합하여 나열하는 시기로, 만 3~4세 아동이 이 단계에 해당한다. 초기에는 긁적거리기 형태로 나타나기도 하며, 자기 이름 등 아는 단어 혹은 낱자를 쓸 수 있으나, 자모 지식을 바탕으로 쓰기보다는 기억하고 있는 선택된 시각적 특징을 통해 쓴다(Ehri, 2005).

Lamme(1985)은 철자 쓰기 첫 단계인 문자 전 단계를 다시 3단계로 나누었다. 이는 쓰기 발달단계에서 긁적거리기 활동이 중요하다는 의미이다.

첫 번째는 무질서한 긁적거리기 단계로, 매우 불규칙한 형태를 띠고 있어 그림과 글쓰기를 구분하기 힘들다.

두 번째는 조절된 긁적거리기 단계로, 수직선과 수평선 등 분명한 형태를 띤 긁적거리기가 나타난다.

세 번째는 긁적거리기에 이름 붙이기 단계로, 긁적거리기를 한 후에 이름을 붙이기 시작한다.

(2) 자소-음소 단계

2단계 **자소-음소 단계**letter-name stage는 문자-소리가 대응되기 시작하여 자음과 모음 쓰기가 나타나는 시기로, 만 4~6세 아동이 이 단계에 해당하며, 자소 단계alphabetic라고도 부른다. 이 시기에는 문자가 정해진 알파벳으로 만들어졌다는 것을 알게 되며, 문자에 소리가 결합된다는 것을 인식한다.

Ehri(2000)는 자소-음소 단계를 다시 부분적 자소 단계와 완전 자소 단계로 구분했다. 부분적 자소 단계에서는 낱자가 소리를 나타내는 데 사용된다는 것을 알지만, 단어의 일부분만 인지한다(예: '고래'의 '고'만 쓸 수 있거나, '고'를 '구'로 쓴다). 어떤 아동은 자소의 음소보다는 자소의 이름을 사용하기도 한다.

완전 자소 단계는 자소-음소를 대응하여 쓰기를 할 수 있다. 쓰기를 할 때, 단어의 모든 소리를 기록하고 정확한 소리의 순서에서 알맞은 자소를 쓸 수 있다. 이 단계에서 종종 단어의 소리에 과도하게 의존하여 음운변동 규칙을 바르게 적용하지 않은 채 소리 나는 대로 적기도 한다(예: '세탁기'를 '세탁끼'로 쓴다).

(3) 철자법적 단계

3단계는 **철자법적 단계**orthographic stage로, 소리 나는 대로 표기하는 오류가 나타나기는 하지만 음운변동 규칙을 적용하여 쓰기를 하는 시기로, 만 5~9세 아동이 이 단계에 해당한다.

Ehri(2000)는 철자법적 쓰기 단계를 다시 안정적 자소 단계와 자동적 단계로 구분했다. **안정적 자소 단계**에서는 음운변동 규칙을 많이 이해하고 쓸 수 있다.

자동적 단계는 알맞은 철자법을 결정하기 위해 다양한 전략을 활용하는 상태이다. 비록 모든 단어를 정확하게 쓸 수는 없을지라도, 자소-음소 대응 지식, 음운변동 규칙, 의미론적 · 형태론적 지식 등 모든 자원으로부터 정보를 사용할 줄 안다.

시기	철자 쓰기 단계		예시
3~4세	문자 전 단계 (긁적거리기)		
4~6세	자소-음소 단계	부분적 자소 단계	
		완전 자소 단계	
5~7세	철자법적 단계	안정적 자소 단계	
8~9세		자동적 단계	

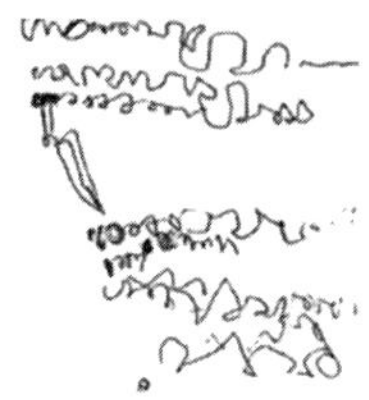

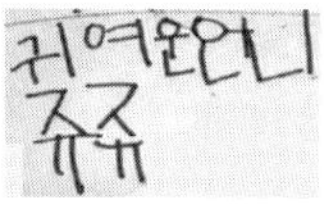

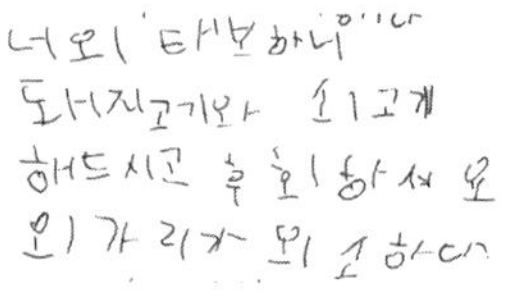

[그림 6-1] 초기 쓰기 발달단계 및 쓰기의 예

3) 작문 발달단계

작문composing/written expression이란 생각, 느낌 또는 정해진 주제에 관련된 내용을 조리 있고 명확하게 글이라는 매체로 표현하는 것으로, 쓰기 중재의 궁극적인 목표이다(Berninger et al., 2002). 작문은 일기나 독후감, 논술고사 등 학교생활뿐만 아니라, 기획서나 보고서 작성 등 직장생활에서도 필수적인 요소로 지식 중심의 현대사회에서는 핵심적인 능력이다. 그러나 작문은 매우 어려운 능력이며, 숙련된 작가에게조차도 자동화되지 않는 능력이다. 읽기 능력이 다양하고 복잡한 언어와 인지 능력을 바탕으로 한 것이라면, 작문 능력은 이보다 더 많은 여러 가지 능력과 지식을 자동화하고 효율적으로 사용하는 것을 필요로 한다(Berninger & Winn, 2006).

작문은 단순 연상적 쓰기, 언어 수행적 쓰기, 의사소통적 쓰기, 통합적 쓰기, 인식적 쓰기로 발달한다(Bereiter, 1980).

1단계 단순 연상적 쓰기 단계는 자신의 머릿속에 떠오르는 생각을 그대로 문자로 옮기는 글쓰기를 하는 것이다. 이 단계는 개념 중심보다는 자료 중심적으로 정보를 처리하는 초기 쓰기 단계이다. 물론 글쓰기에서 어떤 내용으로 쓸지에 대한 글감 찾기는 결코 쉬운 일이 아니다.

2단계 언어 수행적 쓰기 단계는 한글의 문법, 규칙, 관습에 익숙해짐으로써 도달할 수 있는 수준으로, 특정 단어의 철자, 구두점, 표현, 문맥에 맞지 않는 표현 행위가 자동으로 이루어지는 단계이다.

3단계 의사소통적 쓰기 단계는 독자를 고려하여 글을 쓸 수 있는 수준이다. 물론 이 단계는 자기가 잘 아는 독자를 대상으로 글쓰기를 한다.

4단계 통합적 쓰기 단계는 쓰기 과정에서 전혀 모르는 독자를 대상으로 쓸 수 있다. 쓰기 과정에서 예상되는 독자의 입장을 고려함과 동시에 자신이 독자가 되어 독자의 입장을 반영하여 쓸 수 있는 수준이다. 즉, 자신의 글에 대한 비판적 평가가 가능한 단계다.

5단계인 인식적 쓰기 단계는 정보의 저장, 인출, 처리 및 조정, 교정의 복잡한 사고 과정을 통해 창의적인 글쓰기가 가능한 단계이다.

3. 철자 쓰기 처리 과정

쓰기 발달은 2~3세경부터 초기 쓰기 형태가 나타나고, 학령기를 거쳐 점차 궁극적 목표인 작문으로 발달해 간다. 철자 쓰기 기술은 작문에서 중요하게 작용한다(Kamhi & Catts, 2012).

철자 쓰기는 단어를 맞춤법에 맞게 쓰는 것을 의미한다. 해독과 철자법은 유사한 발달 경로를 거치나, 단어재인 능력만 요구되는 해독에 비해 철자법은 단어 기억 능력까지 요구되므로 철자법 기술이 좀 더 어렵다. 철자 쓰기는 시각적 단서 없이 단어의 소리를 마음속으로 분절하여 읽어야 하며, 각 소리를 나타내는 데 사용되는 적절한 자소를 탐색해야 하고, 이후 단어를 산출해야 한다. 따라서 난독증은 읽기 학습보다 쓰기 학습을 더 어려워하는 경우가 많다(Hulme & Snowling, 2009).

철자 쓰기는 음운 지식, 철자표기 지식, 형태론적 지식이 필요하다(Adams, 1990). 음운 지식phonological knowledge은 음소를 인식, 조작, 부호화할 수 있는 지식을 말하며(Teriman & Bourassa, 2001), 철자표기 지식orthographical knowledge은 글자의 조합 형태, 순서, 글자군에 대한 표상을 의미하는데, 한글에서는 음운변동 규칙이 적용되는 자소-음소가 불일치형 쓰기가 철자 쓰기에 중요한 지식이다(김애화, 2009; 양민화, 2006). 형태론적 지식morphological knowledge은 어휘형태소와 문법형태소를 표상하고 조작할 수 있도록 도우며, 이를 통해 문어를 자소-음소 대응으로만 해석하지 않고 의미적 관련성을 고려한 철자 발달을 이루어 간다(신가영 외, 2015; Nagy et al., 2006).

철자 쓰기 발달에 관한 이론은 크게 단계 이론과 다중언어적 이론으로 설명되고 있다. 단계 이론stage theory은 음운 지식, 철자표기 지식, 형태론적 지식이 순서에 따라 단계적인 발달을 거친다고 본다(Goswami, 1992; Hernerson, 1985). 다중언어적 이론multilinguistic theory은 음운 지식, 철자표기 지식, 형태론적 지식이 통합적으로 발달하면서, 단계에 따라 강력하게 작용하는 지식이 다르다고 설명한다(Apel et al., 2012; Baraber, 2013). 다중언어적 이론을 바탕으로 한 삼중 단어 구성 이론triple word-form theory에서는 철자 발달 초기에 음운 지식, 철자표기 지식, 형태론적 지식이 영향을 미친다고 본다(Beringer et al., 2006).

1) 음운 지식

음운 지식은 음소를 인식하고 조작하며 부호화할 수 있는 지식을 말한다(Bourassa & Teriman, 2001). 낯선 단어의 철자를 쓸 때, 음소인식을 사용하여 단어 내 각각의 음소를 분리 혹은 합성하고, 그런 다음 그 말소리를 대표하는 자소 지식과 철자표기 지식을 적용한다. 즉, 자소 지식은 음운인식과 음운작업기억 능력과 연결되어 철자 쓰기를 하게 한다. 한글과 같이 자소-음소 대응이 규칙적이고 투명한 표음문자에서는 음소가 특정 자소를 표상하기 때문에 읽기 및 쓰기 학습에 음운인식 능력은 많은 영향을 미친다(Perfetti et al., 1992; Rivers et al., 1996).

2) 철자표기 지식

철자법 인식은 인쇄물이 어떻게 문자로 표현되고 어떻게 보이는지를 인식하는 것으로, 시각적으로 표상된 낱자, 낱말, 숫자, 구두점 등의 언어 체계를 인식하는 것이다. 심상문자소[1]가 아직 형성되지 않은 특정 단어를 쓰려면 철자표기 지식을 활용하여 쓰게 된다. 철자표기 지식은 ① 자소-음소 대응 규칙, ② 철자 결합 가능에 대한 지식, ③ 철자의 위치 제약 지식, ③ 음운변동 규칙에 관한 지식을 말한다.

한글은 자모음을 음절 방식으로 나열하여 낱말을 구성하는 것으로, 음절 구성 원리는 한글의 맞춤법과 띄어쓰기 등에 대한 지식을 바탕으로 이루어진다. 한편, 한글은 표음문자이면서 표기상 표의문자의 속성을 가지고 있다. 특히 한글은 음절어의 속성이 있어서 앞 음절과 뒤 음절의 충돌로 인한 음운변동 현상이 많이 발생하기 때문에 음운변동 규칙에 대한 이해가 철자 쓰기에서 중요하다(Perfetti, 2011). 또한 받침에 'ㄶ'은 쓸 수 있지만, 'ㅳ'은 쓸 수 없다는 것을 알고, 'ㄶ'은 받침(종성)이 아닌 초성에서는 절대 쓸 수 없다는 것을 알아야 한다. 이러한 철자표기 지식은 인쇄된 글자에 대한 노출과 같은 다양한 문해 경험이 뒷받침될 때 안정적으로 발달한다.

3) 형태론적 지식

형태론적 지식이란 단어의 형태 구조, 어근에 형태소를 결합한 결과로 나타난 철자

---

1) 심상문자소는 심상 철자 어휘집mental orthgraphic lexicon에 저장된 특정 단어written words 혹은 단어의 부분(예: 접사)에 대한 심상이다. 특정 심상문자소는 낯선 단어(예: 겹쇠, 우짖다)를 접한 경우, 자소-음소 대응 관계와 같은 철자표기 지식을 사용해서 단어를 해독할 때 형성된다. 이 철자 해독이 성공하면 그 낯선 단어의 철자와 특정 음가는 구체적인 심상을 형성하면서 연결된다(Ehri, 2000; Share, 2004). 심상문자소가 잘 형성되고 나면 단어에 대한 철자 표상을 굳이 떠올리지 않아도 자동적으로 단어를 읽거나 철자를 쓰게 된다. 심상문자소가 확립되어 자동적으로 철자 쓰기가 가능해져야 작문에 몰입할 수 있게 된다. 하지만 표상의 저장이 충분치 않아서 심상문자소가 불완전하거나 흐릿하다면 철자 쓰기와 해독에도 영향을 받게 된다. 문해력 발달 초기 단계에는 자소-음소 대응 관계 지식이 충분하지 못하기 때문에 경험한 철자 표상을 '재빨리 연결fast-mapping'함으로써 특정 단어에 대한 초기 심상문자소를 발달시킨다(Apel et al., 2006; Wolter & Apel, 2010).

의 변화, 형태적으로 관련된 단어 간의 관계 등을 고려하는 문법형태소 지식을 의미한다. 형태소^{morpheme}는 의미의 최소 단위를 의미하며, 명사나 용언의 어근 또는 어간과 같이 단독으로 사용하는 실질형태소(체언, 수식언, 독립언)와 조사, 용언의 어미, 접사 등과 같은 형식형태소(문법형태소)로 구분된다.

형태론적 지식이 있다면 단어에 포함된 형태소의 수를 파악할 수 있을 뿐 아니라, 단어의 어근에 접미사가 붙으면 어떤 변화가 일어나는지도 생각하게 된다(예: '읽다'에 '–음'이 붙을 때는 '–다'가 생략된다는 것을 아는 것). 또한 파생 형식에 대한 지식이 있으면 철자법적 혹은 음운론적으로 어근과 일치하지 않더라도 어근과 파생 형식 간의 관계에 대한 지식을 활용해서 정확한 철자 쓰기가 가능하다(예: '짓누르다'는 '누르다'라는 어근에 '짓'이라는 접두사가 결합하여 만들어진 것이며, '보다'에는 '짓'이라는 접두사 대신 '엿'이라는 접두사가 결합하여 만들어진다는 것을 아는 것).

한글에는 동일한 의미의 낱말이 서로 다른 형태로 쓰이기도 하고(예: 차례/제사), 소리가 같으나 맞춤법이 다른 동음이형어 낱말(예: 왜/외/웨)이나, 또는 일상적인 발음과 실제 맞춤법이 달라 혼동이 되는 낱말(예: 촉촉이, 전화) 등에 대한 이해도 필요하다(김애화 외, 2012). 또한 철자 쓰기에서의 의미가 철자에 영향을 미치는 방식에 관한 의미 지식도 영향을 받는다. '목/몫' '걸음/거름' '비치다/빛이다'와 같이 철자 형태는 다르지만, 발음이 같은 동음이형어 단어인 경우에는 그 단어 자체만으로 볼 때는 맞춤법에 맞게 썼을지라도 문맥상 부적합한 낱말이라면 틀린 철자가 된다(예: 몫이 아파요, 거름을 걸어요). 따라서 쓰인 단어가 문맥에 적합한 것인지를 살펴볼 때는 의미 지식도 사용한다.

쓰기장애 아동은 실질형태소와 형식형태소의 경계를 구분하지 못하는 오류(어간과 어미의 경계를 구분하지 못하는 오류, 예: 앉아서 → 안자서), 시제 선어말 어미를 제대로 인식하지 못하는 오류(예: 빛난다 → 빛났다), 어미를 변환하는 오류(예: 죽음 → 죽은, 쓰다 → 써서)와 같은 형태소 인식 부족으로 인한 오류가 많다(김애화, 최한나, 김주현, 2010).

발달단계 이론에서는 언어 지식 단위를 사용하는 능력을 단계적으로 습득한다고 설명한다(Treiman & Bourassa, 2000). 즉, 철자 쓰기는 음운 지식을 바탕으로 자소–음소 대응 원리로 쓸 수 있게 된 다음에 음운변동 규칙 지식을 바탕으로 한 표기 처리 기술을 습득하고, 마지막으로 형태소 인식을 바탕으로 한 형태 인식 기술을 습득하도록 쓰기 발달단계를 고려하여 중재하는 것이 효과적이다(Bear et al., 2003).

이를 위해 철자 쓰기는 오류 반응에 대한 정밀 분석 평가 과정이 필요하다. 음운지식 부족으로 인한 철자 오류(예: 시끄러운 → /시크러우/, 가족 → /가조/)를 보이는 경우에는 음운지식을 바탕으로 한 자소-음소 대응 관계 지식을 갖추도록 한다. 그다음, 음운변동 규칙을 제대로 적용하여 쓸 수 있도록 중재한다(예: 깊이 → /기피/, 찾아갔다 → /차자갔다/, 나뭇잎 → /나문닙/). 동음이형어와 같은 철자 오류(예: 베짱이 → /배짱이/, 스웨터 → /스웨터/)는 이 단계에서 중재한다. 마지막으로, 형태론적 지식 부족으로 인한 철자 오류(예: 앉아서 → /안자서/, 빛난다 → /빛났다/, 반듯이 → /반드시/)에 대한 중재를 한다.

4. 작문 처리 과정

작문은 글쓰기 관련 지식과 글쓰기 기술 그리고 글의 내용과 표현을 살펴보는 기술로 구성된다. 글쓰기 지식은 글씨 쓰기와 맞춤법 그리고 문법적인 기술 중 문장부호와 같은 기계적인 기술을 포함한다. 글쓰기 기술은 문장 쓰기와 구문의 구성 그리고 정해진 시간 동안에 얼마나 많은 문장을 빠르게 쓸 수 있는가를 살펴보는 쓰기유창성 등의 기술을 포함한다. 글의 내용과 표현은 이야기 쓰기가 해당되며, 글의 조직화를 위한 과정 등이 포함된다. 이야기 쓰기는 글쓴이가 쓰고자 하는 바를 글로 표현하는 것을 의미한다. 글로 표현하는 방법으로는 낱말로 표현하는 방법과 문장으로 표현하는 방법이 있다. 문장 수준의 글쓰기부터 작문에 포함하기도 하지만 여기서는 문단 또는 2개 이상의 문단이 모인 텍스트를 쓰는 것을 중심으로 한다.

작문에 대한 단순 이론에 의하면, 글짓기에 필수적인 요소는 아이디어 창출과 표기 능력이다(Graham & Harris, 2003). 아이디어 창출은 글의 내용에 관한 아이디어 생성 및 주제에 대한 자신의 입장을 결정하는 것으로, 작문을 위해서는 주제와 관련된 배경 지식과 경험이 있어야 한다. 표기 능력transcription은 철자나 표기를 정확하게 자동적으로 할 수 있는 능력이다. 글을 짜임새 있게 조직화하며 한 편의 글을 완성하되, 자신이 쓴 글을 스스로 검토하여 수정할 수 있어야 한다. 아이디어는 머리에 담긴 추상적인 생각이므로 이것을 전달하기 위해서는 구체적인 언어를 사용해서 표현해야 한다. 창출된 아이디어는 필기를 하든지 컴퓨터 자판으로 하든지 표기해야 하는데, 철자 능력과 필기 자동성을 갖추고 있어야 한다. 표기 능력이 자동화되어 있지 않으면 작업기억과 주의력결핍을 초래하게 되어 생각해 둔 아이디어와 계획을 잊어버릴 수도 있고, 정확성과 풍부성이 떨어지는 언어로 표현되어서 글의 내용의 조직성과 응집력이 떨어지게 되는 부정적인 결과가 발생한다.

한편, 작문은 아이디어를 생각해 내고, 계획하고 그 내용을 어떤 언어(어떤 어휘로, 어떤 구문으로, 어떤 순서와 문단 구조로)로 표현할지를 구상해야 하는 것으로, 고차원적이고 구체적인 과정이다. 즉, 작문을 위해서는 맞춤법, 쓰기유창성과 함께 언어 능력(어휘, 구문력 등), 구두법 지식, 작업기억, 자기조절, 사고력과 같은 고차원적인 인지 능력 그리고 읽기이해 능력이 필요하다(Kim & Schatschneider, 2016).

작문 과정은 계획하기, 아이디어 생성하기, 조직하기, 표현하기, 교정하기, 조정하기의 과정을 거친다(이재승, 2001). **계획하기**는 의사소통을 목적으로 아이디어의 분출을 자극하기 위한 사전 활동이다(Mather & Roberts, 1995). 즉, 쓰기 과제를 분석하고 글을 쓰는 목적이 무엇인지, 내가 쓴 글을 읽을 독자는 누구인지 등을 생각하는 활동이다. 아이디어 **생성하기**는 글을 쓰기 위해 아이디어를 떠올리고 수집하는 활동을 말하고, 조직하기는 생성된 아이디어를 글의 주제나 목적, 독자 등을 고려하여 조직하는 것이다. 그리고 **표현하기**는 아이디어를 생성하고 조직한 것을 바탕으로 초고를 쓰는 활동이고, **교정하기**는 초고를 쓴 다음에 내용과 형식을 고치는 활동을 말한다. 마지막으로 **조정하기**는 자기의 인지 행위를 점검하고 통제하여 작문 과제를 제대로 수행하고 있는지, 보다 더 효과적인 방법은 없을까 하고 자기 평가하는 활동을 말한다.

쓰기부진 학생은 일반 아동에 비해 작문에 사용하는 낱말과 문장의 수가 상대적으로 적고, 문장의 구조와 이야기 구성도 단순하며, 철자 등에서의 오류도 자주 발견된다(강정숙, 김희규, 2004; Houck & Billingsley, 1989). 작문에 문제가 있는 학생들은 쓰기의 전 과정, 즉 아이디어 생성, 계획 수립, 초안 쓰기, 교정 및 편집하기, 발표하기에서 쓰기 문제가 없는 또래들에 비해 즉흥적이면서도 미숙한 수행을 보인다(Graham, Harris, & Larsen, 2001).

참고문헌

강정숙, 김희규(2004). 언어학습장애 아동과 일반아동의 말하기 · 쓰기 활동을 통한 응집구조 및 자기 발화수정 능력 분석. 특수아동교육연구, 6(2), 75-96.

김애화, 김의정, 김자경, 최승숙(2012). 학습장애 이론과 실제. 학지사.

김애화, 임화경, 박성희(2009). 초등학생의 단어인지 특성 연구. 특수교육학연구, 44(2), 157-184.

김애화, 최한나, 김주현(2010). 초등학교 철자 부진 학생과 일반학생의 철자 특성 비교연구. 특수교육학연구, 45, 203-223.

민현식(2008). 한글 맞춤법 교육의 체계화 방안-문법 교육과 맞춤법 교육의 관계 정립을 위한 시론(試論)-. 국어교육연구, 21, 7-75.

배성미, 박현숙(2002). '협동적 쓰기' 교수가 초등 작문장애 학생의 쓰기표현력에 미치는 효과. *Communication Sciences and Disorders*, 7(2), 225-247.

신가영, 설아영, 조혜숙, 남기춘, 배소영(2015). 초등학생의 철자 발달과 오류 패턴 분석. 언어치료연구, 24(2), 61-72.

양민화(2006). 문자발달과정을 설명하는 범언어적인 이론과 문자간 철자발달의 비교연구 Review. 특수교육학연구, 41(3), 163-186.

이대규(2001). 국어교육론. 교육과학사.

이영자, 이종숙(1985). 비지시적 지도 방법에 의한 유아의 읽기와 쓰기 행동의 발달. 덕성여대 논문집, 14, 367-402.

이재승(2001). 글쓰기 교육의 원리와 방법: 과정중심접근. 교육과학사,

이태수, 서선진, 나경은, 이준석, 김우리, 이동원, 오유정(2017). 기초학습능력검사(NISE- Basic Academic Commetence Test: NISE-B · ACT). 국립특수교육원.

천경록, 염창권, 임성규, 김재봉(2001). 초등 국어과 교육론. 교육과학사.

Abbott, R. D., & Berninger, V. W. (1993). Structural equation modeling of relationships among developmental skills and writing skills in primary-and intermediate-grade writers. *Journal of Educational Psychology*, 85(3), 478-508.

Adams, M. J. (1990). *Beginning to read: Learning and thinking about print*. MIT Press.

Al Otaiba, S., Kosanovich, M. L., Torgesen, J. K., Kamhi, A. G., & Catts, H. W. (2012). Assessment and instruction for phonemic awareness and word recognition skills. *Language and reading disabilities*, 3, 112-140.

Apel, K., & Masterson, J. J. (2001). Theory-guided spelling assessment and intervention: A case study. *Language, Speech, and Hearing Services in Schools, 32*(3), 182-195.

Apel, K., Wilson-Fowler, E. B., Brimo, D., & Perrin, N. A. (2012). Metalinguistic contributions to reading and spelling in second and third grade students. *Reading and writing, 25,* 1283-1305.

Apel, K., Wolter, J. A., & Masterson, J. J. (2006). Effects of phonotactic and orthotactic probabilities during fast mapping on 5-year-olds' learning to spell. *Developmental Neuropsychology, 29*(1), 21-42.

Ball, E. W., & Blachman, B. A. (1991). Does phoneme awareness training in kindergarten make a difference in early word recognition and developmental spelling? *Reading Research Quarterly, 26*(1), 49-66.

Bear, D. R., Templeton, S., Helman, L., & Baren, T. (2003). Orthographic development and learning to read in different languages. *English learners: Reaching the highest level of English literacy*, 71-95.

Beery, K. E., & Beery, N. A. (2010). *The Beery-Buktenica Developmental Test of Visual-Motor Integration: Administration, Scoring, and Teaching Manual* (6th ed.). NCS Pearson.

Bereiter, C. (1980). Development in writing. In W. Gregg & E. R. Steinberg (Eds.), *Cognitive processes in writing* (pp. 73-93). Erlbaum.

Berninger, V. W., & Winn, W. D. (2006). Implications of Advancements in Brain Research and Technology for Writing Development, Writing Instruction, and Educational Evolution. In C. A. MacArthur, S. Graham, & J. Fitzgerald (Eds.), *Handbook of writing research* (pp. 96-114). The Guilford Press.

Berninger, V. W., Vaughan, K., Abbott, R. D., Begay, K., Coleman, K. B., Curtin, G., Hawkins, J. M., & Graham, S. (2002). Teaching spelling and composition alone and together: Implications for the simple view of writing. *Journal of Educational Psychology, 94*(2), 291.

Blumenstock, L. (1996). Schritte auf dem Wege des frühen Schreibenlernens. In L. Blumenstock & E. Renner (Hrsg.), *Freies and angeleitetes Schreiben* (4. Aufl., S. 26-34). Beltz.

Bos, C. S., & Vaughn, S. (2002). *Strategies for teaching students with learning and behavior problems.* Allyn & Bacon.

Colarusso, R. P., Hammill, D. D. (1996). *Motor-free visual perception test-revised.* Academic Therapy Publications.

Ehri, L. C. (1987). Learning to read and spell words. *Journal of Reading Behavior, 19*(1), 5-31.

Ehri, L. C. (1989). The development of spelling knowledge and its role in reading acquisition and reading disability. *Journal of Learning Disabilities, 22*(6), 356-365.

Ehri, L. C. (1991). Development of the ability to read words. *Handbook of reading research, 2*, 383-417.

Ehri, L. C. (2000). Learning to read and learning to spell: Two sides of a coin. *Topics in Language Disorders, 20*(3), 19-36.

Ehri, L. C. (2005). Development of Sight Word Reading: Phases and Findings. In M. J. Snowling & C. Hulme (Eds.), *The science of reading: A handbook* (pp. 135-154). Blackwell Publishing. https://doi.org/10.1002/9780470757642.ch8

Frostig, M. (1972). Visual perception, integrative functions and academic learning. *Journal of Learning Disabilities, 5*(1), 1-15.

Goswami, U. (1992). *Analogical reasoning in children.* Lawrence Erlbaum Associates, Inc.

Graham, S. (1985). Teaching basic academic skills to learning disabled students: A model of the teaching-learning process. *Journal of Learning Disabilities, 18*(9), 528-534.

Graham, S. (1997). Treatment of handwriting problems in beginning writers: Transfer from handwriting to composition. *Journal of Educational Psychology, 89*(4), 652-666.

Graham, S. (1999). Handwriting and spelling instruction for students with learning disabilities: A review. *Learning Disability Quarterly, 22*, 78-98.

Graham, S., & Harris, K. R. (2003). Students with learning disabilities and the process of writing: A meta-analysis of SRSD studies. In H. L. Swanson, K. R., & S. Graham(Eds.), *Hnadbook of research on learning disabilities* (pp. 323-344). Guilford Press.

Graham, S., Harris, K., & Larsen, L. (2001). Prevention and intervention of writing difficulties for students with learning disabilities. *Learning Disabilities Research, 16*(2), 62-73.

Henerson, J. L. (1985). The Self in Review. *Journal of Analytical Psychology, 30*(3), 243-246.

Houck, C. K., & Billingsley, B. S. (1989). Written expression of students with and without disabilities: Difference across the grades. *Journal of Learning Disabilities, 22*, 561-572.

Hoy, C., & Gregg, N. (1994). *Assessment: The special educator's role.* Brooks.

Hulme, C., & Snowling, M, J. (2009). *Developmental disorders of language learning and cognition.* Wiley-Blackwell.

Kamhi, A., & Catts H. W. (2012). *Language and reading disabilities* (3rd ed.). Pearson.

Kim, Y.-S. G., & Schatschneider, C. (2017). Expanding the developmental models of writing: A direct and indirect effects model of developmental writing (DIEW). *Journal of Educational Psychology, 109*(1), 35-50.

Lamme, L. L. (1985). *Growing up reading.* Acropolis.

Masterson, J. J., & Apel, K. (2000). Spelling assessment: Charting a path to optimal intervention. *Topics in Language Disorders, 20*(3), 50-65.

Mather, N., & Roberts, R. (1995). *Informal assessment and instruction in written language: A practitioner's guide for students with learning disabilities.* Wiley.

Mercer, C. D., & Mercer, A. R. (2005). *Teaching students with leaning problems.* Prentice Hall.

Miller, W. H. (2000). *Strategies for developing emergent literacy.* McGraw-Hill.

Moats, L. C. (1991). *Teaching is rocket science.* American Federation of Teachers.

Nagy, W., Berninger, V. W., & Abbott, R. D. (2006). Contributions of morphology beyond phonology to literacy outcomes of upper elementary and middle-school students. *Journal of Educational Psychology, 98*(1), 134-147.

Perfetti, C. A. (2011). Phonology is critical in reading: But a phonological deficit is not the only source of low reading skill. In S. A. Brady, D. Braze, & C. A. Fowler (Eds.), *Explaining individual differences in reading: Theory and evidence* (pp. 163-171). Psychology Press.

Perfetti, C. A., Zhang, S., & Berent, I. (1992). Reading in English and Chinese: Evidence for a "universal" phonological principle. In R. Frost & L. Katz (Eds.), *Orthography, phonology, morphology, and meaning* (pp. 227-248). North-Holland.

Pernet, C., Valdois, S., Celsis, P., & Démonet, J. F. (2006). Lateral masking, levels of processing and stimulus category: A comparative study between normal and dyslexic readers. *Neuropsychologia, 44*(12), 2374-2385.

Rivers, K. O., Lombardino, L. J., & Thompson, C. K. (1996). Effects of phonological decoding training on children's word recognition of CVC, CV, and VC structures. *American Journal of Speech-Language Pathology, 5*(1), 67-78.

Share, D. L. (2004). Orthographic learning at a glance: On the time course and developmental onset of self-teaching. *Journal of Experimental Child Psychology, 87*(4), 267-298.

Solomon, J., & Obrien, J. (2011). *Pediatric Skills for Occupational Therapy Assistants* (3rd ed.). Mosby.

Treiman, R., & Bourassa, D. C. (2000). The development of spelling skill. *Topics in language disorders, 20*(3), 1–18.

Wolter, J. A., & Apel, K. (2010). Initial acquisition of mental graphemic representations in children with language impairment. *Journal of Speech, Language, and Hearing Research, 53*(1), 179–195.

제**7**장

읽기 · 쓰기 평가 개요

　평가는 중재의 모든 과정에서 매우 중요한 요소이다. 평가의 목적은 진단적 목적과 학습 수행을 확인하고자 하는 교육적 목적이 있다. 전자는 **진단평가**로 장애 유무와 특성, 정도, 원인 등을 알아보는 평가이며, **수행평가**는 학습 수행 정도를 확인하는 것으로 중재 전에 목표에 대한 기초 능력을 알아보는 **기초선 평가**, 중재 중에 목표에 대한 진전 정도를 확인하기 위한 **진전평가**, 중재 후의 전반적인 변화를 확인하기 위하여 실시하는 **종결평가** 등이 있다. 한편 평가는 문제 유무 확인하는 진단적 목적만 있는 것이 아니라, 효과적인 중재 계획을 세우기 위한 충분한 정보를 얻기 위함임을 잊지 않아야 한다.

　검사도구 등을 사용하거나 관찰을 통하여 어떤 상태에 대한 수량, 특성을 파악하는 것은 **측정**Measurement, 측정된 수와 양이 질적인 의미를 파악하여 어떤 결정을 내리는 것은 **사정**Assessment, 이를 토대로 중재 방향을 결정하는 총체적인 과정을 **평가**Evaluation라고 한다. **진단평가**evaluation는 정보를 체계적으로 수집하고 분석하여 현 상태와 문제의 원인을 파악한 후, 어떤 장애인지 분류하고 배치하는 것은 물론 어떤 교육과 중재를 할지 그 방향을 결정하는 과정을 말한다. 즉, 진단평가는 수집, 측정된 자료를 바탕으로 의사결정을 내리는 과정이다.

　진단평가는 어떤 자료를 수집하는지에 따라서 평가 결과는 달라질 수도 있고, 학습장애는 어떤 판별 모델을 채택하는가에 따라서도 진단 결과는 달라질 수 있다. 학습장애는 일반적인 학습에 부정적인 영향을 미치는 요인인 지적 능력의 결함이나 신체나 시청각 능력의 결손, 그리고 우울, 불안과 같은 정서적 요인이나 열악한 환경 등의 표면적으로 뚜렷한 학습곤란 요인을 배제하고도 학습에 심각한 곤란을 보이는 것으로, 진단평가가 쉽지만은 않다. 이 장에서는 학습장애 진단·평가도구를 살펴본 다음, 읽기·쓰기평가와 난독증 진단평가를 살펴본다.

1. 학습장애 선별 검사

학습장애 진단평가는 선별검사를 통해 학습장애 의심 학생을 대상으로 이루어지며, 학업에서의 곤란의 정도를 확인하기 위한 학습평가와 평균 이상의 인지 능력 확인을 위한 지능평가를 실시한다. 그리고 학습곤란의 원인이 정서·행동상의 문제로 인한 것인지, 혹은 학습곤란으로 인해 정서·행동의 2차적인 어려움이 발생했는지에 대한 평가 및 학습장애의 인지 특성을 확인하는 종합평가를 통해 이루어진다.

선별screening은 좀 더 정확하고 심도 있게 평가하기 위한 대상자를 뽑는 것이므로, 선별 단계에서는 대상자가 혹시라도 빠져나가지 않도록 선별 범위를 최대한 넓게 잡는 것이 좋다(이대식, 2017). 선별을 위해 사용할 수 있는 평가 방법은 체크리스트checklist, 평정척도rating scales, 직접관찰, 시·청각검사, 의학적 보고, 성적표, 중재기록, 교육력, 출석기록, 부모면담 기록 등이 있다. 선별검사 결과와 함께 교사, 치료사, 부모의 관찰보고서 등의 증빙자료도 함께 활용하는 것이 바람직하다.

국내 표준화된 학습장애 선별 검사 도구는 한국판 학습장애 평가척도(K-LDES, 신민섭, 조수철, 홍강의, 2007), 학습장애 선별검사(LDSS, 김애화, 신현기, 이준석, 2009) 등이 있다. 읽기장애 선별 검사는 BASA:EL(김동일, 2011)와 KOLRA(배소영 외, 2012)에 포함되어 있는 '읽기설문지' '낱말 읽기유창성' 등이 있다. 난독증 선별검사는 난독증 체크리스트(김윤옥 외, 2015) 등이 있다(제2장 참조).

1) K-LDES

한국판 학습장애 평가척도^{Korean version of Learning Disability Evaluation Scale: K-LDES}는 신
민섭, 조수철, 홍강의(2007)가 미국의 Learning Disability Evaluation Scale(LDES),
McCarney, 1988)을 국내 아동 대상으로 표준화한 것이다. K-LDES는 만 6세부터 만
11세까지의 아동들을 대상으로 학습문제를 평가하고 학습장애의 선별 및 진단에 유
용한 정보를 제공하기 위한 도구이다. K-LDES는 7개 하위척도(주의력, 생각하기, 말
하기, 읽기, 쓰기, 철자법, 수학적 계산)로 구성되어 있으며, 총 88문항이다.

표 7-1   K-LDES의 구성 내용

하위 척도	내용	문항 수
주의력	주의집중의 어려움을 평가	7
생각하기	시공간적 능력, 계기적 정보처리 능력 평가	17
말하기	말할 때 음을 빠뜨리거나, 단어를 전혀 틀리게 발음하거나, 대화를 잘 이어 가지 못하거나, 어휘력이 한정되어 있는 것 등을 평가	9
읽기	단어와 행, 문장들을 빼먹고 읽는 것과 같은 읽기의 정확성과 독해력을 평가	14
쓰기	반전 오류(글자나 숫자를 거꾸로 씀), 띄어쓰기에서의 어려움 등을 평가	14
철자법	철자법, 받아쓰기의 어려움 등을 평가	7
수학적 계산	수학적 연산과 수학적 추론에서의 어려움을 평가	20
총 문항 수		88

출처: 신민섭, 조수철, 홍강의(2007).

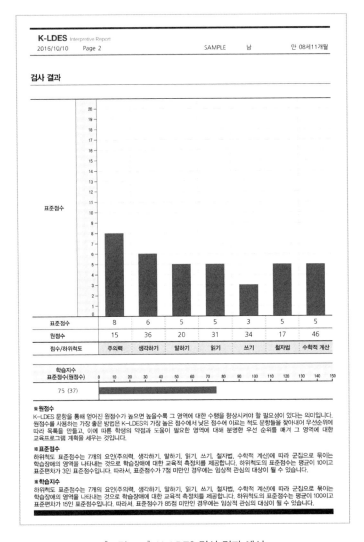

[그림 7-1] K-LDES 검사 결과 예시

2. 학습검사

대상의 학습 능력에 대한 정확한 확인을 위해서는 검사 도구별 특성을 면밀히 검토하여 대상의 연령과 수준을 고려하여 적합한 도구를 선택할 필요가 있다. 학령기 아동의 학습 수준을 확인할 수 있는 국내 표준화된 학업성취 검사 구성 요소를 정리하면 다음과 같다(〈표 7-2〉 참조).

표 7-2　국내 표준화된 학업성취 검사 도구

검사 도구명 및 저자	대상	구성 내용
기초학습기능검사 박경숙, 윤점룡, 박효정 (1989)	초등 1~ 6학년	정보처리, 셈하기, 읽기1(낱말 읽기), 읽기2(읽기이해), 쓰기
기초학력검사[KISE-BAAT] 박경숙 외(2008)	만 5~ 중등 2학년	읽기: 선수기능, 음독, 독해 쓰기: 선수기능, 표기 능력, 어휘구사력, 문장구사력, 글구사력 수학: 수, 도형, 연산, 측정, 확률과 통계, 문제해결
기초학습능력 검사[NISE-B · ACT] 이태수 외(2017)	만 5~ 중등 2학년	읽기: 음운 처리, 단어인지, 유창성, 어휘, 읽기이해 쓰기: 글씨 쓰기, 철자하기, 글쓰기 수학: 수와 연산, 도형, 측정, 규칙성, 자료와 가능성
한국판 웩슬러 기초 학습기능검사[K-WFA] 홍상황 외(2015)	유치원~ 고등 1학년	낱말 읽기, 읽고 이해하기, 쓰기, 셈하기
기초학습기능 수행평가 체제: 읽기[BASA: R] 김동일(2008)	초등 1~ 3학년	읽기: 읽기유창성, 빈칸 채우기
기초학습기능 수행평가 체제: 쓰기[BASA: WE] 김동일(2008)	초등 1~ 3학년	쓰기: 글쓰기
기초학습기능 수행평가 체제: 수학[BASA: M] 김동일(2008)	초등 1~ 3학년	수학: 덧셈, 뺄셈, 나눗셈, 곱셈
기초학습기능 수행평가 체제: 수학문장제[BASA: MP] 김동일(2018)	초등 3~ 6학년	문장제수학
기초학습기능 수행평가 체제: 초기문해[BASA: EL] 김동일(2011)	만 4세 이상	음운인식, 음운적 작업기억, 음운적 정보회상(RAN) 단어인지, 읽기유창성
기초학습기능 수행평가 체제: 초기수학[BASA: EN] 김동일(2011)	만 4세 이상	수 인식, 빠진 수 찾기, 수량 변별, 추정

한국어 읽기검사^{KOLRA} 배소영 외(2015)	초등 1~ 6학년	선별검사: 읽기 설문지, 낱말 읽기유창성 핵심검사: 해독, 읽기이해, 문단글 읽기유창성, 듣기이해 상세검사: 음운 처리 능력(음운인식, 빠른 이름 대기, 음운기억), 쓰기(받아쓰기, 주제 글쓰기)
읽기 성취 및 읽기 인지처리능력 검사^{RA-RCP} 김애화 외(2014)	초등 1~ 6학년	읽기 성취: 단어인지, 읽기유창성, 읽기이해 읽기 인지 처리 능력: 자모 지식, 빠른 자동 이름 대기, 음운기억, 문장 따라 말하기, 듣기이해, 어휘
쓰기 성취 및 쓰기 인지 처리능력 검사^{WA-WCP} 김애화, 김의정, 유현실(2020)	초등 1~ 6학년	쓰기 성취: 철자, 작문(이야기 글, 설명글) 쓰기 인지 처리 능력: 동음이철어, 표기코딩, 형태인식, 반대말, 비슷한말, 빠른 자동 이름 대기
종합학습능력검사: 읽기^{CLT-R} 정재승 외(2018)	유치원~ 중학생	낱말 읽기, 단락읽기, 음운인식, 음운작업기억, 빠른 자동 이름 대기, 낱자소리대응, 표기인식, 시각주의력, 숫자따라하기
아동 간편 읽기 및 쓰기 발달 검사^{QRW} 김영태 외(2021)	만 5세~ 초등 4학년	음운조작 능력, 읽기 능력, 쓰기 능력
초등 저학년을 위한 초기 문해력 검사 엄훈, 정종선(2021)	초등 1~ 2학년	음절글자읽기, 구절읽기, 읽기유창성, 문장받아쓰기

1) NISE-B · ACT

기초학습능력검사^{NISE- Basic Academic Commetence Test: NISE-B · ACT}는 이태수, 서선진, 나경은, 이준석, 김우리, 이동원, 오유정(2017)에 의해 표준화된 것으로 기존의 기초학력검사^{KISE-BATT}를 국립특수교육원에서 개정한 것이다. 만 5세부터 만 14세까지(유치원~중학교 3학년)의 학생을 대상으로 하며, 읽기, 쓰기, 수학의 인지 처리 지표를 포함하여 기초학습능력을 살펴볼 수 있도록 구성되어 있다. 학년이 높을수록 음운 처리, 글자/단어인지, 글씨 쓰기, 수와 연산과 같은 기초 능력은 필수검사에 포함되지 않지만, 대상의 학습 수준이 낮은 경우에는 반드시 실시해야 한다.

표 7-3　NISE-B · ACT의 구성 체계

검사 영역		읽기		쓰기		수학	
		내용	문항 수	내용	문항 수	내용	문항 수
검사 영역	음운 처리	음절 합성 음절 탈락 음절 변별 음절 대치 음소 변별 빠른 자동 이름 대기	44	쓰기준비도	7	수와 연산	105
				글씨 쓰기 / 글씨의 질	5		
	글자 · 단어 인지	글자인지 단어인지 (규칙 · 불규칙단어)	100	철자 하기 / 받아쓰기	11	도형	16
				옳은 철자	9		
				기억해서 쓰기	8		
	유창성	글 읽기유창성 문학, 비문학	2	문장 완성	10	측정	20
				문법 지식	9	규칙성	15
	어휘	단어 뜻, 반대, 유추	59	글쓰기 / 짧은 글짓기	5	자료와 가능성	14
	읽기 이해	문장 이해 짧은 글 이해 긴 글 이해	27	쓰기유창성	4		
총 문항 수			232		68		170

출처: 이태수 외(2017).

NISE-B · ACT의 채점결과는 국립특수교육원 검사 도구 홈페이지(https://www.nise-test.com)에서 각각의 소검사에 대한 원점수와 전체평균 점수를 제공한다. 원점수는 백분위점수, 환산점수, 학력지수로 변환되어 산출된다.

표 7-4　NISE-B · ACT의 학력지수에 대한 진단적 분류

학력지수	분류	포함 비율(%)
130 이상	최우수	2.3
115~129	우수	13.6
105~114	평균 상	21.2

95~104	평균	25.8
85~94	평균 하	21.2
70~84	학습지체	13.6
69 이하	심한 학습지체	2.3

기초학력검사Korea Institute for Special Education-Basic Academic Achievement Test: KISE-BAAT (박경숙 외, 2008)는 가형과 나형 2종의 동형검사로 구성되어 있으며, 구성 내용은 〈표 7-5〉에 제시된 바와 같다.

표 7-5 **KISE-BAAT의 구성 체계**

			읽기		쓰기		수학	
			내용	문항 수	내용	문항 수	내용	문항 수
검사 영역	선수기능	도형, 낱자 낱말 변별		45	선수기능	60	수	129
	음독 능력	낱자, 낱말, 문장 읽기		75	표기 능력	60	도형	72
	독해 능력	낱말이해		60	어휘구사력	60	연산	282
		문장 완성		30	문장구사력	60	측정	180
		어휘선택		30	글구사력	60	확률과통계	54
		어휘배열		30			문제해결	63
		짧은 글 이해		90				
총 문항 수				360		300		780

출처: 박경숙 외(2008).

2) K-WFA

한국판 웩슬러 기초학습기능검사Korean Wechsler Fundamentals: Academic Skills: K-WFA(2015)는 미국 웩슬러 기초학습기능검사Wechsler Fundamentals: Academic Skills: WFA(2008)를 한국판으로 번안한 것으로, 홍상황, 황순택, 김지혜, 박중규(2015)에 의해 표준화한 성취 검

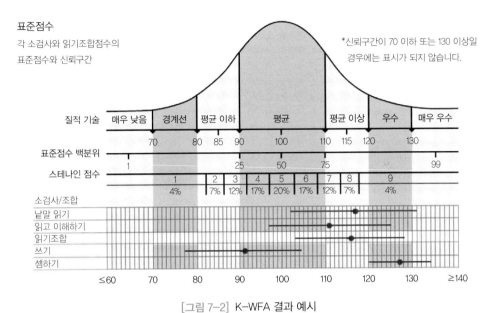

[그림 7-2] K-WFA 결과 예시

출처: 한국심리주식회사(n.d.).

사 도구이다. 읽기, 쓰기 및 셈하기 영역의 광범위한 기술들을 측정하기 위한 성취검
사이다. 낱말 읽기, 읽고 이해하기, 쓰기 및 셈하기의 4가지 검사로 구성되어 있으며,
낱말 읽기와 읽고 이해하기 점수를 합해서 읽기조합 점수를 산출한다. 대상은 유치
원부터 고등학교 1학년까지 가능하며, 검사별 연령에 따라 시작점과 중지점이 제시
되어 있다.

K-WFA 검사 결과는 한국심리주식회사 홈페이지(http://www.koreapsy.co.kr)에서
제공하는 채점 프로그램으로 확인할 수 있다.

3) BASA

기초학습기능 수행평가체제Basic Academic Skills Assessment: BASA는 김동일(2000)이 개발
한 것으로, 읽기, 쓰기, 수학 영역이 각 별도로 구성되어 있다. BASA는 교육과정중심
측정Curriculum-Based Measurement검사의 측정학적 특성 및 절차를 반영하여 표준화된 검
사로, 기초평가와 형성평가로 구성되어 있다.

(1) BASA: R

BASA 읽기검사Basic Academic Skills Assessment: Reading(김동일, 2008)는 읽기의 정확성과 유창성을 측정하기 위한 구두 읽기검사와 읽기 독해력을 측정하기 위한 선택형 빈칸 채우기 검사로 구성되어 있다. 구두 읽기검사의 경우, 주어진 3개의 읽기자료를 각각 학생이 1분 동안 얼마나 정확하게 많이 읽었는지를 측정하게 된다. 선택형 빈칸 채우기 읽기 검사는 집단용 읽기검사로서, 3분 동안 문맥에 맞는 적절한 단어를 선택하는 문항으로 구성되어 있다. 규준은 초등 1학년부터 초등 3학년까지 제시되어 있다.

박○○의 BASA: R 결과, 현재 학년점수는 1.8학년으로 현재 학년이 3.7학년과 비교할 때, 1.9학년의 차이를 보이고 있다. 읽기 백분위점수가 11%ile, 단계는 현재 4단계로 기초 읽기 능력 향상을 위하여 지도가 필요하다. 빈칸채우기 검사 결과는 기초 독해력 수준을 보여 주는 것으로, 현재 학년 점수 2.2학년 수준으로 나타났다. 본 아동은 현재 읽기유창성과 독해 능력이 학년 수준보다 지체되어 있으며, 읽기지도가 필요하다.

표 7-6　BASA: R 결과 예시

이름		박○○	검사자	나○○
성별		남	검사 실시일	2008년 11월 29일
학교명		○○초등학교	생년월일	2000년 2월 24일
학년, 반		3학년 1반	검사 시 연령	8년 9월 5일
읽기검사 1회	①	원점수		176
읽기검사 2회	②	원점수		162
읽기검사 3회	③	원점수		208
읽기 수행 수준	④	원점수(중앙값)		176
	⑤	T점수(중앙값)		38.19
	⑥	백분위점수(중앙값)		11
	⑦	백분위점수 단계		4단계
	⑧	현재 수준 설명		기초 읽기 능력 향상을 위하여 지도를 부탁드립니다.
	⑨	현재 학년		3.7
	⑩	학년 점수(중앙값)		1.8

	⑪	학년 차이(학년 점수−현재 학년)	1.9
	⑫	월 진전도	6+
빈칸 채우기	⑬	원점수	6
	⑭	백분위점수	13
	⑮	T점수	36.31
	⑯	학년 점수	2.2

표 7–7　BASA: R의 백분위점수 단계와 현재 수준 설명

단계	백분위	현재 수준 설명
1단계	95%ile 초과	매우 우수한 읽기 수준입니다.
2단계	86~95%ile	우수한 읽기 수준입니다.
3단계	16~85%ile	정상적인 읽기 수준입니다.
4단계	6~15%ile	기초 읽기 능력 향상을 위하여 지도를 부탁드립니다.
5단계	5%ile 이하	전반적으로 지속적인 읽기 지도가 필요합니다.

출처: 김동일(2008).

(2) BASA: WE

BASA 쓰기검사Basic Academic Skills Assessment: Written Expression(김동일, 2008)는 제한된 시간 내에 촉진 문장 뒤에 이어질 글을 산출하는 능력으로 쓰기를 측정하는 검사이다. 초등 1학년부터 주제를 제시하고 생각할 시간을 1분 준 다음, 3분 동안 작문을 하도록 한다. 학생이 산출한 글의 총 음절 수, 정확한 음절 수 등의 양적 기준을 적용한 정량적 평가를 기본으로 하며, 규준은 1학년부터 6학년까지 제시되어 있다. 부가적으로 글의 형식, 조직, 문체, 표현, 내용, 주제별로 질점 점수 기준이 1~5점으로 제시되어 있어 정성적 평가도 할 수 있다.

표 7–8　BASA: WE 결과 예시

이름	김○○	검사자	최○○
성별	여	검사 실시일	2008년 6월 26일
학교명	○○초등학교	생년월일	1999년 5월 25일

학년, 반			3학년 7반	검사 시 연령	9년 1월 1일
쓰기유창성 수준	①		원점수		72
	②		T점수		42.34
	③		백분위점수		32%ile
	④		백분위점수 단계		3단계
	⑤		현재 수준 설명		정상적인 쓰기 수준입니다.
	⑥		현재 학년		3.3
	⑦		학년 점수(중앙값)		2.9
	⑧		학년 차이(학년 점수−현재 학년)		0.4
	⑨		월 진전도		2+
정성적 평가 결과 (선택)		영역	수준		
	⑩	형식	2	−글의 종류에 알맞은 형식 및 구성 요소들을 갖추고 있지 않습니다.	
	⑪	조직	2	−문장 및 단락 간의 연결과 글의 형식 및 구성 요소들의 조직이 대부분 자연스럽지 않습니다.	
	⑫	문체	3	−어휘의 선택이 무난하며, 구체적이고, 정확하게 표현한 노력들이 보입니다. −어휘의 사용이 틀에 박혀 있지 않고, 다양한 어휘를 사용하고자 시도하고 있습니다.	
	⑬	표현	3	맞춤법, 문장부호, 띄어쓰기를 비교적 잘 지키고 있습니다.	
	⑭	내용	3	−글의 주제와 관련된 내용을 적당히 포함하고 있습니다. −글의 내용이 다소 일관성이 있습니다.	
	⑮	주제	3	−글을 쓴 목적이나 동기가 다소 드러나 있습니다. −글의 주제나 중심 내용이 다소 드러나 있습니다.	
제언	⑯		김○○ 학생의 글은 주제와 관련된 내용을 적당히 포함하고 있으며, 내용이 다소 일관성이 있습니다. 하지만 문장 및 단락 간의 연결과 글의 형식 및 구성 요소들의 조직이 대부분 자연스럽지 않습니다. 따라서 김○○ 학생의 글이 보다 매끄럽게 구성될 수 있도록 접속어의 기능과 실제 문장에서 접속어가 어떻게 사용되는지, 문장 수준에서 글 수준으로 점차 확장하면서 재미있는 놀이와 활동을 통해 지도할 필요가 있습니다.		

(3) BASA: M

BASA 수학검사 Basic Academic Skills Assessment: Math(김동일, 2006)는 제한된 시간에 연산 문제를 빠르고 정확하게 푸는 능력으로 연산 능력을 측정하는 검사이다. 규준은 초등 1학년부터 초등 3학년까지 제시되어 있다.

BASA: M은 I 단계 1학년 수준 연산문제, II단계 2학년 수준 연산문제, III단계 3학년 수준 연산문제와 1, 2, 3학년 수준을 모두 다루는 통합단계로 총 네 가지 검사로 구성되어 있다. 학년수준에 해당하는 단계와 통합단계 두 종류를 실시하는데, 1학년은 I 단계와 통합단계, 2학년은 II단계와 통합단계, 3학년은 III단계와 통합단계 검사를 단계별로 2분 동안 실시한다.

BASA: M 채점은 정답인 경우 자릿수만큼 원점수를 부여받으며, 오답인 경우 맞은 숫자는 점수를 받을 수 있다. 예를 들어, 48−4=44라고 하였으면 2점, 24라고 하였다면 1점을 받게 된다. 곱셈과 나눗셈의 경우 부분 계산을 통해 각 단계별 부분 점수를 적용한다. 예를 들어, 28*19는 총 9점까지 받을 수 있다. 검사 결과, 백분위가 15%ile 이하인 경우에는 아래 학년 단계의 검사를 실시한다.

(4) BASA: MP

BASA 수학문장제검사 Basic Academic Skills Assessment: Math word Problems(김동일, 2018)는 제한된 시간에 문장제 수학 문제를 빠르고 정확하게 푸는 능력으로 측정하는 검사이다. 실시대상 및 규준은 초등 3학년부터 초등 6학년까지로 되어 있다.

(5) BASA: EL

BASA 초기문해검사 Basic Academic Skills Assessment: Early Literacy는 김동일(2011)이 읽기 어려움으로 읽기장애 위험이 있는 아동들을 예측, 조기선별하기 위해 대상 아동의 발달 과정상의 잠재적인 변화와 성장을 고려하여 반복 측정(기초평가와 형성평가)하도록 개발되었다. BASA: EL은 음운 처리 과정 검사와 초기 읽기검사로 이루어져 있다 (〈표 7−9〉 참조). 음운 처리 과정 검사에 포함된 음운인식 능력, 음운적 작업기억 능력, RAN(빠른 명명하기)는 읽기를 예측하는 변인들로 읽기 인지 처리 지표에 해당하는 영역이다.

표 7-9   BASA: EL의 구성

내용			문항 수	
음운 처리 과정	음운인식 능력	음절	변별	8	20
			탈락	4	
			합성	4	
			대치	4	
		음소	변별	8	26
			탈락	6	
			합성	6	
			대치	6	
	음운적 작업기억 능력	숫자 따라 외우기		4	
		숫자 거꾸로 외우기		4	
		무의미단어 회상		8	
	RAN	색깔		25	
		사물		25	
초기 읽기검사	단어인지			30	
	읽기유창성			1	

출처: 김동일(2011).

(6) BASA: EN

BASA 초기수학검사Basic Academic Skills Assessment: Early Numeracy는 김동일(2011)에 의해 개발된 것으로 수의 의미를 이해하고 수들의 관계를 정의할 수 있는 능력인 수감각 능력 검사이다. 검사는 수 인식, 빠진 수 찾기, 수량 변별, 추정 검사로 이루어져 있다.

표 7-10   BASA: EN의 구성

평가 영역		문항 수
수 인식	1~100의 수를 빠르고 정확하게 읽는 능력	80
빠진 수 찾기	1~20의 수의 배열 규칙을 찾아 빠진 수를 인식하는 하는 능력	30
수량 변별	1~20의 수 중 제시되는 두 수 중 큰 수를 변별하는 능력	40
추정	1~20의 수 중 수직선 위에서 수의 위치를 추정해 보는 능력	30

출처: 김동일(2011).

4) KOLRA

한국어 읽기검사KOrean Language-based Reading Assessment: KOLRA은 배소영, 김미배, 윤호
진, 장승민(2012)이 언어에 기반을 둔 읽기평가도구다. KOLRA는 핵심검사와 상세검
사, 선별검사로 이루어져 있으며, **선별검사**는 낱말 읽기유창성과 읽기설문지로 구성
되어 있으며, 진단검사를 바로 실시하고자 하는 경우에는 선별검사를 실시하지 않아
도 된다.

핵심검사는 해독, 읽기이해, 듣기이해, 문단글 읽기유창성 영역이 포함되며, 상세검
사는 음운 처리 능력과 쓰기영역이 포함된다. KOLRA는 의미낱말, 무의미낱말별로
자소-음소 일치형과 불일치형이 각각 20개씩 구성된 80개 낱말의 해독 능력으로 아

표 7-11 **KOLRA 검사 구성**

검사	평가 영역			문항 수
선별검사	읽기 설문지			10
	낱말 읽기유창성			50
핵심검사	해독	의미낱말	자소-음소 일치형	20
			자소-음소 불일치형	20
		무의미낱말	자소-음소 일치형	20
			자소-음소 불일치형	20
	읽기이해			24
	문단글 읽기유창성			1
	듣기이해			18
상세검사	음운 처리 능력	음운인식	음절 탈락	5
			음소 탈락	10
			음절 합성	5
			음소 합성	10
		빠른 이름 대기(숫자, 글자)		2
		음운기억		20
	쓰기	받아쓰기		15
		주제 글쓰기		1

출처: 배소영 외(2015).

동의 해독수준을 파악할 수 있으며, 듣기이해를 통해 언어이해 수준을 파악할 수 있다. 문장의 빠진 부분을 완성하게 하는 읽기이해와 학년 수준별로 마련된 문단글 읽기유창성이 포함되어 있어 읽기 영역별로 수준을 파악할 수 있으며, 받아쓰기와 작문을 포함하고 있어 쓰기 수준도 파악할 수 있다. 또한 읽기 인지 처리 지표에 해당하는 음운인식과 빠른 이름 대기, 음운작업기억 등 음운 처리 능력을 알 수 있는 내용이 모두 포함되어 있다.

KOLRA 검사 결과는 인싸이트 홈페이지(http://inpsyt.co.kr)에서 제공하는 온라인 채점프로그램을 이용할 수 있으며, 제시한 결과는 다음과 같이 해석할 수 있다. 초등학교 2학년인 김00은 해독 원점수 13점으로 표준점수 33(백분위 1%ile 미만), 읽기이해 원점수 1점으로 표준점수 83(백분위 13%ile), 문단글 읽기유창성 원점수 7.3점으로 표준점수 66(백분위 1%ile), 듣기이해 원점수 10점으로 표준점수 111(백분위 77%ile)로 듣기이해 어려움은 없으나, 해독, 읽기이해, 문단글 읽기유창성에서 어려움을 보이고 있으며, 해독에서의 어려움이 가장 큰 것으로 나타났다. 지수로 살펴보면, 읽기지수1(해독+읽기이해) 표준점수 44, 읽기지수2(해독+읽기이해+읽기유창성) 표준점수 48로, 읽기지수는 1학년 평균 미도달 수준에 해당한다. 읽기·언어지수1(해독+읽기이해+듣기이해) 표준점수 70, 읽기·언어지수2(해독+읽기이해+읽기유창성+듣기이해) 표준점수 75로, 읽기·언어지수는 0.3학년 수준으로 읽기지체가 심각한 수준이다.

해독 능력을 좀 더 자세히 살펴보면, 의미낱말은 원점수 9점, 무의미낱말은 4점, 자소-음소 일치형 낱말에서는 7점, 자소-음소 불일치형 낱말에서는 2점을 받아 해독 능력의 백분위지수는 5%ile 미만으로, 현재 의미가 있는 자소-음소 일치형과 불일치형 의미낱말을 조금 읽지만 무의미낱말과 같이 자소-음소 대응 지식으로 해독하는 낱말은 읽지 못하는 것으로 나타났다.

쓰기 결과, 받아쓰기 원점수 2점으로 백분위지수 5%ile 미만의 수행력을 보였으며, 주제 글쓰기는 실시 불가하였다.

해독 어려움의 원인을 좀 더 자세히 보기 위한 상세검사 결과, 음운인식 원점수 8점(백분위지수 5%ile 미만)으로 음절인식만 부분적으로 가능한 수준이며, 빠른 이름 대기에서는 원점수 34.5점(백분위지수 10~25%ile)으로 음운회상이 조금 느린 편이며, 음운기억검사는 원점수 65점(백분위지수 25%ile 이상)으로 어려움이 없는 것으로 나타났다. 아동의 낮은 음운인식 능력은 낮은 해독 능력과 무관하지 않다.

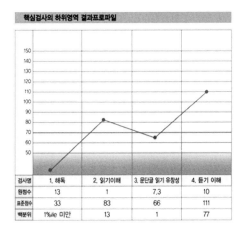

[그림 7-3] KOLRA 결과 예시

5) RA-RCP

읽기 성취 및 읽기 인지 처리 능력 검사test of Reading Achievement & Reading Cognitive Processes Ability; RA-RCP는 김애화, 김의정, 황민아, 유현실(2013)이 읽기 성취 그리고 읽기와 관련된 인지 처리 능력을 측정하여 읽기장애 진단과정에 활용하고자 개발한 도구다. 대상은 초등학교 1학년부터 6학년이며, 어휘 영역의 소검사를 제외한 모든 검사는 개별로 실시한다.

RA-RCP는 읽기 능력 및 어휘를 포함한 읽기 인지 처리 능력을 모두 평가할 수 있는 도구로, 검사는 90분에서 120분 정도 소요된다. RA-RCP는 읽기 성취검사는 단어인지, 읽기유창성, 읽기이해로 구성되며, 읽기 인지 처리 능력 검사는 자모 지식, 빠른 자동이름 대기, 음운기억, 문장 따라 말하기, 듣기이해, 어휘로 구성되어 있다.

표 7-12 **RA-RCP 구성**

검사	평가 영역		문항 수
읽기 성취 검사	단어인지	고빈도 음운변동 의미단어	40
		저빈도 규칙 의미단어	40
		저빈도 음운변동 의미단어	40
		규칙 무의미단어	40

	읽기유창성	음운변동 무의미단어	40
		이야기 글	1
		설명글	1
	읽기이해	이야기 글	6
		설명글	7
읽기 인지 처리 능력 검사	자모 지식	자음이름	18
		모음이름	21
		초성소리	18
		종성소리	16
	빠른 자동 이름 대기	글자	1
	음운기억	숫자 바로 따라하기, 숫자 거꾸로 따라하기	6
	문장 따라 말하기	문장 따라 말하기	36
	듣기이해	이야기 글	7
	어휘	반대말	25
		비슷한말	25
총 문항 수			388

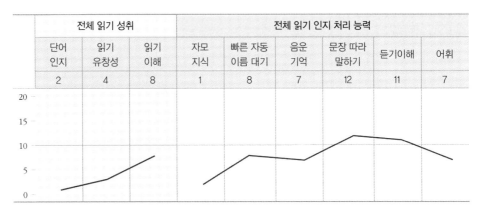

전체 읽기 성취			전체 읽기 인지 처리 능력					
단어 인지	읽기 유창성	읽기 이해	자모 지식	빠른 자동 이름 대기	음운 기억	문장 따라 말하기	듣기이해	어휘
2	4	8	1	8	7	12	11	7

[그림 7-4] RA-RCP 결과 예시

출처: 김애화 외(2014).

6) QRW

아동 간편 읽기 및 쓰기 발달 검사Quick Assessment of Childhood Reading and Writing: QRW는 김영태, 제현순, 정경희, 김영란, 배소영, 최은정, 정상임, 김효창(2021)이 난독증 위험 아동을 짧은 시간에 효율적으로 평가하기 위해 개발한 검사도구이다. QRW는 음운인식(음절, 음절체와 종성 세 음운 단위 수준에서 합성, 분리, 생략), 읽기(글자소, 낱말, 문장), 받아쓰기(규칙단어, 불규칙단어)로 구성되어 있다.

표 7-13 QRW 내용

내용			문항 수
음운조작 능력	음절 조작	음절 합성	2
		음절 분리	2
	음성체와 종성 조작	음절체-종성 합성	2
		음절체-종성 생략	2
	음소 조작	음소 분리	2
		음소 합성	2
읽기 능력	글자소	모음	8
		이중모음	11
		자음	19
	단어	의미낱말 읽기	3
		무의미낱말 읽기	3
	문장	유의미문장	21
		무의미문장	7
쓰기 능력	단어 쓰기		11
	문장 쓰기		29
총 문항 수			124

출처: 김영태 외(2021).

3. 지능검사

학습에 어려움이 있다면, 학습장애로 인한 것이지, 다른 요인이 원인인지 혹은 학습장애와 공존하는 문제가 있는지 등을 확인하기 위해서는 지능검사를 통해 확인하는 과정이 필요하다. 읽기·쓰기와 같은 학습에 어려움을 보이나 인지 능력에 어려움이 없다면 학습장애로 진단될 가능성이 높다. 학습과 관련된 요인들에 대한 종합적인 분석을 통해 대상이 난독증인지, 경계선급지능 아동인지, 주의력 문제(ADHD)로 인한 것인지, 낮은 인지(지적장애)로 인한 것인지, 심리적인 문제인지, 교육 경험의 부재로 인한 읽기부진인지 등을 파악할 수 있다.

지능지수(IQ)Intelligence Quotient는 지적 능력 결과를 수치로 환산한 지수로서 표준화된 지능검사 도구로 측정할 수 있다. 이 장에서는 표준화된 지능검사 중 가장 많이 활용되고 있는 웩슬러 지능검사 아동용 K-WISC-V, 유아용 K-WPPSI-IV와 비언어성 지능검사 K-CTONI-2를 소개한다. 학습장애 판별 모델의 하나인 인지 처리 과정 결함 모형으로 학습장애를 진단 내리기 위해서는 지능의 구성 요소에 대한 심도 깊은 이해가 필요하나, 이 책에서는 학습장애로 진단받은 아동의 웩슬러 지능 결과 프로파일을 소개하는 정도로만 언급한다.

표 7-14 **국내 표준화된 지능검사 도구**

검사 도구명 및 저자	대상	구성 내용
한국 웩슬러 아동 지능검사 5판K-WISC-V (곽금주, 장승민, 2019)	만 6~16세	언어이해(공통성, 어휘, 이해, 상식) 시공간(토막짜기, 퍼즐) 유동추론(행렬추리, 무게비교, 공통그림찾기, 산수) 작업기억(숫자, 그림기억, 순차연결) 처리속도(기호쓰기, 동형찾기, 선택)
한국 카우프만 아동 지능검사 2KABC-II 문수백(2014)	만 3~18세	순차처리(단어배열, 수회생, 손동작) 동시처리(빠른길찾기, 삼각형, 관계유추, 얼굴기억, 그림통합, 블록세기) 계획력(형태추리, 이야기완성) 학습력(이름기억, 암호해독, 이름기억-지연, 암호해독-지연) 지식(수수께끼, 표현어휘, 언어 지식)

종합인지기능 진단검사^{CAS} 문수백 외(2007)	만 5~12세	계획기능(숫자짝짓기, 부호쓰기, 순서잇기) 주의집중(표현주의력, 숫자찾기, 수용주의력) 동시처리(도형유추, 언어공간관계, 도형기억) 연속처리(단어계열, 문장반복, 말하기 속도, 문장 이해)
한국 비언어 지능검사 2판^{K-CTONI-2} 박혜원(2013)	만 5~60세	그림척도(그림유추, 그림범주, 그림순서) 도형척도(도형유추, 도형범주, 도형순서)

1) K-WISC-V

한국 웩슬러 아동지능검사 5판^{Korean-Wechsler Intelligence Scale for Children-Fifth Edition: K-WISC-V}은 미국의 Wechsler가 1946년에 개발한 웩슬러 지능검사를 2010년에 개정한 WISC-V를 토대로 곽금주, 장승민(2020)이 국내 아동을 대상으로 표준화한 아동용 개인 지능검사 도구이다. K-WISC-V는 만 6세부터 16세 아동을 대상으로 종합적인 인지 능력을 평가할 수 있다.

K-WISC-V는 언어이해, 시공간, 유동추론, 작업기억, 처리속도 5개 지표와 16개의 소검사로 구성되어 있으며, 구체적인 내용은 〈표 7-16〉과 같다. 검사는 16개의 소검사중에서 10개의 주요소 검사를 실시하며, 검사소요 시간은 65분에서 80분 정도 소요된다. 검사자의 판단에 따라 추가적인 보충검사를 실시할 수 있다. 검사 결과는 인싸이트 홈페이지(http://inpsyt.co.kr)에서 제공하는 온라인 채점 프로그램을 이용할 수 있으며, 제시한 결과는 다음과 같이 해석할 수 있다.

지표점수 분석

지표		환산점수 합	지표점수	백분위	신뢰구간(95 %)	진단분류(수준)	측정표준오차 (SEM)
언어이해	VCI	24	111	77	102-118	평균 상	5.61
시공간	VSI	21	103	57	94-111	평균	5.17
유동추론	FRI	26	117	87	108-123	평균 상	3.91
작업기억	WMI	17	92	29	85-100	평균	4.37
처리속도	PSI	16	89	24	82-99	평균 하	5.11
전체 IQ	FSIQ	77	107	69	101-113	평균	3.42

신뢰구간은 추정값의 표준오차(SEE)를 사용하여 산출하였습니다.

※. 진단분류(수준) 명칭 중 '경계선' 수준이 '낮음'으로 변경되었습니다(자세한 내용은 본사 공지사항 참고).

지표점수 프로파일

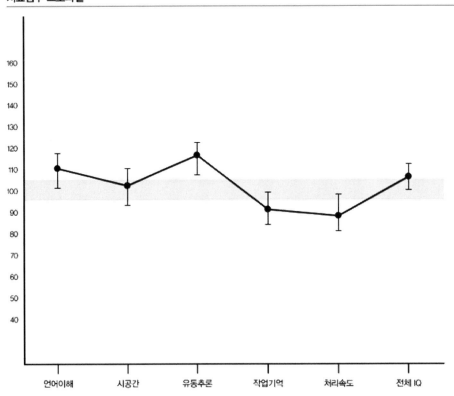

소검사 점수 분석

지표	소검사		원점수	환산점수	백분위	추정연령	측정표준오차 (SEM)
언어이해	공통성	SI	22	11	63	8:10	1.18
	어휘	VC	16	13	84	9:2	1.59
	(상식)	IN	4	2	0.4	<6:2	1.45
	(이해)	CO	16	13	84	9:10	1.32
시공간	토막짜기	BD	34	11	63	8:10	1.51
	퍼즐	VP	16	10	50	7:6	1.13
유동추론	행렬추리	MR	21	13	84	11:2	1.21
	무게비교	FW	23	13	84	9:6	0.73
	(공통그림찾기)	PC	10	10	50	7:6	1.25
	(산수)	AR	12	8	25	6:10	1.02
작업기억	숫자	DS	23	10	50	7:10	0.90
	그림기억	PS	16	7	16	<6:2	1.22
	(순차연결)	LN	12	9	37	7:2	1.06
처리속도	기호쓰기	CD	31	6	9	<6:2	1.06
	동형찾기	SS	36	10	50	7:10	1.35
	(선택)	CA	36	5	5	<6:2	1.44

* FSIQ 점수 산출에 필요한 소검사는 볼드체로 표기되어 있습니다.
추가 소검사는 괄호로 표기되어 있습니다.

소검사 환산점수 프로파일

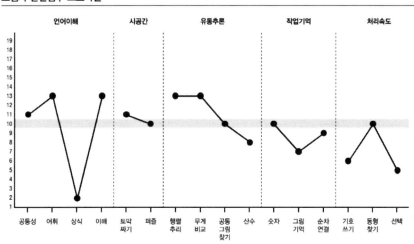

추가지표점수 분석

추가지표		환산점수 합	지표점수	백분위	신뢰구간 (95 %)	진단분류(수준)	측정표준오차 (SEM)
양적추론	QRI	21	103	57	96-110	평균	3.62
청각작업기억	AWMI	19	97	43	90-105	평균	3.87
비언어	NVI	60	100	50	94-106	평균	3.34
일반능력	GAI	61	115	84	108-120	평균 상	3.91
인지효율	CPI	33	88	22	82-96	평균 하	4.13

※. 진단분류(수준) 명칭 중 '경계선' 수준이 '낮음'으로 변경되었습니다(자세한 내용은 본사 공지사항 참고).

[그림 7-5] K-WISC-Ⅴ 결과 예시

K-WISC-V의 검사 결과는 전체 IQ와 함께 5개의 지표점수인 언어이해(VCI),시공
간(VSI), 유동추론(PRI), 작업기억(WMI), 처리속도(PSI)를 제시한다. 검사 결과의 합
산 점수는 다음 〈표 7-15〉의 기준으로 분류되어 아동의 판단 준거가 된다.양적추론
(QRI), 청각작업기억(AWMI), 비언어(NVI), 일반 능력(GAI), 인지효율(CPI)로 추가지
표점수도 제공한다.

표 7-15 **K-WISC-Ⅴ 결과 판단 분류 준거**

합산점수	분류	포함 비율(%)
130 이상	최우수	2.2
120~129	우수	6.7
110~119	평균 상	16.1
90~109	평균	50
80~89	평균 하	16.1
70~79	경계선	6.7
69 이하	매우 낮음	2.2

출처: 곽금주, 장승민(2019).

표 7-16 **K-WISC-Ⅴ 검사 구성내용**

검사 구성		측정 내용	추가지표점수				
			양적 추론 (QRI)	청각 작업 기억 (AWMI)	비언어 (NVI)	일반 능력 (GAI)	인지 효율 (CPI)
언어 이해 (VCI)	공통성 (SI)	언어적 추론, 개념 형성, 언어적 문제해결 능력 청각적 이해, 기억, 비본질적인 것과 본질적인 특성 간의 구분과 언어적 표현				○	
	어휘(VC)	개인의 획득된 지식과 언어적 개념 형성				○	
	이해 (CO)	언어적 추론과 개념화, 언어적 이해와 표현, 과 거 경험 평가 및 사용 능력					
	상식 (IN)	일반적이고 사실적인 지식을 획득, 유치, 인출 하는 능력					

영역	소검사	설명				
시공간 (VSI)	토막짜기 (BD)	추상적 시각 자극을 분석하고 종합하는 능력, 비언어적 개념 형성, 시지각 및 시각적 조직화, 시공간적 문제해결, 시각적 비언어적 추론, 동시처리, 시각-운동협응, 학습, 시각적 자극에서 전경과 배경을 분리해 내는 능력		○	○	
	퍼즐(VP)	정신적 조작, 비운동적 구성 능력 및 추상적인 시각 자극을 분석하고 통합하는 능력		○		
유동 추론 (PRI)	행렬추리 (MR)	비언어적 추론, 유추적 추론, 비언어적 문제해결, 공간적 시각화에 대한 측정		○	○	
	무게비교 (FW)	양적 균등 개념을 적용하는 능력, 일치, 덧셈, 곱셈을 적용하는 능력	○	○	○	
	공통그림 찾기 (PC)	추상화와 범주적 추론 능력, 공통성 검사와 비언어적 대응 관계				
	산수(AR)	정신적 조작, 집중력, 주의력, 수와 관련된 추론 능력, 기민함	○			
작업 기억 (WMI)	숫자 (DS)	청각적 단기기억, 계열화 기술, 주의력, 집중력 따라 하기는 기계적 암기학습과 기억, 주의력, 부호화, 청각적 처리 거꾸로 따라하기는 작업기억, 정보 변환, 정신적 조작, 시공간적 형상화		○		○
	그림기억 (PS)	시각적 작업기억, 작업기억 용량, 주의집중, 반응억제, 시각 처리, 시각적 즉각기억, 언어적 작업기억 능력		○		○
	순차연결 (LN)	계열화, 정신적 조작, 주의력, 유연성, 청각적 작업기억, 시공간적 형상화	○			
처리 속도 (PSI)	기호쓰기 (CD)	시각-운동 처리속도, 단기기억, 학습 능력, 시각적 주사 능력, 인지적 유연성, 동기와 주의력		○		○
	동형찾기 (SS)	시각-운동 처리속도, 단기 시각 기억, 인지적 유연성, 시각적 변별, 집중력				○
	선택(CA)	시각적 선택 주의, 각성, 시각적 무시				

출처: 곽금주, 장승민(2019).

2) K-WPPSI-Ⅳ

한국 웩슬러 유아지능검사 4판Korean-Wechsler Preschool and Primary Scale Intelligence of-Fourth Edition: K-WPPSI-Ⅳ은 미국의 Wechsler가 1965년에 개발하고 2012년에 개정한 WISC-Ⅳ를 토대로 하여 곽금주, 오상우, 김청택(2016)이 국내아동을 대상으로 표준화해서 유아의 인지 능력을 임상적으로 평가하기 위한 개인 지능검사 도구이다. K-WPPSI-Ⅳ는 만 2세 6개월부터 7세 7개월까지 유아의 인지 능력을 평가하여 교육프로그램 배치를 결정할 때 지침으로 사용할 수 있다.

K-WPPSI-Ⅳ는 연령별로 만 2세 6개월에서 3세 11개월용은 3개의 기본지표(언어이해, 시공간, 작업기억)와 3개의 추가지표(어휘습득, 비언어, 일반 능력)로 구성되어 있으며, 검사 소요시간은 대략 30분 정도 소요된다. 만 4세에서 7세 7개월용은 5개의 기본지표(언어이해, 시공간, 유동추론, 작업기억, 처리속도)와 4개의 추가지표(어휘속도, 비언어, 일반 능력, 인지효율성)로 구성되어 있고, 검사 소요시간은 대략 60분 정도 소요된다. 연령별 소검사 구성내용은 다음과 같다.

K-WPPSI-Ⅳ 검사 결과는 인싸이트 홈페이지(http://inpsyt.co.kr)에서 제공하는 온라인 채점프로그램을 이용할 수 있으며, 제시한 결과는 다음과 같이 해석할 수 있다. K-WPPSI-Ⅳ 검사 결과 해석의 예는 [그림 7-6]과 같다.

김○○ 의 지적 능력은 FSIQ 96 '평균수준'으로 백분위지수 38%ile에 해당한다. 지표별 검사 결과, 유동추론(FRI=116)과 처리속도(PSI=115)는 평균이상의 우수한 능력을 보인다. 반면, 작업기억(WMI=95)과 언어이해(VCI=83)는 '평균수준'으로 언어적 개념 형성 및 추론, 학습의 조직화에서 개인 내 약점을 보이는 것으로 평가되었다. 언어이해와 작업기억의 발달추정연령은 4세 수준으로 지체수준에 해당한다. 소검사 결과로 보면, 상식(IN=7)과 공통성(SI=7)은 평균하 수준(백분위지수 16%ile)에 해당하며, 언어이해는 상대적으로 개인 내 약점으로 분석되어 언어성 학습장애 위험군에 해당한다고 볼 수 있다. 한편, 상식(IN=7)과 공통성(SI=7)은 개인 내 약점으로 평가되나, 동형찾기(BS=13), 공통그림찾기(PC=14)는 규준적, 개인적 강점으로 평가되므로 학습 시 그림자극을 활용하여 언어 발달을 촉진하는 것이 도움이 될 수 있겠다.

소검사점수 분석

소검사		원점수	환산점수	백분위	추정연령	SEM
토막짜기	BD	25	12	75.0	5:10	1.3
상식	IN	15	7	16.0	4:4	1.33
행렬추리	MR	14	11	63.0	5:7	0.93
동형찾기	BS	40	13	84.0	6:0	1.85
그림기억	PM	11	8	25.0	4:1	1.02
공통성	SI	13	7	16.0	4:3	1.17
공통그림찾기	PC	17	14	91.0	7:0	0.91
선택하기	CA	40	12	75.0	6:3	1.04
위치찾기	ZL	10	10	50.0	5:2	1.44
모양맞추기	OA	23	9	37.0	4:8	1.54
어휘	VC	-	-	-	-	-
동물짝짓기	AC	-	-	-	-	-
이해	CO	-	-	-	-	-
수용어휘	RV	-	-	-	-	-
그림명명	PN	-	-	-	-	-
선택하기(비정렬)	CAR	19	12	75.0	6:1	1.53
선택하기(정렬)	CAS	21	12	75.0	6:1	1.37

소검사 환산점수 프로파일

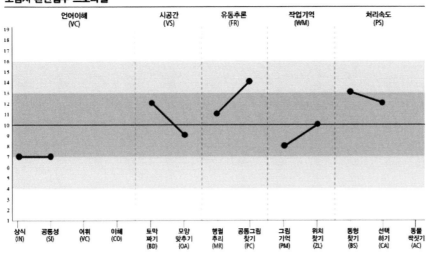

지표점수 분석

척도		환산점수 합	지표점수	백분위	신뢰구간[1] 90%(95%)		분류범주	SEM
언어이해	VCI	14	83	12.0	75 - 91	(73 - 93)	평균 이하	5.15
시공간	VSI	21	102	55.0	91 - 113	(89 - 115)	평균	6.54
유동추론	FRI	25	116	85.0	109 - 123	(108 - 124)	평균 이상	3.91
작업기억	WMI	18	95	37.0	87 - 103	(85 - 105)	평균	4.81
처리속도	PSI	25	115	83.0	105 - 125	(103 - 127)	평균 이상	6.54
전체척도	FSIQ	58	96	38.0	85 - 107	(83 - 109)	평균	6.35

[1] 신뢰구간은 추정값의 표준오차를 사용하여 산출하였다.

지표점수 프로파일

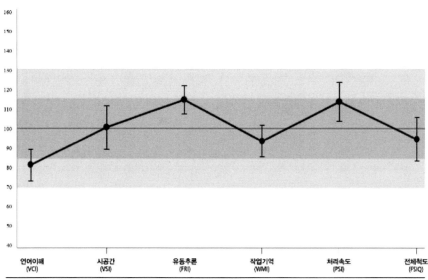

* 세로선은 90% 신뢰구간을 나타낸다.

[그림 7-6] K-WPPSI-IV 결과 예시

3) K-CTONI-2

한국 비언어 지능검사 2판 K-CTONI-2[Korean Comprehensive Test of Nonverbal Intelligence-2]는 Hammill, Pearson과 Wiederholt가 1996년에 비언어적인 방식으로 개인 지능 검사를 실시하기 위하여 만든 CTONI를 2009년에 개정한 것을 박혜원(2014)이 국내 표준화한 것이다. 검사대상은 만 5세 아동부터 60세 성인까지이며, 검사는 그림유추,

도형유추, 그림범주, 도형범주, 그림순서, 도형순서로 구성되어 있다.

비언어 검사란, 비언어적 지시, 내용, 응답을 사용하는 검사를 일컫는다. 비언어 검사에는 언어가 쓰이지 않기 때문에 출판되어 있는 지시문이 해당 사람의 모국어가 아닐 때, 듣기에 심각한 손상이 있을 때, 언어 지시를 이해하지 못하거나 어려워하는 사람들을 검사할 때 유용하다. K–CTONI–2는 2가지의 서로 다른 맥락, 즉 친숙한 대상들의 그림(예: 사람, 인형, 동물 등)과 친숙하지 않은 도형으로 3가지의 소검사를 측정한다.

4) STROOP

스트룹 아동 색상-단어검사STROOP color and word test children's version:STROOP(신민섭, 박민주, 2007)는 Stroop이 개발한 검사를 국내 표준화한 검사도구로 5~14세 아동을 대상으로 한 전두엽에서 담당하는 억제과정의 효율성(주의력)을 평가하는 신경심리학적 검사이다. 검사는 단어 명명하기, 색깔 명명하기, 그리고 단어의 색과 글자가 일치하지 않는 조건에서 색상을 말하는 과제로 구성되어 있다. 이 때 단어의 색과 글자가 일치하지 않는 조건에서 자동화된 반응을 억제하고 글자의 색상을 말하는 과제에서 반응시간이 느려지는 정도로 전두엽의 억제과정의 효율성을 평가한다. 한편, 글자를 빠르게 읽도록 하는 과제는 난독증 진단에도 참고할 수 있다.

4. 읽기 · 쓰기 평가

읽기 · 쓰기에 어려움을 보이는 경우, 진단평가를 위해서는 우선 읽기 · 쓰기 구성요소별(해독, 읽기유창성, 읽기이해, 철자, 작문) 발달 수준을 확인하여 읽기부진 여부를 확인한다. 대상의 연령과 수준을 고려하여 적합한 도구를 선택하여 읽기 · 쓰기 능력을 확인한다(〈표 7-2〉 참조). 읽기 · 쓰기 문제를 주호소로 하는 경우라도 수학 평가를 함께 실시할 필요가 있다. 느린 학습자인 경우, 읽기 · 쓰기 어려움뿐만 아니라 수학에도 어려움을 보이는 경우가 많다. 또한 수학에 어려움이 있다고 보고하나, 연산을 포함한 수학적 개념을 이해하는 문제가 아니라 읽기이해 곤란으로 문장제 수학을 풀지 못하는 경우도 더러 있기 때문이다.

1) 해독 평가

(1) 단어재인 수준 확인

단어재인^{word recognition}은 단어를 소리 내어 읽고, 단어의 의미를 파악하는 능력으로, 자소-음소 대응 관계를 활용하여 낱말을 읽는 해독 능력 즉, 자소-음소 일치형/불일 치형 단어나 문장 읽기로 해독 평가를 통해 읽기 수준이 자소 단계인지, 철자법적 단계인지를 확인한다. **자소-음소 일치형** 낱말/문장(예: 조개, 전철)을 정확하게, 그리고 자동적으로 읽을 수 있다면 자소-음소 대응 지식이 갖추어진 것으로 자소단계가 확립되었음을 알 수 있으며, **자소-음소 불일치형** 낱말(예: 작문, 쌓고)을 정확하게 읽을 수 있다면 음운변동 규칙을 이해하고 있는 것으로 철자법 단계가 확립되었음을 알 수 있다. 그리고 자소-음소 일치형 낱말을 의미단어뿐만 아니라 무의미단어 읽기가 가능하면, 어휘 지식, 단어 기억을 활용하여 통글자로 읽는 게 아니라 자소-음소 대응 지식으로 읽는 해독 능력을 확인한다.

그리고 오류 분석을 통해 해독 수준을 구체적으로 알 수 있다.

자소-음소 일치형 해독에 오류를 보인다면, ① 단모음과 기본자음으로 구성된 글자만 읽는지/형태가 복잡한 자모들로 구성된 글자들도 읽는지, ② 받침 없는(CV)로 된 글자만 읽는지/받침 있는(CVC) 글자도 읽을 수 있는지, ③ 친숙하지 않은 단어나 무의미도 읽을 수 있는지 확인해야 한다. 특정 음소를 어떤 음소로 오류를 보이는지를 분석하여 시각적 혹은 음운적 영향을 받는지를 확인하여야 체계적인 중재가 가능하다.

자소-음소 불일치형 해독에 오류를 보인다면, ④ 어떤 음운변동 규칙을 이해하고 있지 못하고 있는지 확인한다. 이때는 단어 수준뿐만 아니라 조사와의 결합이나 어미 변동에 따라 적절하게 읽을 수 있는지를 구나 문장에서도 확인한다. 동일한 음운변동 규칙이 적용되더라도 낱말 수준과 구 수준에서의 난이도가 다르기 때문이다. 예를 들어, 연음화가 적용되는 단어(얼음 → [어름], 돗을 → [도츨], 읽어 → [일거])라고 단어 수준인지, 조사가 연결되는 어절 수준인지, 겹받침인지에 따라 난이도가 각각 다르다. 또한, '읽어 → [일거], 읽자 → [일짜]'와 같이 어간에 따른 어미의 형태에 따라 적용되는 음운변동 규칙이 다르다. 따라서 문법형태소가 활용된 구나 문장 수준에서 해독 능력이 확립되었는지 확인해야 한다. 그리고 자소–음소 불일치형 해독 오류는 해당 음운변동 규칙을 이해하지 못하거나 잘못 적용하고 있는 것인지, 아니면 자모 단계가 미확립된 상태인지를 확인할 필요가 있다(〈표 7–17〉 참조).

한편, 자소–음소 대응 지식이 확립되었다는 것은 정확하게 해독할 수 있는 단계를 넘어, 글자를 보는 즉시 단어를 인지하고 발음하는 일견 단어 읽기[1]가 가능한 상태로, 정확성을 넘어 자동성이 갖추어진 수준을 말한다(Ehri, 2005). 따라서 ⑤일견 단어

표7–17 | **해독 오류 분석 틀(예시)**

한글 수준별 난이도에 따른 구분		읽기 오류 반응
자소–음소 일치형	단모음	우리–[오리], 삭눈–[삭는]
	초성 자음	전철–[천절]
	기본 종성	감자–[간자], 닫는–[닥는]
	기본 이중모음(ㅑ,ㅕ,ㅛ,ㅠ)	흉내–[형내]
	어려운 이중모음	위로–[외로]
	동음이형어(ㅔ/ㅐ, ㅙ/ㅞ/ㅚ)	대체로–[데채로]
자소–음소 불일치형	연음화	문어–[문어],
	7종성법(평폐쇄음화)	옷장–[옥장]
	경음화(된소리화)	봄비–[봄비], 젊다–[점다]
	비음화	닫는–[닥는]
	유음화	난로–[난로]
	ㅎ탈락	빻은–[빵은], 많이–[만히]
	기식음화(축약)	박하–[박하], 놓다–[논다]
	구개음화	같이–[가치]
	활음화	다쳐–[다처]
	겹받침	젊다–[점다], 많이–[만히]

---

1) 일견 단어sight word란, 의식적인 노력 없이 단어를 자동으로 식별하는 과정에서 철자와 의미를 한눈에 바로 파악할 수 있는 단어로, 분석 과정 없이(1초 이내) 망설이지 않고 빠르게 그 단어를 정확하게 읽는 수준을 말한다(Raynor et al., 2001).

읽기가 가능한지까지를 확인할 필요가 있다.

해독 평가는 소리 나는 대로 적는 음성 전사로 기록한 것으로 채점한다. 음성언어를 문자로 바꾸는 행위를 전사라고 하며, 전사는 들리는 대로 적는 음성 전사phonetic transcription와 맞춤법대로 적는 철자법 전사orthographic transcription방법이 있다. 읽기 평가는 맞춤법에 따라 전사하지 않고 소리 나는 대로 적는 음성 전사로 기록한 것으로 채점한다. 일반적으로 '국자'를 [국짜]라고 들어도 /국자/라고 적는 철자법 전사에 익숙할 수 있으므로, 해독 평가 시 음성 전사를 하는 훈련이 필요하다. 예를 들어, '손을 씻어요'라는 글을 정확하게 읽었다면 [소늘 씨서요]라고 기록할 수 있어야 한다.

검사도구에 따라 단어와 문장 수준, 자소-음소 일치형과 불일치형 수준, 의미단어와 무의미단어, 고빈도와 저빈도 단어 등 구성 항목에 차이가 있다. 예를 들어, KOLRA는 2음절 낱말을 자소-음소 일치형/불일치형 낱말 읽기로 구성하여 의미단

표 7-18 국내 표준화된 검사 도구별 해독과 철자 평가 세부 내용

평가 도구	연령	글자 지식		해독					철자(받아쓰기)			문단글 읽기 유창성	읽기 이해
		자모 지식	자모 쓰기	자소-음소 일치형: 의미단어	자소-음소 일치형: 무의미단어	자소-음소 불일치형(음운변동규칙): 의미단어	자소-음소 불일치형: 무의미단어	자소-음소 불일치형: 구/문장	일치형: 의미	불일치형: 단어	불일치형: 문장		
BASA: EL	4세 이상	–		10	6	14	–	–	–	–	–	○	
QRW	5세~초등 6학년	38		3	(19), 3	–	–	9	11	11	9	○	
초기문해력 검사	초등 1학년	21		12	6	6	–	–	4	6		○	
초기문해력 검사	초등 2학년	–		–	(49)			12			4		
KOLRA	초등 1~6학년	–		20	20	20	20	–	2	7	6	○	
RA-RCP (1학년기준)	초등 1~6학년	73		40	40	80						○	
NICE-B.ACT	5세~중등 2학년	8	3	31	(20), 9	40	–		3	–	8	○	
K-WFA	유치~고등 1학년		8	12	(4)	54			13	26			
STROOP	5세~초등 6학년	–			5							○	

* ( ) 괄호 안의 숫자는 1음절 무의미글자(예: 쇼, 깝, 퍨)로 글자 인식 평가 항목 수다.

어(예: 조개, 전철)/무의미단어(예: 가더, 둔촐)를 구분하여 해독 능력을 평가한다. RA-RCP와 BASA:EL는 자소-음소 일치형/불일치형 낱말을 의미/무의미단어로 구분할 뿐 아니라 의미단어는 고빈도(예: 청소)/저빈도(예: 실태)로도 구분하여 평가한다. QRW과 NISE-B.ACT, 초기문해력검사에는 문장수준 읽기 항목이 포함되어 있다. K-WFA는 자소-음소 불일치형 낱말(예: 얽힌)을 중심으로 구성되어 있으며, 무의미단어는 포함되어 있지 않다. 따라서, 검사 도구별 구체적인 항목을 숙지하고, 대상의 읽기 수준과 연령을 고려하여 적합한 검사 도구로 실시해야 한다(〈표 7-18〉 참조).

2) 읽기유창성 평가

한글이나 영어와 같은 표음문자로 분류되는 언어는 단어를 정확하게 재인하는 일이 능숙한 읽기를 이루는 토대가 된다(Roberts et al., 2011). 더불어 글자와 소리의 대응 관계가 비교적 규칙적인 한글의 경우, 초등 저학년 시기에 단어재인 정확도가 90% 이상 완성이 되기 때문에 정확도 못지 않게 읽기유창성 평가도 중요하다(윤효진 외, 2011; Landerl & Wimmer, 2008).

읽기유창성은 정확성, 자동성, 표현성으로 구성된다. 읽기 **정확성**accuracy은 단어를 정확하게 재인하는 능력으로, 분당 정확히 읽은 단어 수(WCPM^{Words Correct per Minute})는 읽기유창성 지표로 가장 널리 활용되고 있다(Hudson et al., 2005). BASA:R과 NISE-B.ACT는 1분에 몇 음절을 정확하게 읽을 수 있는지를 학년 규준과 비교하는 방식으로 읽기유창성을 평가한다. KOLRA의 문단글 읽기유창성은 학년별 글의 양과 주제를 달리하여 해당 글을 읽은 데 소요된 전체 시간을 10초에 정확하게 읽은 음절 수로 환산하여 평가한다[2].

읽기 정확성 수준은 표준화된 검사는 학년 규준으로 산출된 표준점수나 백분위지수로 파악하거나, 학년 평균 음절/어절 수를 참고한 점수로 비교한다(〈표 7-19〉 참조).

---

[2] 읽기유창성 채점은 해독과 마찬가지로 음성전사를 한 후 정확하게 읽은 음절 수를 계산한다. 예를 들어, '국화꽃이 피었어요'를 음성전사를 하면 [구콰꼬치 피어써요]라고 적는다. 이때 '꽃이[꼬치]'를 [꼰이]라고 읽었다면 2개의 음절 모두 해독 오류를 보인 것이나, 철자법으로 보면, 1개의 오류로 잘못 채점할 수 있다. 이처럼 철자법 전사로 오류 음절 수 채점을 틀리게 하는 경우가 더러 있으므로 주의할 필요가 있다.

표 7-19 **학년별 읽기 정확성 수준**

학년 / 연구자		김동일(2000)	하인수(2005)	김애화 외(2010)
1학년	5월	125음절		71어절
	12월	170음절		
2학년	5월	196음절	82어절	
	12월	224음절		
3학년		238음절	87어절	91어절
4학년			94어절	
5학년			91어절	99어절
6학년			99어절	

연구자들마다 평균 어절 수치가 다른 것은 읽기 속도는 글의 장르(이야기 글/설명글), 친숙도, 난이도 등의 영향을 많이 받기 때문이다.

그리고 읽기 정확성 수준을 독립수준, 지도수준, 좌절 수준으로 평가하기도 한다 (Fuchs et al., 1982). **독립수준**은 학년 수준에 맞는 글을 97%이상 정확하게 읽는 경우로, 이들은 해당 글을 스스로 읽고 충분히 이해할 수 있는 읽기 능력을 갖추고 있는 것으로 본다. **지도수준**은 학년 수준에 맞는 글에 포함된 단어들을 90~96% 정도 정확하게 읽는 경우로, 교사/치료사가 도와준다면 해당 글을 이해할 수 있는 읽기 능력을 갖추고 있는 것으로 본다. **좌절수준**은 학년 수준에 맞는 글에 들어있는 단어들을 90% 미만의 정확성으로 읽는 경우로, 교사/치료사의 도움이 있더라도 해당 글을 이해하기 어려운 것으로 본다.

표 7-20 **읽기 정확성 수준 평가 기준**

단계	읽기정확도	수준
독립수준	97% 이상	학년 수준에 해당하는 글을 스스로 읽고 충분히 이해할 수 있는 읽기 능력을 갖추고 있음
지도수준	90~96%	교사/치료사가 도와준다면 해당 글을 이해할 수 있음
좌절수준	90% 미만	학년 수준에 해당하는 글을 이해하기 어려움

표 7-21 **읽기유창성에서 오류 분석 기준**

오류 유형	설명	예
반복/수정	제시된 단어나 음절을 반복하거나, 오류 후 스스로 수정하여 정반응하는 경우	1) 단어 및 어절 반복: 시골 → 시골 시골 마을에 2) 첫음절 반복: 하루는 → 하 하루는 3) 자기 수정: 잘말이로구나 → 정말이로구나
생략	제시된 어절의 전체가 생략된 경우 또는 제시된 어절에서 어미, 조사 등 형식형태소가 생략된 경우	1) 단어 및 어절 생략: 죽지 않고 → 않고 2) 조사 및 어미 생략: 옛날에 → 옛날
첨가	새로운 단어나 어절이 첨가된 경우 또는 제시된 어절에 어미, 조사 등 형식형태소가 첨가된 경우	1) 단어 및 어절 첨가: 자라는 → 잘 자라는 2) 조사 및 어미 첨가: 철수 → 철수는
대치	제시된 어절을 다른 의미단어로 대치하는 경우, 제시된 어절을 무의미단어로 대치하는 경우, 제시된 어절에서 어미, 조사 등 형식형태소를 다른 형식형태소로 대치한 경우	1) 의미적 대치: 내쫓았지 → 쫓아냈지 2) 형태적 대치: 아무리 → 아무른 3) 조사 및 어미 대치: 여우가 → 여우는

　오류 유형은 '반복/수정, 생략, 첨가, 대치'로 분석하여 살펴보기도 한다(김애화 외, 2010. 〈표 7-21〉 참조).

　한편, 읽기 **자동성**automaticity은 단어재인이 저절로 되는 것으로, 인지 자원 활용을 최소화하며 실행하는 능력과 신속성 등이 포함된 개념이다. 자동성을 무조건 빠르게 읽는 속도speed만으로 간주하는 일은 유창성 평가나 지도에 상당한 부작용을 일으킬 수 있다(Ehri, 1991). 영어를 대상으로 한 연구에서 읽기이해에 이바지하는 속도는 2학년은 35~75(WCPM), 4학년은 40~90(WCPM)으로 보며, 이보다 더 빨리 읽는 것은 읽기이해에 도움이 되지 않았다고 한다(O'Conner, 2018).

표 7-22 국내 표준화된 검사 도구별 읽기유창성 평가 세부 내용

평가 도구	대상	글의 장르	제목	총 음절 수 (어절 수)	실시 시간 및 방법
BASA:R	1~3학년	이야기 글	토끼야 토끼야	1,135음절	1분 동안에 정확하게 읽은 음절 수
			분명 내 동생인데	1,109음절	
NISE–B·ACT	2~6학년	이야기 글	개 이야기	728음절	1분 동안에 정확하게 읽은 음절 수
		설명글	석장승 재판	757음절	
KOLRA	1~2학년	설명글	김밥 만들기	130음절	다 읽고, 정확하게 읽은 음절을 소요 시간(10초)으로 나눔
	3~4학년	설명글	산과 바다	358음절	
	5~학년	설명글	의생활	737음절	
RA–RCP	1학년	이야기 글	사람을 구한 쥐	131어절	두 개의 문단글을 1분 동안에 정확하게 읽은 어절 수
		설명글	익모초	106어절	
	2학년	이야기 글	사또 엉덩이에 뿔나겠네	185어절	
		설명글	질경이	159어절	
	3학년	이야기 글	돼지가 꿀꿀하고 우는 이유	222어절	
		설명글	씀바귀	199어절	
	4학년	이야기 글	청개구리 점쟁이	344어절	
		설명글	엉겅퀴	267어절	
	5학년	이야기 글	도깨비와 나무꾼	392어절	
		설명글	오이풀	337어절	
	6학년	이야기 글	꼬마신랑	500어절	
		설명글	쇠비름	444어절	

읽기유창성의 구성요소 중 하나인 **표현성**[prosody]은 소리의 높낮이를 조절하면서 단어들을 의미 단위로 띄어 있을 수 있는 능력으로 읽기이해와 실질적인 상관관계가 존재한다(Paige et al., 2012). 표현성 평가는 다차원 유창성 평가 기준과 같은 평정척도로 살펴볼 수 있다(Zutell & Ransinski, 1991)(〈표 7-23〉 참조).

| 표 7-23 | 다차원 읽기유창성 평가 기준표 |

	내용	평가기준
1수준	억양을 자연스럽게 조절하지 못하고, 음절마다 띄어 읽는 수준	읽기유창성 지도가 필요함
2수준	억양을 자연스럽게 조절하지 못하고, 어절마다 띄어 읽는 수준	
3수준	억양을 어느 정도 자연스럽게 조절하고, 의미단위를 고려하여 어절들을 띄어 읽는 수준	스스로 읽기유창성이 발달하고 있음
4수준	억양을 매우 자연스럽게 조절하면서 어절들을 의미단위로 잘 띄어 읽는 수준	읽기유창성을 잘함

출처: Zutell & Rasinski (1991).

3) 철자 평가

철자 쓰기를 평가하는 방법에는 그림을 제시하고 알맞은 낱말/문장을 쓰게 하는 그림-단어 자극 검사, 검사자가 들려주는 낱말/문장을 쓰게 하는 받아쓰기, 틀린 단어가 섞여 있는 단어목록에서 올바른 철자를 찾게 하는 철자재인(예: 늑대/늑데/늑때 중 맞춤법이 올바른 것 찾기) 이 있다. 받아쓰기 방식의 철자 평가는 비공식적으로도 많이 사용되며, KOLRA, QRW, K-WFA는 받아쓰기 방식으로, WA-RCP, NISE-B.ACT에는 받아쓰기와 철자재인 방식이 다 포함되어 있다.

쓰기 평가도 정확도과 함께 오류 형태를 면밀히 분석해야 한다. QRW의 경우, 모음 오류에 대해 시각적 혼동 오류인지 청각적(유사발음) 혼동 오류인지를 구분하여 'ㅏ/ㅓ''ㅗ/ㅜ''ㅡ/ㅣ'와 같이 모양은 같으나 방향에 따라 달라지는 모음 간의 대치 오류는 시각적 오류로, 'ㅐ/ㅔ''ㅚ/ㅙ/ㅞ'와 같이 발음이 같으나 형태는 다른 동음이형어 오류는 유사 발음 오류로 보며, 이중모음 오류 및 기타 오류로 나누어 분석하게 한다.

음운 지식이나 자소 지식 부족으로 인한 철자오류인지(예: 시끄러운 → /시크러우/, 가족 → /가조/), 음운변동 규칙을 제대로 적용하지 못하고 자소-음소 불일치형 단어를 소리 나는 대로 적거나(예: 깊이 → /기피/, 찾아갔다 → /차자갔다/, 나뭇잎 → /나문닙/), 동음이형어와 같은 단어에서의 철자 오류인지(예:베짱이 → /배짱이/, 스웨터 → /스왜터/), 문법형태소(어간, 어미)에 해당하는 형태론적 지식이 필요한 단어(예: 앉아서 → /안자서/, 빛난다 → /빛났다/, 반듯이 → /반드시/)를 정확하게 쓰지 못하는지 파악하여 쓰기발달단계를 확인할 필요가 있다. 따라서 쓰기 평가 역시, 〈표 7–3〉과 같은 분석 틀을 참고하여 오류분석을 한다(〈표 7–24〉 참조).

SSS 평가Spelling Sensitivity Score는 양적 평가와 질적 평가의 장점을 서로 접목하여 질적 평가 내용을 점수화한 방식이다(Apel et al., 2012; Williams & Masterson, 2010). 정확한 철자는 3점, 목표 단어와 비교하여 그럴듯한 철자오류를 보이는 경우는 2점, 그럴듯하지 않은 오류는 1점, 미완성은 0점으로 오류 반응에 대해 수준별로 각기 다른 점수를 준다. 한글의 경우, 2점에 해당하는 목표 단어와 비교하여 그럴듯한 철자오류는 음운변동 규칙을 잘못 적용(예: '/햇볕/ → 핻볕, /놓다/ → 노타'와 같은 자소–음소 불일치형 오류)하거나 동음이형어 오류(예: /베짱이/ → 배짱이, /다채로운/ → 다체로운, /꿰맸다/ → 꾀맸다), 형태론적 지식 부족으로 인한 조사생략, 어미 오류(예: /많겠지만/ → 많게지만), 동음이의어 오류(예: 반듯이 → /반드시/)와 같은 철자법 단계 미확립된 경우가 해당되며, 음운 지식이나 자소 지식 부족으로 인한 자소–음소 일치형 수준에서의 오류(예: 하마터면 → 하마트면, 벌써 → 벌서, 부합되는 → 부함되는)는 그럴듯하지 않은 철자오류로 1점, 단어 미완성 혹은 자소–음소 대응 지식이 거의 없는 경우(예: 곡식 → 고장, 고래 → 상어)는 0점을 주는 방식으로 적용할 수 있다(김기주, 2022). 〈표 7–7〉는 KOLRA 받아쓰기 예시이다. 쓰기정확도(PWC[3])가 20%(3/15)인 결과로는 쓰기에 문제가 있다는 진단은 가능하나, 중재를 위한 추가적인 정보는 제공하지 못한다. SSS 체계로 평가한 결과, 대상이 단모음 'ㅏ, ㅜ, ㅡ, ㅣ, ㅐ' 오류(노 → 누, 놀 → 날, 즐 → 질, 때 → 떠), 초성 자음 'ㅂ, ㄷ, ㄸ' 오류(ㅂ → ㄷ, ㄸ → 더), 종성 'ㄴ, ㅇ, ㄹ, ㄷ, ㅂ, ㅁ' 오류(ㄷ → ㄴ, ㄴ생략, ㅇ생략, ㄹ첨가)를 보여 자소–음소 대응 지식 확립을 위한 파닉스 중재 후 철자법 지식을 지도해야 함을 알 수 있으며, 체계적인 진전 평가도 가능해진다.

---

3) 쓰기정확도PWC는 'Percentage Writing Correct'의 약자로 맞춤법에 맞게 정확하게 쓴 정도를 말한다.

표 7-24 SSS 철자 평가의 예

번호	목표 단어	받아쓰기 반응	PWC	SSS 체계				오류 형태 분석	
				0	1	2	3	자소-음소 대응	철자법 지식
1	나라	나라	1				3	–	–
2	필통	필통	1				3	–	–
3	버섯	버선	0		1			종성 오류(섯 → 선)	
4	옛날	날	0	0				음절 생략(옛)	
5	껍질	질	0	0				음절 생략(껍)	
6	등불		0	0				무반응	
7	발자국	발짜곡	0		1			단모음 오류(곡 → 국)	경음화 오류
8	나뭇가지	나무까지	0			2			경음화 오류, /ㄷ/첨가
9	불꽃놀이	둘꽃날일	0		1			단모음 오류(놀 → 날) 초성 오류(불 → 둘) 종성 첨가(이 → 일)	
10	노래는 즐거워요	누래는	0/2		1			단모음 오류(노 → 누)	
		질거요			1			단모음 오류(즐 → 질)	어미 생략(워)
11	그림을 그린다	그림을	1/2				3	–	
		그리다			1			종성 오류(린 → 리)	
12	귀여운 강아지가 따라온다	귀여우	0/3		1			종성 오류(운 → 우)	
		가아지가			1			종성 오류(강 → 가)	
		태오니다		0				무반응	
13	수미는 종이비행기를 만들어요	수미는	1/3				3	–	–
		종이비행기				2			조사 생략(를)
				0				무반응	
14	비가 올 때는 우비를 입습니다	비가	2/5				3	–	–
		오			1			종성 오류(올 → 오)	
		더는			1			단모음 오류(때 → 더) 초성 오류(때 → 더)	
		우비를					3	–	–
		임습니다			1			종성 오류(입 → 임)	

13	의상은 쓰임새에 맞게 생각해요	을상은		1			이중모음 오류(의 → 을) 종성 오류(의 → 을)
			0/6	0			무반응
				0			무반응
				0			무반응
				0			무반응
				0			무반응
소계				0	12	4	18
총점			6/30 (20%)	34/90(38%)			

임상팁: 철자 쓰기 평가 및 중재

SSS 체계Spelling Sensitivity Score는 양적 평가와 질적 평가의 한계를 고려하여 장점을 서로 접목한 평가 체제로, 목표 단어와 비교하여 단어가 생략되면 0점, 그럴듯하지 않은 철자 오류를 포함하는 단어는 1점, 그럴듯한 철자 오류를 포함한 단어는 2점, 정확한 철자는 3점을 주어 오류 반응에 대해 수준별로 각기 다른 점수로 평가하는 방식이다.

한글의 경우는 자소-음소 일치형 낱말의 음소 오류를 보이는 경우('노래' → /누리/, 옛날 → 에날)는 1점, 음운변동 규칙을 적용하지 못하고 소리 나는 대로 적는 경우(불꽃놀이 → 불꼳놀이)나 동음이형어 오류(노래 → /노레/)라면 2점을 줄 수 있다. 목표 단어가 같아도 오류 형태가 어떠한가에 따라서 점수가 달라질 수 있는데, '버섯'을 /버선/이라고 썼다면, 받침소리(종성) 오류를 보이므로 1점, /버섣/이라고 적었다면 소리나는 대로 적었으나 '평폐쇄음화 규칙(7종성 원리)'을 적용하지 못한 것이므로 2점에 해당한다.

중재 목표를 세울 때는 1점을 받은 항목들을 구체적으로 살펴 자소-음소대응 지식이 미확립된 음소 혹은 자소를 파악하고, 자소 지식 부족인지, 오류가 시각적 혼동인지 청각적 혼동인지를 파악하고, 2점을 받은 항목들을 구체적으로 살펴 미확립된 음운변동 규칙과 형태론적 지식 수준을 분석한 자료를 참고하면, 대상자의 읽기 · 쓰기 수준과 특성에 체계적인 중재 목표를 세울 수 있다.

4) 읽기이해 평가

글을 읽고 이해하는 것은 단어의 의미를 처리하는 것부터 시작하는 것으로, 단어 수준 이해, 문장 수준 이해, 문단글(덩이글) 수준 이해라는 3단계의 이해 과정이 필요하다. 단어 수준의 이해는 단어재인에 포함된 개념으로 읽기이해는 문장 이해, 문단글 이해로 평가한다. 문장 수준의 읽기이해는 어휘 지식, 문장의 주어−서술어 호응과 같은 구문 지식이 필수적이다. 따라서 읽기이해와 관련하여 어휘력을 별도로 평가하기로 하며, 문장 수준의 읽기이해에서 문장 내용에 알맞은 그림/어휘 선택하기, 문장 완성, 문장배열 등으로 평가한다(〈표 7−25〉 참조).

표 7−25 **국내 표준화된 검사의 읽기이해, 작문 평가 구성**

검사명	연령	단어이해	문장 이해		문장 완성		짧은 글 이해	긴 글 이해	문장 완성	주제 글쓰기
		어휘 이해	그림− 문장	문장 배열	어휘	조사/어미				
NISE− BACT	5~14세	○	○	○	○	○	○	○	○	○
K−WFA	유치원~ 고등 1학년		○	−	−	−	○	○	−	−
BASA: R	초등 1~3학년		−	○	−	−	−	−		
BASA: WE	초등 1~3학년			−						○
BASA: RC	초등 3~6학년							○		
BASA: V	초등 3~6학년				○		○			
BASA: MP	초등 3~6학년						○			
KOLRA	초등 1~6학년				○	○				○
RA−RCP	초등 1~6학년	○								
WA−WCP	초등 1~6학년								○	○

읽기이해 / 작문

표 7-26 **문장 이해 평가 문항의 예**

		예시
어휘	정의하기	'날카로운 모양을 흉내 내는 말'은 무엇입니까?
	반의어	다음 낱말을 읽고 반대말을 말해 보세요: 도착
	동의어	다음 낱말을 읽고 비슷한 말을 말해 보세요: 아름답다 다음 낱말을 읽고 높임말을 말해 보세요: 나이
	범주어	다음 ( )에 알맞은 낱말은 무엇입니까? 쌀 한 ( ) '소, 닭, 돼지'는 가축입니다. '구두, 운동, 등산화'는 무엇인가요? 다음 중 종류가 다른 하나는? (씩씩하다, 부족하다, 상냥하다, 새침하다, 용감하다)
	합성어	( )에 공통으로 들어갈 '정확한, 한창인'의 뜻을 가진 낱말은? ( )가운데, ( )낮, ( )밤중
구문	문장 완성	나는 치마를 ( ), 양말을 ( ), 가방을 ( ) 학교에 갔다. 나는 지난 일요일에 가족과 함께 운동을 ( ). 은진이는 밥을 많이 먹는다. ( ) 은진이는 언제나 날씬하다.
	문장배열	별은, 지구입니다, 아름다운, 저

5) 작문 평가

작문은 하나의 주제를 가지고 논리적인 흐름에 따라 구성할 수 있는 능력으로, 보통 문단 또는 2개 이상의 문단이 모인 텍스트를 쓰는 것을 의미한다. 작문 평가는 하나의 주제 혹은 완성된 한 개의 지문을 제시하고 주어진 시간 동안 이어질 내용을 쓰게 하는 **주제 글쓰기**로 한다. 다만 주제 글쓰기 검사는 고학년에게는 신뢰도와 타당도가 높을 수 있지만, 저학년 혹은 쓰기에 어려움이 있는 대상에게는 어려운 과제로, 바닥 효과$^{floor effect}$가 나타날 수 있는 제한점이 있다(McMaster & Espin, 2007). 따라서 저학년 혹은 쓰기에 어려움이 있는 대상에게는 문장 완성 검사로 문장 쓰기 수준을 확인하는 것이 좋다.

표 7-27 작문 검사의 유형

작문 검사 유형		예
문장 완성	그림자극	• 다음에 주어진 그림의 단서를 포함하는 문장을 완성하시오. 🍎 ＿＿＿＿＿＿＿＿＿＿＿＿＿＿
	이어쓰기	• 다음에 주어진 주어로 시작하는 문장을 완성하시오. 1) 아버지가 ＿＿＿＿＿＿＿＿＿＿＿＿
	문장 완성	• 빈 칸에 들어갈 알맞은 단어를 왼쪽 단어를 바꿔서 적어 보세요.) 1) 같다: 소연이는 꽃과 ＿＿＿＿＿＿＿ 예쁘다.
주제 글쓰기		• 문장을 읽고, 그 뒤에 계속에서 재미있는 이야기를 만들어 보세요. 나는 오늘 아침에 일찍 일어났습니다. ＿＿＿＿＿＿＿＿＿＿＿＿＿＿＿＿＿ ＿＿＿＿＿＿＿＿＿＿＿＿＿＿＿＿＿

출처: 여승수(2014).

　작문 평가는 제한된 시간 동안 산출된 단어나 어절 수로 평가하는 양적 평가 방법과 산출한 글의 내용, 구조, 표현 등을 루브릭[4])을 통한 질적 평가 방법으로 평가한다. BASA: WE는 정량적 평가를 기본으로 하는데, 3분 동안 아동이 쓴 글의 음절 수에서 오류(맞춤법 오류, 생략, 대치, 삽입) 음절을 뺀 수로 학년 규준과 비교한다. 작문의 양적 평가 기준은 전체 단어 수, TTR(어휘수), T-Unitt(구문 성숙도), 문법적 오류 수(삽입, 대치, 왜곡, 구두점 사용 등)를 사용할 수도 있다. TTR(어휘수)는 같은 단어들을 반복해서 쓰지 않고 보다 세련된 단어를 구사하느냐를 재기 위한 것으로, 전체 단어에서 반복 단어를 뺀 수를 전체 단어로 나누어 계산한다. T-Unit(구문성숙도)는 앞 문장에서 중복된 문장이 있는 복문에서 중복된 부분은 세지 않고 하나의 부분만을 세며, 중문은 접속사로 연결된 문장의 수만을 계산한다. 평균 T-Unit은 전체 단어를 T-Unit으로 나누어 계산한다.

　작문을 질적으로 평가하는 기준은 연구자들마다 조금씩 차이가 있긴 하나, 글쓰기는 주제의 명료성, 내용/어휘의 정확성과 풍부성, 문단 구조의 적절성, 문단 내용의

---

4) 루브릭[rubric]이란, 학생들의 수행과정과 결과를 측정하기 위해 고안된 평가척도로, 교육기준을 토대로 과제를 평가하는 준거와 다양한 수행의 질이나 수준의 단계가 상세하게 제시된 평가 체제를 말한다.

통일성과 논리성 등으로 범주화하여 평가한다. BASA: WE는 글의 형식(구성요소) 조직(문장/문단 간 연결), 문체(어휘의 적절성), 표현(맞춤법, 문장부호, 띄어쓰기), 내용과 주제(글의 목적)와 같은 정성적 평가 기준을 제시하고 있다. KOLRA는 주제 글쓰기에 대해 내용(주제와의 관련성, 풍부한 어휘, 주제 문장 제시 등)과 형식(문법형태소 실수, 맞춤법 오류, 띄어쓰기, 복문 사용 여부 등) 면에서 각각 8개의 준거기준을 제시하고 있다.

5. 난독증 진단평가

난독증이 갖는 해독과 철자, 읽기유창성에 어려움이 인지와 언어이해의 어려움이 아니라 음운 처리 과정의 결함으로 인한 것이다. 따라서 난독증 평가 시 음운인식, 음운기억, 음운회상 능력을 확인하는 것은 진단평가뿐만 아니라, 중재 방향을 설정하는 근거자료가 된다. 또한 해독과 철자, 읽기유창성에 어려움이 인지와 언어이해의 어려움으로 인한 것이 아니므로, 읽기·쓰기 수준과 오류 형태에 대한 분석이 뒷받침될 필요가 있다.

[그림 7-7] 난독증 진단절차

1) 난독증의 읽기·쓰기 평가

한글의 해독 수준은 자소-음소 일치형 낱말/문장 해독(예: 조개, 전철)으로 자소-음소 대응 지식을 갖추었는지, 자소-음소 불일치형 해독(예: 작문, 쌓고)으로 음운변동 규칙을 이해하고 있는지에 확인한다. 평가 결과, 자소단계 및 철자법단계가 미확립된 주원인이 음운인식이나 음운회상 결함에 있는 것인지, 교육 경험이나 어휘력을 비롯한 언어이해력 문제인지를 면밀하게 분석하여 난독증을 진단내리게 된다.

음운인식 결함이 주원인인 음운적 난독증의 경우, 자소-음소를 대응하는 것에 어려움을 가지고 있으므로 자소-음소 대응 지식 확립 여부에 대해 자소-음소 일치형으로 된 무의미단어 읽기·쓰기 평가 결과와 음운인식 결과와의 상관성을 확인한다. 의미단어는 어휘 경로를 통한 단어재인이 가능하므로, 무의미단어 해독을 통해 음운 경로를 통한 해독을 할 수 있는지를 확인한다.

음운회상 결함이 주원인이 표면성 난독증의 경우 일견단어 혹은 문단글 읽기유창성을 통해 해독의 정확성뿐 아니라 자동성까지 확립되었는지를 확인한다. 읽기유창성이 느리다면 왜 느린지를 확인할 필요가 있는데, 표면적 난독증은 시각적 정보에 대한 음운 표상의 어려움으로 읽기유창성 속도가 느리거나 형태적 대치/첨가 오류가 많을 수 있으며, 음운적 난독증은 자소 단계 미확립으로 읽기유창성이 느릴 수 있다. 또한 주의력이 약한 경우에는 읽기 속도가 느려진 않지만, 이들은 많은 오류로 읽기유창성 점수가 낮게 나올 수도 있기 때문이다. 혼합난독증은 해독과 철자, 그리고 읽기유창성 모두에서 어려움을 가진다.

또한, 해독에 어려움이 있다면 읽기이해에서도 낮은 점수를 받게 되는데, 읽기이해 점수가 낮은 경우 해독 곤란으로 인한 것인지, 언어이해력의 문제인지를 확인할 필요가 있다.

2) 음운 처리 기술 평가

음운 처리 기술은 구어 중 기본 소리 요소들을 감지하고, 저장하며 인출하는 능력으로 음운인식, 음운기억, 음운인출 등이 포함된다.

음운 처리 기술은 기본적인 인지력과 언어가 발달하는 과정에서 일어나는 것으로 인지 능력이 낮거나 언어발달 지체가 있는 경우 낮게 평가될 수 있다. 하지만 난독증은 평균 수준의 인지 능력을 보이는 경우로, 이들의 낮은 음운 처리 기술은 인지나 언어 능력과 무관한 것이다(Shaywitz et al., 2003).

(1) 음운인식 평가

음운인식은 구어에서 사용되는 말소리(음소)를 여러 단위에 따라 명시적으로 지각하고 인식할 수 있는 능력으로, 유아기와 초등학교 1, 2학년을 지나면서 대부분의 아동은 자연스럽게 발달한다. 이에 반해 난독증은 체계적이고 명시적인 지도가 있기 전까지는 음운인식에 어려움을 갖는다. 난독증 성인의 경우, 어느 정도 읽기 문제가 해소된 후에도 음운인식 능력이 일반 성인에 비해 현저하게 낮다(김기주, 2022; Griffiths & Frith, 2002).

음운인식 평가는 언어 단위별로는 '음절인식, 음절체–종성인식, 음소인식으로 나누어, 과제별로는 수세기, 변별, 합성blening, 분리segmentation, 탈락, 대치 등으로 평가하고 있다. BASA:EL에서는 변별, 합성, 탈락, 대치 과제를 음절과 음소 수준으로 나누어 평가하며, KOLRA에서는 탈락과 합성과제를 음절과 음소 수준에서 평가한다. NICE B.ACT에서는 음절 수준에서는 변별, 합성, 탈락, 대치과제, 음소 수준에서는 변별과제로만 평가한다. QRW에서는 음절 수준, 음소 수준과 함께 음절체–종성 수준에서 생략과 합성과제로 음운인식을 평가하여 종성인식 여부를 확인한다. 한글은 음절체

표 7–28 **국내 음운인식 검사의 세부 구성내용**

검사명			NISE–B · ACT	K–WFA	BASA: EL	KOLRA	RA–RCP	QRW	초기 문해력
구성 내용/연령			5~14세	유치~고1	4세 이상	초1~6	초1~6	5세~초6	초1~2
음운인식	음절	변별	8	2	8	–	–	–	–
		합성	8	–	4	5	–	2	–
		탈락	8	–	4	5	–	2	–
		대치	8	–	4	–	–	–	–
	음절체–종성	생략	–	–	–	–	–	2	–
		합성	–	–	–	–	–	2	–
	음소	변별	10	1	8	10	–	–	–
		합성	–	–	6	10	–	–	–
		탈락	–	–	6	–	–	–	–
		대치	–	–	6	–	–	–	–
소계			42	3	46	30	0	8	0

로 종성인식은 음절체–종성인식(바+ㅁ) 단위로 평가할 필요가 있다.

음운인식 평가 결과 해석시, 일반 아동의 발달수준을 참고하여 해석할 필요가 있다. 음절인식은 음소인식의 선행 요건으로, 한글을 사용하는 일반 아동의 경우, 음절인식은 주로 4세경, 음소인식은 대부분 6세 경 발달이 일어난다(신혜정 외, 2009; 홍성인 외, 2001).

음운인식 평가는 언어발달 수준이 4세 이상, 음소수준은 5~6세 이상일 때 의미가 있다는 점을 명심할 필요가 있다. 즉, 언어발달에 지연을 보이거나 인지 능력이 낮은 경우에도 음운인식 능력은 낮게 평가될 수 있다. 또는 음운 처리 기술 평가 및 중재는 4~6세 이상의 언어발달 수준일 때 의미가 있다. 언어발달 수준이 만 4세 이전의 아동은 검사 문항의 의미를 이해하지 못하여 '/물총/ 소리에서 /물/ 소리를 빼면 어떤 소리가 남는가?'라는 음절 탈락 문항에 음운적으로 접근하지 않고, 의미적으로 접근하여 '졸졸졸'이라고 답변하는 모습을 볼 수 있다.

마지막으로 음운인식 평가시 /ㄱ/의 음소를 글자 이름 "기역"이라고 말한다거나, 음소가 아닌 분명한 음절(/그/)로 발음하지 않도록 유의할 필요가 있다.

표 7–29 **음운인식 평가의 예**

	음절 수준	음절체+종성	음소 수준
수 세기	/과자/는 몇 개의 소리로 되어 있나요? (2개)		/곰/은 몇 개의 작은 소리로 되어 있나요? (3개)
변별	* 다음 중 첫소리가 다른 하나를 찾으세요. /가지, 가방, 탱크/ (탱크) * 다음 중 마지막소리가 다른 하나를 찾으세요. /소리, 하마, 파리/ (하마)	* 다음 중 받침소리가 다른 하나를 찾으세요. /감, 밤, 일/ (일)	* 다음 중 첫소리가 다른 하나를 찾으세요. /눈, 공, 길/ (눈) * 다음 중 모음소리가 다른 하나를 찾으세요. /마, 고, 하/ (고)
합성	/만/ 소리에 /고/ 소리를 합하면 무슨 소리가 되지요?(만고)	/푸/에 /ㄹ/를 합하면 무슨 소리가 되지요?(풀)	/ㅋ/에 /ㅏ/ 소리를 합하면 무슨 소리가 되지요?(카) /ㅍ/에 /ㅜ/와 /ㄹ/를 합하면 무슨 소리가 되지요?(풀)

탈락	/감자/에서 /감/ 소리를 빼면 어떤 소리가 남을까요?(자)	/떡/에서 /ㄱ/소리를 빼면 어떤 소리가 남을까요?(떠)	/새/에서 /ㅅ/ 소리를 빼면 어떤 소리가 남을까요?(애) /떡/에서 /윽/ 소리를 빼면 어떤 소리가 남을까요?(떠)
대치	/오리/에서 /오/를 /머/로 바꾸면 무슨 소리가 될까요?(머리)	/감/에서 /ㅁ/을 /ㄴ/으로 바꾸면 무슨 소리가 될까요?(간)	/개/에서 /ㄱ/를 /ㅂ/로 바꾸면 무슨 소리가 될까요?(배) /감/에서 /음/을 /은/으로 바꾸면 무슨 소리가 될까요?(간)

출처: 김기주(2008).

(2) 음운기억 검사

작업기억은 어떠한 방법으로 정보를 조작하고 변형하는 동안 정보를 기억하는 용량을 의미하며, 중앙관리자, 음운고리, 시공간 메모장, 일화적 완충기로 구성되어 있다(Baddeley, 2000). 음운작업기억은 작업기억의 하나로 구어적 정보를 일시적으로 저장하는 음운론적 코딩phonological coding을 의미한다. 일반적으로 말소리에 근거한 기억부호는 기억에서 구어 정보를 저장하는 데 가장 효율적인 방법으로, 듣기와 읽기과정에서 자동적으로 활동화된다.

작업기억은 숫자 따라 말하기, 숫자 거꾸로 말하기, 무의미음절 따라 말하기, 문장따라 말하기, 비문장 내용 기억하기, 순차 연결, 그림 기억, 위치 기억 등으로 평가하고 있다(〈표 7-10〉 참조). 이 중 음운기억 평가는 구어정보를 저장하기 위한 음운기억 부호를 이용하는 데 어려움이 있는지를 살펴보는 것으로, 일련의 구어 항목(예: 숫자, 글자, 단어)을 포함하는 기억범위 과제memory span task로 평가한다. 무의미단어 따라 말하기 과제는 들려주는 무의미단어(예: '암-둥-절-칙')를 듣고 순서대로 다시 말하는 것으로, 주의력과 의미기억에 영향을 덜 받기 때문에 음운기억 평가에 용이하다(Puolakanaho et al., 2007). 음운인식에 어려움이 있는 경우, 무의미단어 따라 말하기 오반응 원인이 기억용량 문제가 아이라 음운혼동으로 나타나기도 하므로 주의 깊게 살펴보아야 한다(예: 망쓥 → /말쓥/).

난독증과 가장 관련 있는 음운작업기억은 단어의 소리를 거꾸로 하는 과제이다(Hulme & Snowling, 2009). 물론 음운기억 자체만으로는 읽기 성취를 예측하지는 못하며, 음운인식과 함께 관련 설명이 가능하다(Elbro et al., 1998; Wagner et al., 1997). 음

표 7-30 **작업기억 검사 내용 비교**

검사명		BASA:EL	KOLRA	RA-RCP	K-WISC-Ⅴ	K-WPPSI-Ⅳ	CAS
구성 내용/연령		4세 이상	초1~6	초1~6	6~16세	2;5~7;7	5~12세
작업기억	숫자 따라 말하기	○	–	○	○	–	–
	숫자 거꾸로 말하기	○	–	○	○	–	–
	무의미음절 따라 말하기	○	○	–	–	–	–
	문장 따라 말하기	–	–	○	–	–	–
	비문장 내용 기억하기	–	–	–	–	–	○
	순차 연결	–	–	–	○	–	–
	그림 기억	–	–	–	○	○	–
	위치 기억	–	–	–	–	○	–

운기억에 어려움이 있는 난독증의 경우, 비언어적으로 제시되는 기억과제에서는 일반 아동과 차이를 보이지 않지만, 음운기억 범위 과제에서 일반 아동보다 낮은 수행 능력을 보인다(Stone & Brady, 1995; Catts et al., 2005). 한편, 음운기억에 어려움이 있는 경우, 음운 변별 과제를 어려워할 수 있다. 음운인식 평가는 들은 음을 저장하고, 방금 들은 낱말과 비교하기 위해 그 음운을 기억하면서 새로운 음을 듣는 과정을 필요로 하기 때문이다.

(3) 빠른 자동 이름 대기 검사

음운인출은 의미하는 상징에 구두로 명칭을 부여하는 것으로, 음운회상이라고도 한다. 음운인출에 어려움이 있는 경우, 의미와 이름에 대해 알고 있으나 이름을 명명 하는 데 어려움을 보여, 대치, 에두르기, 지시대명사 과다사용 등을 보일 수 있으며, 읽기유창성 속도가 느릴 수 있다.

음운인출 능력은 음운기억 효과를 최소화한 순수한 인출 능력을 확인하는 것으로, 이미 알고 있는 익숙한 사물이나 기호에 빠르게 이름을 붙이는 것으로 평가한다. 빠른 자동 이름 대기(RAN)는 친숙한 사물, 단어, 낱자, 색깔을 보여주고 가능한 한 빠르게 그것의 이름을 말하도록 하는 것으로(Denckla & Rudel, 1976; 〈표 7-11〉 참조), 음운 인출을 확인하는 대표적인 검사 방법이다.

읽기유창성은 시각적인 정보(문자)를 언어적인 정보(음소)로 유연하게 통합하는 읽기 과정으로, 자소-음소 불일치형 읽기 오류 혹은 읽기 속도가 느린 경우 빠른 자동이름 대기(RAN) 검사 결과를 바탕으로 음운회상에 어려움으로 인한 것인지를 확인할 수 있다. 한편, 자소 지식이 확립되지 않은 아동이라면, 낱자/글자 과제로는 음운회상 능력을 제대로 확인할 수 없다는 점을 유의할 필요가 있다.

표 7-31 RAN 검사 내용 비교

검사명		NISE-B · ACT	BASA:EL	KOLRA	RA-RCP	STROOP
구성 내용/연령		5~14세	4세 이상	초1~6	초1~6	5~12세
음운 회상	색깔	○	○	−	−	○
	사물	○	○	−	−	−
	숫자	−	−	○	−	−
	글자	−	−	○	○	○

표 7-32 RAN 검사 예시

색깔	숫자	글자	사물

출처: 김기주(2008).

6. 읽기·쓰기 보고서 작성

공식/비공식 검사 및 수집한 자료에 대해 채점 및 분석, 해석 후 그 결과를 대상자 또는 보호자에게 설명하거나 다른 전문가에게 알려주어야 한다. 가장 공식적인 방법은 진단보고서를 작성하여 보여주면 설명하는 것이다. 특히 다른 전문가는 진단 과정에 직접 참여하는 것이 아니므로, 보고서에 의존하여 대상자의 능력을 가늠하게 된다. 그러므로 진단보고서는 대상자의 능력을 쉽고 정확하게 유추할 수 있도록 신중하게 작성해야 한다.

진단보고서는 우선 대상자의 현재 수준과 앞으로 제공될 서비스를 안내해 주는 기능으로, 이후 대상자의 변화 여부에 대한 증거가 될 수 있다. 또한 적절한 서비스를 계획할 수 있도록 대상자에 대한 정보를 제공하는 기능으로, 잘 작성된 보고서는 치료교육 계획안을 마련하는 데 충분한 자료가 될 수 있다.

진단보고서에는 배경정보, 검사 절차 및 검사 태도, 검사 결과, 결론 및 제언으로 구성된다. 보고서에는 배경정보를 통해 예측되는 검사가 실시되었고, 주요 검사 결과가 잘 정리되어 있으며, 결과들을 보면서 자연스럽게 도출되는 결론과 권고사항이 제시된다면 그 내용이 잘 전달될 것이다. 참고로 보고서는 내용이 잘 정돈되어 있을 뿐만 아니라, 소제목이 체계적으로 잘 짜여있어야 가독성을 높일 수 있다. 그리고 불필요한 문구의 삽입이나 문법 오류가 없는지 확인해야 한다.

(읽기 쓰기) 진단보고서 작성

- 배경정보: 학년, 주 호소, 의뢰 경로, (관련 있는) 병력/발달력, 교육/치료력, 가족력
  한글 학습 시작 시기, 읽기 및 쓰기에 대한 태도, 운동, 언어, 정서, 인지 수준
- 검사 절차: 읽기·쓰기 수행 수준 및 읽기·쓰기 관련 요인, 언어·인지 공식 검사 및 비공식 검사
- 검사 태도: 관찰한 행동을 구체적으로 기록
- 검사 결과: 검사의 원점수, 등가연령(학년), 백분위지수(표준편차, 표준점수), 해석
  표나 그래프로 정리하여 제시, 읽기·쓰기 수준을 알 수 있는 구체적인 예
- 결론 및 제언: 읽기·쓰기 수준 및 진단명, 진단 근거 및 원인에 대한 설명
- 권고 사항: 치료교육 권고 및 간단한 치료목표, 가정에서의 유의 사항

진전보고서는 각 대상자에 대한 일정한 간격을 두고(대략 3~6개월), 치료과정에서 구현된 목표와 목표에 대한 대상자의 숙련도를 문서화한다. 종결보고서는 중재가 종료되었을 때 기록한다.

(읽기 쓰기) 진전보고서 작성

• 배경정보: 학년, 문제에 대한 정보 및 상태

　　　　　중재 시작 시기 및 치료 회기 빈도와 지속 시간

• 초기 수준: 중재 시작 시 공식 · 비공식 검사 결과 및 기초선 수준

• 치료목표 및 진행: 중재 기간의 치료목표 및 반응에 대한 월간 리뷰

• 현재 수준: 현재 공식 · 비공식 검사 결과(사전 자료와 비교)

　　　　　읽기 · 쓰기 및 관련 요인의 수준을 알 수 있는 구체적인 예 및 임상적 인상

• 제언: 진전된 사항에 대한 설명, 지속적인 치료교육의 필요성 및 간단한 치료목표

　　　대상의 강점 및 가정에서의 유의 사항

　평가보고서는 언어재활사와 다른 전문가들 사이에서 첫 번째 연락 방법이자 유일한 연락 방법일 수 있다. 엉망으로 작성된 보고서는 임상가의 전문적인 신뢰성을 심각하게 위협할 수 있으므로, '정확한 맞춤법, 완성된 문장, 양식의 정돈, 해석의 구체적인 근거(표, 그래프의 적절한 사용)'에 문제가 없도록 작성해야 한다. 더불어 대상자 가족에게도 의미 있는 보고서가 되도록, 간단한 설명과 분명한 예를 포함해야 하며, 대상자의 단점뿐만 아니라 장점에 대한 정보가 포함될 수 있도록 하는 것이 좋다.

보고서 작성 시 주의 사항

• 임상보고서에는 회화체로 쓰는 것을 피하라(예: '아동이 잘 읽지 못했어요.')

• 정확한 맞춤법, 문장부호, 문법을 사용하고, 완전한 문장으로 작성하라.

• 검사명을 처음 언급할 때는 전체 이름을 언급한 후, 다음부터는 약어를 사용하라.

• 일어난 시간의 순서에 따라 정보(특히 발달사)를 제시하라.

• 다른 사람이 보고한 정보와 임상가가 관찰 등을 통해 얻은 정보를 분명히 차별화하라.

• 어떠한 해석상의 진술을 하기 전에 측정/관찰된 데이터를 나열하라.

• 보고서에는 대상자의 단점뿐만 아니라 장점에 대한 정보도 포함하라.

• 결론에는 본문에서 소개되지 않았던 내용을 쓰지 않도록 한다.

- 전문가적인 기술을 사용해서 동료들과 의사소통할 만한 보고서를 쓰되, 대상자 가족에게도 의미 있는 보고서가 되도록 간단한 설명과 분명한 예를 포함하라.
- 눈으로 관찰할 수 없는 언어를 사용하지 말고 구체적으로 기술하라(언어이해 능력이 부족하다 vs 4세 수준의 언어이해력을 보인다. 불안한 vs 손톱이나 옷소매 자락을 계속 물어뜯는. 집중하지 못하는 vs 과제에 시선을 두고 유지하지 못하고, 비협조적인 vs 착석하지 않거나. 과제를 밀어내는)
- 과장과 허풍을 피하라(예: 아무 반응도 없는, 완전히 비협조적인)

읽기 · 쓰기 핵심 평가 요소

1. 해독 및 철자: 의미 · 무의미 수준의 낱말에 따른 해독 능력

　　　음운변동 규칙 적용 유무에 따른 해독 능력

2. 읽기유창성: 해독의 자동화 및 이해하며 읽는 능력
3. 읽기이해: 문장 이해, 문단글 이해
4. 작문: 문장 완성, 주제 글쓰기

읽기 · 쓰기 관련 평가 요소

1. 인지 능력
2. 언어이해: 어휘 지식(동의어, 반의어, 범주어, 파생어), 관용어 · 속담 이해

　　　구문 지식(문법형태소: 조사, 어미, 문법 지식(연결어미, 접속부사)

3. 주의력 및 학습동기/태도
4. 음운 처리 기술

참고문헌

곽금주, 장승민(2019). 한국 웩슬러 아동용 지능검사 5판(Korean Wechsler Intelligence Scale for Children-5: K-WISC-V). (주) 인싸이트.

김기주(2022). 난독증 성인 파닉스 중재 사례 연구. Communication Sciences & Disorders, 27(3), 558-576.

김기주(2008). 취학 전 조음음운장애 아동의 하위 유형별 사전문해 능력. 박사학위논문, 부산대학교 대학원.

김남영, 김자경(2006). RAN 과제 반복훈련이 읽기장애아동의 단어 재인 속도와 읽기 유창성에 미치는 효과. 정서 · 행동장애연구, 22(4), 271-291.

김동일(2008). 기초학습기능 수행평가체제: 수학[Basic Academic Skills Assessment: Math(BASA: M)]. (주) 인싸이트.

김동일(2008). 기초학습기능 수행평가체제: 쓰기[Basic Academic Skills Assessment: Written Expression(BASA: WE)]. (주) 인싸이트.

김동일(2008). 기초학습기능 수행평가체제: 읽기[Basic Academic Skills Assessment: Reading (BASA: R)]. (주) 인싸이트.

김동일(2011). 기초학습기능 수행평가체제: 초기문해[Basic Academic Skills Assessment: Early Literacy(BASA: EL)]. (주) 인싸이트.

김동일(2011). 기초학습기능 수행평가체제: 초기수학[Basic Academic Skills Assessment: Early Numeracy(BASA: EN)]. (주) 인싸이트.

김동일(2018). 기초학습기능 수행평가체제: 수학문장제 (BASA MP). (주) 인싸이트.

김동일(2008). 청소년 학습전략 검사(Assessment of Learning Strategies for Adolescents: ALSA). (주) 인싸이트.

김미배, 배소영, 정경희(2012). 읽기부진 아동의 문법형태소 사용력. 언어치료연구, 21(1), 17-37.

김미배, 배소영(2011). 낱말읽기에서의 초등학생 음운해독력 발달. Communication Sciences & Disorders, 16, 143-153.

김애화, 김의정, 유현실(2020). 쓰기 성취 및 쓰기 인지 처리 능력 검사(test of Writing Achievement and Writing Cognitive Processes ability: WA-WCP). (주) 인싸이트

김애화, 김의정, 황민아, 유현실(2012). 읽기 성취 및 읽기 인지처리검사(RA RCP). 학지사심리검사연구소.

김애화, 신현기, 이준석(2010). 학습장애 선별검사(LDSS: Learning Disability Screening Scales). (주)펑키밍키.

김애화, 유현실, 김의정(2010). 단어인지, 읽기유창성, 읽기이해에 대한 예측 연구: 5세와 6세

아동을 대상으로 실시한 종단연구. 초등교육연구, 23(4), 427-453.

김애화, 최한나, 김주현(2010). 초등학교 철자부진학생과 일반학생의 철자 특성 비교 연구. 특수교육학연구, 45, 203-223.

김애화, 임화경, 박성희(2009). 초등학생의 단어인지 특성 연구. 특수교육학연구, 44, 157-184.

김애화(2009). 초등학교 학생의 철자 특성 연구: 철자 발달 패턴 및 오류 유형 분석. 초등교육연구, 22(4), 85-113.

김영태, 제현순, 정경희, 김영란, 배소영, 최은정, 정상임, 김효창(2021). 아동 간편 읽기 및 쓰기 발달 검사(Quick Assessment: of Childhood Reading and Writing; QRW). (주) 인싸이트.

나예주, 하지완(2016). 5~8세 아동의 철자지식과 음운인식이 시각적 단어 해독과 부호화에 미치는 영향. 디지털융복합연구, 14(6), 535-546.

문수백(2014). 한국 카우프만 아동 지능검사 2(Kaufman Assessement Battery for Children II: KABC-II). (주) 인싸이트.

문수백, 이영재, 여광응, 조석희(2007). 종합인지기능 진단검사(CAS). 학지사 심리검사연구소.

민수영, 이창환(2018). 한글 단어 재인에 영향을 미치는 변인: 음절 형태를 중심으로. 인지과학, 29(4), 193-220.

박경숙, 김계옥, 송영준, 정동영, 정인숙(2008). 기초학력검사(KISE-BAAT). 국립특수교육원.

박경숙, 윤점룡, 박효정(1989). 기초학습 기능검사. 도서출판 특수교육.

박혜원(2013). 한국 비언어 지능검사 2판 K-CTONI-2(Korean Comprehensive Test of Nonverbal Intelligence-2). 마인드프레스.

박혜원, 이경옥, 안동현(2019). 한국 웩슬러 유아지능검사 4판(K-WPPSI-IV). (주) 인싸이트.

배소영, 김미배, 윤호진, 장승민(2015). 한국어 읽기검사(KOLRA). (주) 인싸이트.

백은정, 김자경(2012). 자기점검전략이 쓰기학습장애 학생의 철자쓰기능력에 미치는 효과. 학습장애연구, 9, 67-88.

신민섭, 박민주(2007). 스트룹 아동 색상-단어 검사(STROOP). 학지사심리검사연구소.

신민섭, 조수철, 홍강의(2007). 한국판 학습장애 평가 척도(K-LDES). 학지사 심리검사연구소.

신혜정, 박희정, 장현진(2009). 4~6세 아동의 음절 및 음소인식 능력 발달 연구. 언어치료연구, 18(3), 99-114.

안성우, 김자경, 서유경, 김기주, 신영주(2006). 초등학교 1~2학년 받아쓰기 부진 아동의 특성 연구. 특수교육 저널: 이론과 실천, 7(4), 175-193.

엄훈, 정종성(2019). 초기문해력검사. (주) 인싸이트.

오경자, 하은혜, 이혜련, 홍강의(1991). 아동 행동 평가척도(Child Behavior Checklist; CBCL). ASEBA.

양민화, 김보배, 나종민(2017). 초등학교 1학년 난독증 아동의 단어읽기 및 철자능력 예측지표 연구. Communication Sciences & Disorders, 22(4), 690-704.

양민화(2009). 유치원 아동의 철자발달 단기종단연구. 언어청각장애연구, 14(1), 14-33.

여광응, 이점조, 최지영(2003). 또래지도가 독해부진아의 독해력과 적응행동에 미치는 효과. 특수교육연구, 10(2), 249-270.

여승수(2014). 쓰기학습장애 조기선별을 위한 초등학교 저학년용 CBM 쓰기 검사의 측정학적 적합성 연구. 학습장애연구, 11(2), 71-97.

윤효진(2016). 학령기 아동의 읽기이해 관련 요인: 단어재인정확도와 읽기유창성을 중심으로. 언어치료연구, 25(4), 109-118.

윤효진, 김미배, 배소영(2011). 읽기부진아동의 해독 특성. 언어청각장애연구, 16(4), 582-596.

이대식(2007). 수학학습장애 진단 및 판별 방법으로서의 내재성 처리과정 결함 접근의 타당성과 전망. 정서·행동장애 연구, 23(2), 217-249.

이대식(2017). 학습부진 및 학습장애 교육: 교수-학습이론과 모형의 조건. 학지사.

이문옥(2003). 유아 읽기 지도에 관한 이론적 고찰. 열린유아교육연구, 8(2), 201-219.

이태수, 서선진, 나경은, 이준석, 김우리, 이동원, 오유정(2017). 기초학습능력검사(NISE-Basic Academic Commetence Test: NISE-B·ACT). 국립특수교육원.

임호찬(2003). 부모양육태도(Parenting Attitude Test Profile; PAT). 가이던스.

정대영, 정동영(1996). KISE 학습장애 선별척도. 국립특수교육원.

하인수(2005). 학령기 아동의 읽기속도에 관한 연구. 석사학위논문, 대구대학교 대학원.

한국심리주식회사(n.d.). https://www.koreapsy.co.kr

홍상황, 황순택, 김지혜, 박중규(2015). 한국판 웩슬러 기초학습기능검사(K-WFA). 한국심리주식회사.

홍성인, 전세일, 배소영, 이익환(2002). 한국 아동의 음운인식 발달. Communication Sciences & Disorders, 7(1), 49-64.

황순택, 김지혜, 조선미, 홍창희, 안이환, 한태희, 홍상황(2013). 한국 아동·청소년 인성 평정척도(Korean Personality Rating Scale for Children; KPR-C). 학지사심리검사연구소.

Álvarez-Cañizo, M., Suárez-Coalla, P., & Cuetos, F. (2015). The role of reading fluency in children's text comprehension. *Frontiers in Psychology, 6*, 1810.

Apel, K., Wilson-Fowler, E. B., Brimo, D., & Perrin, N. A. (2012). Metalinguistic contributions to reading and spelling in second and third grade students. *Reading and writing, 25*(6), 1283-1305.

Baddeley, A. (2000). The episodic buffer: A new component of working memory?. *Trends in Cognitive Sciences, 4*, 417-423.

Catts, H. W., Adlof, S. M., Hogan, T. P., & Weismer, S. E. (2005). Are specific language impairment and dyslexia distinct disorders?. *Journal of Speech, Language, and Hearing Research, 48*(6), 1378-1396.

Denckla, M. B., & Rudel, R. G. (1976). Rapid 'automatized' naming (RAN): Dyslexia differentiated from other learning disabilities. *Neuropsychologia, 14*(4), 471-479.

Ehri, L. C. (1991). Development of the ability to read words. *Handbook of Reading Research, 2*, 383-417.

Ehri, L. C. (2005). Development of sight word reading: Phases and findings. In M. J. Snowling & C. Hulme (Eds.), *The science of reading: A handbook* (pp. 135-154). Blackwell Publishing.

Elbro, C., Borstrøm, I., & Petersen, D. K. (1998). Predicting dyslexia from kindergarten: The importance of distinctness of phonological representations of lexical items. *Reading Research Quarterly, 33*(1), 36-60.

Flanagan, D. P., & Alfonso, V. C. (2016). 학습장애 진단과 판별 (*Essentials of specific learning disability identification*). (김동일 역). 학지사. (원저는 2010년에 출판).

Fuchs, L. S., Fuchs, D., & Deno, S. L. (1982), Reliability and validity of curriculum-based informal reading inventories. *Reading Research Quarterly, 18*, 6-26.

Gardner, H. (2012). The theory of multiple intelligences. *Early professional development for teachers, 133*.

Graham, S. (1997). Treatment of handwriting problems in beginning writers: Transfer from handwriting to composition. *Journal of Educational Psychology, 89*(4), 652-666.

Graham, S., & Perin, D. (2007). *Writing next: Effective strategies to improve writing of adolescents in middle and high schools-A report to carnegie coporation of New York*. Alliance for Excellence in Education.

Griffiths, S., & Frith, U. (2002). Evidence for an articulatory awareness deficit in adult dyslexics. Dyslexia, 8, 14-21.

Hudson, R. F., Lane, H. B., & Pullen, P. C. (2005). Reading fluency assessment and instruction: What, why, and how?. *The Reading Teacher, 58*, 702-715.

Hulme, C., & Snowling, M, J. (2009). *Developmental disorders of language learning and cognition*. Wiley-Blackwell.

Jimerson, S. R., Burns, M. K., & VanDerHeyden, A. M. (2007). *Handbook of response to intervention*. Springer.

Jobard, G., Crivello, F., & Tzourio-Mazoyer, N. (2003). Evaluation of the dual route theory of reading: A metanalysis of 35 neuroimaging studies. *NeuroImage, 20*(2), 693-712.

Kaufman, M. E. (1984). The courage to forgive. *Israel Journal of Psychiatry and Related Sciences, 21*(3), 177-187.

Kwok, R. K., & Ellis, A. W. (2014). Visual word learning in adults with dyslexia. *Frontiers in Human Neuroscience, 8*, 1-12.

Landerl, K., & Wimmer, H. (2008). Development of word reading fluency and spelling in a consistent orthography: An 8-year follow-up. *Journal of Educational Psychology, 100*(1), 150-161.

Luria, A. R. (1966). *Higher cortical functions in man.* Basic Books.

Masterson, J. J., Apel, K., & Wasowicz, J. (2002). *SPELL Examiner's Manual: Spelling Evaluation for Language and Literacy: a Prescriptive Assessment of Spelling on CD-ROM.* Learning By Design.

Mckenna, M. C., & Kear, D. J. (1990). Measuring attitudes toword reading: A new tool for teachers. *The Reading Teacher, 46*, 626-639.

McMaster, K., & Espin, C. (2007). Technical features of curriculum-based measurement in writing: A literature review. *The Journal of Special Education, 41*(2), 68-84.

Mercer, C. D., & Mercer, A. R. (2005). *Teaching students with leaning problems.* Prentice Hall.

Moats, L. (2009). Knowledge foundations for teaching reading and spelling. *Reading and Writing, 22*(4), 379-399.

Naglieri, J. A., & Das, J. P. (1997). *Das naglieri cognitive assessment system.* Riverside Pubilishing.

National Reading Panel (2000). *Report of the National Reading Panel: Teaching people to read.* National Institute of Child Health and Human Development.

O'Connor, R. E. (2018). Reading fluency and students with reading disabilities: How fast is fast enough to promote reading comprehension. *Journal of Learning Disabilities, 51*(2), 124-136.

Paige, D. D., Rasinski, T. V., & Magpuri-Lavell, T. (2012). Is fluent, expressive reading important for high school readers?. *Journal of Adolescent & Adult Literacy, 56*(1), 67-76.

Parrila, R., Georgiou, G., & Corkett, J. (2007). University students with a significant history of reading difficulties: What is and is not compensated?. *Exceptionality Education International, 17*(2), 195-220.

Pedersen, H. F., Fusaroli, R., Lauridsen, L. L., & Parrila, R. (2016). Reading processes of university students with dyslexia: An examination of the relationship between oral reading and reading comprehension. *Dyslexia, 22*(4), 305-321.

Puolakanaho, A., Ahonen, T., Aro, M., Eklund, K., Leppänen, P. H., Poikkeus, A. M., Tolvanen, A., Torppa, M., & Lyytinen, H. (2007). Very early phonological and language skills: Estimating individual risk of reading disability. *Journal of Child Psychology and Psychiatry, 48*(9), 923-931.

Rasinski, T. V. (2003). *The fluent reader: Oral reading strategies for building word recognition, fluency and comprehension.* Scholastic.

Raynor, K., Foorman, B. R., Perfetti, C. A., Pesetsky, D., & Seidenberg, M. S. (2001). How psychological science informs the teaching of reading. P*sychological Science in the Public Interest, 2,* 31-73.

Roberts, T. A., Christo, C., & Shefelbine, J. A. (2011). Word recognition. In M. L. Kamil, P. D. Pearson, E. B. Moje, & P. Afflerbach (Eds.), *Handbook of reading research* (Vol. 4, pp. 255-284). Routledge.

Shaywitz, S. E., & Shaywitz, B. A. (2008). Paying attention to reading: The neurobiology of reading and dyslexia. *Development and Psychopathology, 20,* 1329-1349.

Shaywitz, S. E., Shaywitz, B. A., Fulbright, R. K., Skudlarski, P., Mencl, W. E., Constable, R. T., & Lyon, G. R. (2003). Neural systems for compensation and persistence: Young adult outcome of childhood reading disability. *Biological Psychiatry, 54*(1), 25-33.

Stone, B., & Brady, S. (1995). Evidence for phonological processing deficits in less-skilled readers. *Annals of Dyslexia, 45*(1), 51-78.

Vellutino, F. R., Scanlon, D. M., & Spearing, D. (1995). Semantic and phonological coding in poor and normal readers. *Journal of Experimental Child Psychology, 59*(1), 76-123.

Wagner, R. K., Torgesen, J. K., Rashotte, C. A., Hecht, S. A., Barker, T. A., Burgess, S. R., Donahue, J., & Garon, T. (1997). Changing relations between phonological processing abilities and word-level reading as children develop from beginning to skilled readers: A 5-year longitudinal study. *Developmental Psychology, 33*(3), 468.

Wecsher, D. (2003). *Wechsler intelligence scale for children* (4th ed.). Harcour Assessment, Inc.

Williams, C. J., & Masterson, J. J. (2010). Phonemic awareness and early spelling skills in urban Australian aboriginal and non: Aboriginal children. *International Journal of Speech-Language Pathology, 12*(6), 497-507.

Wolf, M. (1991). Naming speed and reading: The contribution of the cognitive neurosciences. *Reading Research Quarterly, 26*(2), 123-141.

Zutell, J., & Rasinski, T. V. (1991). Training teachers to attend to their students' oral reading fluency, *Theory into Practice, 30*, 211-217.

제8장

중재 원리 및 계획

1. 중재의 구성 요소

읽기 · 쓰기 어려움이 학습 및 일상생활에 영향을 미치고 있다면 중재가 권고된다. 읽기 · 쓰기 중재의 궁극적인 중재 목표는 글을 이해하고, 자신의 생각을 글로 표현할 수 있도록 하는 것이다.

읽기 · 쓰기에 어려움을 가진 대상을 효과적으로 중재하려면 필수적인 임상 기술을 익힐 필요가 있다. 중재는 장단기 계획, 회기 계획, 핵심 교수 전략, 수행평가로 구성되며, 이러한 기술들은 인간 행동의 기본 원리와 학습 이론에 바탕을 두고 있다. 성공적인 중재를 위해서는 이러한 기본 요소들을 잘 세운 다음, 중재 시 다양한 요소들

＊ 중재의 구성 요소

- 장단기 계획 세우기: 목표 선정, 경로 설계, 중재 전략, 목표 기술
- 회기 계획: 중재 회기 구성, 실행, 일지
- 핵심 교수 전략: 학습을 촉진하는 기본 훈련 기술 사용
- 수행평가: 대상자 수행 및 치료의 효율성에 대한 체계적 측정

을 고려하며 진행할 수 있어야 한다.

1) 장단기 계획 세우기

장단기 계획을 세우는 과정에는 중재 목표 선정, 경로 설계, 중재 전략 등이 포함된다.

(1) 목표 선정

중재의 첫 단계는 목표를 명료하게 설정하는 일이다. 즉, 중재를 통해 습득되어야 할 수준을 확인하는 것이다. 읽기 · 쓰기 중재의 궁극적인 기본 목표basic goals는 글을 이해하고, 자신의 생각을 글로 표현할 수 있도록 하는 것이며([그림 8-1] 참조), 읽기 · 쓰기 중재에서의 장단기 계획은 그 목표에 이르는 요소를 규명하는 것이다.

장단기 계획을 세울 때 목표는 **진단평가**와 **기초선 평가** 자료를 기반으로 한다. 일반적으로 진단평가는 표준화 검사 결과에 기초를 두는데, 표준화 검사 결과만으로는 장단기 계획을 세우는 데 충분하지 않을 수 있다. 표준화 검사 결과는 잠재적 약점이 있는 영역이라는 점을 나타내는 것으로, 하나의 오반응만으로 중재 목표에 포함할 만한 충분한 근거는 되지 못한다. 혹은 하나의 정반응만으로 중재 목표에 포함하지 않아도 될 만한 충분한 근거가 될 수는 없다. 따라서 기초선 평가를 통해 좀 더 정밀한 자료를 마련하여 장단기 계획을 세운다. 기초선은 진단평가 결과를 토대로 임상가가 마련한 측정치를 대상자에게 여러 차례 기회를 제공한 후에 마련한다.

중재 목표는 **발달적 접근**development approach과 **기능적 접근**fuctional approach으로 수립 전략을 갖는다(이윤경 외, 2010). 발달적 접근은 일반 아동의 발달단계와 동일한 순서로

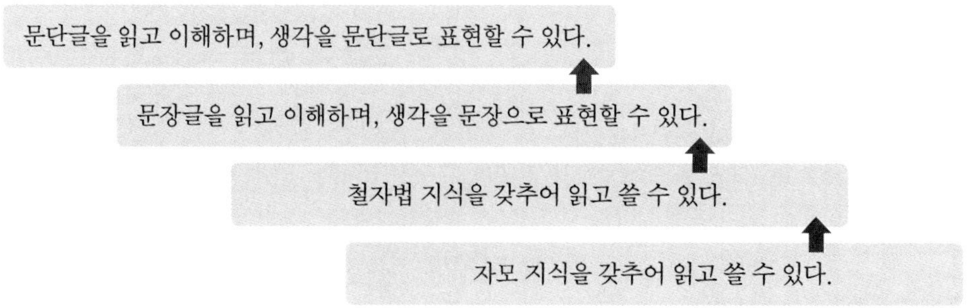

문단글을 읽고 이해하며, 생각을 문단글로 표현할 수 있다.

문장글을 읽고 이해하며, 생각을 문장으로 표현할 수 있다.

철자법 지식을 갖추어 읽고 쓸 수 있다.

자모 지식을 갖추어 읽고 쓸 수 있다.

[그림 8-1] 기초 문해 지도의 위계

| 표 8-1 | 발달적 접근과 기능적 접근에 따른 목표 수립의 예 |

평가결과: 대상으로 초동 2학년으로, 검사 결과 자소-음소 일치형 해독과 자소-음소 불일치형 낱말 해독 및 받아쓰기에서 50% 미만의 정확도를 보이며, 읽기유창성, 읽기이해에도 어려움을 보인다. (해독 오류의 예: '모기'→ /모기/, '장미'→ /ㅡ미/, '투디'→루-/, '같이'→ /가이/)		
발달적 접근	목표: 자소-음소 일치형으로 된 받침 없는 낱말을 읽고 쓸 수 있다.	
	근거: 읽기 발달단계에 의하면, 자소-음소 일치형 낱말 읽기가 음운변동 규칙이 적용되는 자소-음소 불일치형 낱말 읽기보다 선행되는 발달단계이며, 받침 없는 낱말 읽기가 받침 있는 낱말 읽기보다 선행된다	
기능적 접근	목표: 2학년 교과 어휘를 읽을 수 있다.	
	근거: 2학년 교과 어휘에는 받침 있는 낱말, 음운변동 규칙이 적용되는 낱말이 포함되며, 음운변동 규칙이 적용되는 자소-음소 불일치형 낱말 읽기는 자소-음소 일치형 낱말 읽기보다는 늦게 습득되나, 대상자의 학습 동기 및 학교에서의 어려움을 최소화하기 위해 교과 어휘를 우선적인 목표로 선정한다.	

중재 목표를 구성하는 것으로, 규준적 접근$^{normative\ approach}$이라고도 한다. 반면 기능적 접근은 발달적 접근보다는 대상자의 특별한 요구에 기초하여 목표를 수립하는 것으로 대상자-특정적 접근$^{client-specific\ approach}$이라고도 한다. 예를 들며 매일의 생활 중에 사용 빈도가 높아서 대상자가 반드시 습득해야 하거나, 대상자의 일상생활에 중요한 기능을 갖는 기술을 우선적 목표로 선정한다. 또한 자극반응도^{stimulability}가 높아서 대상자가 상대적으로 쉽게 습득할 수 있는 것도 우선적인 중재 목표로 고려할 수 있다.

(2) 중재 시작점 선정

진단평가 및 기초선 자료를 분석하여 목표를 설정하였다면, 다음은 중재 시작 단계를 결정한다. 읽기 · 쓰기 발달은 자모 지식이 철자법 지식보다 선행하는 단계이며, 언어이해와 밀접한 관련이 있다. 임상가는 발달의 단계성과 연속성을 고려하여, 대상자의 수행이 해당 발달단계의 출현 지점에 해당하는 것인지, 완성 지점에 해당하는 것인지를 잘 파악할 수 있어야 한다. 또한 대상자의 인지 특성과 학습 동기도 고려해야 한다. '파리'라는 글자를 읽지 못하지만, '파이리' '피카츄'와 같은 포켓몬 캐릭터는 몇 개 읽을 수 있는 경우, 통글자 읽기(자소 전 단계)부터 중재를 시작할 것인지, 자소-음소 대응 원리부터 중재할 것인지를 결정할 때, 대상자가 어느 정도 수행 가능한 단계부터 시작하는 것이 좋다. 즉, 대상자가 해당 수준에서 50%의 정확도 이하의 점수를 받았다면, 해당 수준보다 아래 난이도에서 시작하는 것이 좋으며, 기초선 자극에서의 정확도가 50~75%일 때 동일한 난이도에서 시작하는 것이 좋다.

중재는 대상자가 프로그램의 모든 단계에서 지속적으로 성취감을 경험할 수 있게끔 설계되어야 한다. 동기란 인간의 행동을 결정하고 목표를 향해 나아가도록 만드는 원동력으로, 중재 시 학습자의 학습 동기를 고려하는 것은 필수적이다. 외적 동기보다 내적 동기의 힘이 강력해서 내적 동기는 자발적인 활동과 참여, 지속적인 관심을 초래할 수 있다. 성취감은 내적 동기를 자극시킨다. 즉, 알아야 흥미도 느낄 수 있다.

(3) 중재 경로 설계

그다음은 목표에 도달하는 데 최적의 경로를 설계한다. 단기목표는 장기목표를 수행하기 위한 세부 계획을 의미한다. 단기 목표를 설정할 때에는 발달적 접근에서 무엇부터 습득되는가를 기준으로 할 수도 있고, 다른 목표에 비해 보다 기초가 되는 것은 무언인가를 고려하여 배열할 수도 있다.

장기목표를 단기목표로 세분화하는 경우, 단기목표 간의 관계를 고려하여 수평적horizontal 접근과 수직적vertical 접근으로 구분하기도 한다(이윤경 외, 2010). 수직적 접근은 장기목표를 구성하는 단기목표들이 서로 위계적인 관계로 이루어진 것을 말하며, 이 경우에는 반드시 치료 순서를 단기목표의 순서에 따라 진행하여야 한다. 반면, 수평적 접근은 구성된 단기목표들이 서로 위계적인 관계가 없이 비슷한 수준으로 구성된 것으로 치료 순서에 크게 구애받지 않아도 된다. 읽기 · 쓰기 중재시 수직적으로 구성할 것인지, 수평적으로 구성할 건인지는 대상자의 언어이해 및 인지 능력과 특성, 학습 동기 및 태도, 학년 등을 고려하여 설계한다.

중재 단계는 자극유형(자료의 활용), 과제 양식(단서, 촉구, 모델링, 자발적), 반응 수준(난이도, 반응 속도) 이 세 요소를 수정하며 난이도를 설계할 수 있다(Roth & Worthington, 2016). 정교화 이론(Reigeluth, 1999)에 의하면, 계열화에 대한 전체론적인 접근을 제공하였을 때 학습이 극대화된다. 즉, 쉽고 친숙한 개념을 먼저 제시하고, 단순한 것에서 복잡한 것으로, 아래 단계부터 차례대로 수행하도록 제시하는 것은 학습 원리의 기본이다.

중재는 대상자의 지식을 현재 수준보다 한 단계 넘어설 수 있도록 단기목표를 맞추었을 때 가장 효과적이다. 몰입 이론(Csikszentmihalyi, 2000)에 따르면, 학습은 과제 난이도와 학습 능력이 균형을 이룰 때 일어난다. 중재 목표가 대상자에게 너무 어렵거나 혹은 너무 쉬우면 대상자는 수행하지 않기도 한다. 따라서 단계별 난이도를 촘촘하게 설계하여 약간 어려운 과제를 준비하는 것이 필요하다.

임상 팁

[중재 요소별 목표 수정의 예]

목표: 대상자는 /ㅁ/ 받침 있는 자소–음소 일치형 낱말 20개를 스스로 90% 정확하게 읽을 수 있다.

→ **자극 유형의 하향 수정**: 대상자는 형광색이 표기된 /ㅁ/ 받침 있는 자소–음소 일치형 낱말 20개를 스스로 90% 정확하게 읽을 수 있다.

→ **자극 유형의 변경 수정**: 대상자는 열쇠단어 힌트가 제공되면 /ㅁ/ 받침 있는 자소–음소 일치형 낱말 20개를 스스로 90% 정확하게 읽을 수 있다.

→ **과제 양식의 하향 수정**: 대상자는 받침에 형광색 표기된 /ㅁ/ 받침 있는 자소–음소 일치형 낱말 20개를 임상가를 따라 90% 정확하게 읽을 수 있다.

→ **과제 양식의 변경 수정**: 대상자는 받침에 형광색 표기된 /ㅁ/ 받침 있는 자소–음소 일치형 낱말 20개를 /ㅁ/ 음소 단서를 제공 받으면 90% 정확하게 읽을 수 있다.

→ **반응 수준의 상향 수정**: 대상자는 받침에 형광색 표기된 여러 받침 있는 자소–음소 일치형 낱말 20개를 스스로 90% 정확하게 읽을 수 있다.

→ **자극, 과제, 반응 수준의 상향 수정**: 대상자는 형광색이 표기되지 않은 여러 받침 있는 자소–음소 일치형 낱말 20개를 20초 내에 정확하게 읽을 수 있다.

→ **반응 수준의 상향 수정**: 대상자는 받침에 형광색 표기된 받침 있는 자소–음소 일치형 낱말과 연음화 규칙이 적용되는 낱말을 함께 제시하였을 때 20개를 스스로 90% 정확하게 읽을 수 있다.

한편, 일반화generalization는 새로 습득한 읽기 · 쓰기 기술을 일상생활로 전이시키는 능력으로 중재 과정에서 고려해야 할 중요 사항이다. 일반화는 가능한 한 실제와 유사한 상황에서 중재가 일어날 경우 높아진다. 그러므로 일반화를 중재 과정 맨 마지막 단계에서 고려하는 사항으로 보아서는 안 된다. 예를 들면, 낱말 수준의 읽기 중재 단계에서 낱말만 독립적으로 제시하기보다는, 목표 낱말이 포함된 문장을 함께 제시

하여 중재하는 것이 일반화에 효과적일 수 있다.

(4) 단기목표의 기술

단기목표는 장기목표를 수행하기 위한 세부 계획을 의미하며, 명확하고 명백하게 기술되어야 하며, 관찰 가능하고 측정 가능한 형태로 기술할 수 있어야 한다(이윤경 외, 2010). 단기목표는 행동^{content}, 조건^{condition}, 준거^{criterion}를 포함한 3C 형식으로 기술하도록 권장한다.

① 행동

행동이란 대상자가 수행하도록 기대되는 구체적인 행위를 말한다. 즉 행동 목표에는 '말하다' '따라하다' '명명하다' '묻다' '읽다' '쓰다'와 같은 관찰할 수 있거나 셀 수 있는 행위를 나타내는 동사가 포함되어야 한다. '배우다' '이해하다' '기억하다'와 같은 동사는 관찰할 수 없는 행동으로 행동 서술에 적합하지 않은 동사이다.

② 조건

목표에서 **조건**은 목표 행동이 수행되기 위한 상황을 말한다. 조건 서술은 언제 그 행동이 일어나는지, 어디에서 수행될 것인지, 누가 있을 때인지, 목표를 이끌어내기 위해 어떤 자료와 단서가 사용될 것인지 등 한 가지 이상을 구체화하는 것이다. 읽기 · 쓰기 중재에서는 '임상가의 모델링이 제시되었을 때' '그림 단서와 함께 글자를 제시하였을 때' '3개의 비교 낱말과 함께 제시하였을 때' '받침 없는 자소─음소 일치형 의미단어를 제시하였을 때' '유아 수준의 전래동화를 읽는 동안'과 같은 조건 서술이 사용될 수 있다.

조건 서술은 대상자가 어떤 상황에서 적절한 수행을 했는지를 나타내는 것이므로 행동 목표에서 매우 중요한 부분이다. '받침 없는 자소─음소 일치형 의미단어 읽기'와 '받침 있는 자소─음소 일치형 무의미단어 읽기'는 그 발달 수준이 다르며, '이야기책 읽기 동안'과 '자유놀이를 하는 동안'의 태도는 차이를 보이기 때문이다. 그리고 '자소─음소 불일치형 낱말 읽기'보다 '연음화 낱말 읽기' '구개음화가 포함된 어절 읽기'와 같이 조건 서술은 명확하고 세밀할수록 좋다.

③ 준거

준거는 목표를 성취하기 위해 목표 행동을 얼마나 잘 수행해야 하는지를 명시하는 것이다. 준거는 '10번 시도 중 8번 정확하게, 90% 정확하게'와 같이 주어진 시간 내, 정확률, 최소 정반응 수, 최대 오반응 수 등을 비롯하여 여러 방식으로 표현될 수 있다.

잘 만들어진 행동 목표 기술은 임상가뿐만 아니라 대상자와 보호자도 중재 목표가 무엇이며, 그것을 어떻게 성취할 것인지, 성공적인 수행이란 무엇인지 명확히 알 수 있도록 해 준다.

임상 팁

[읽기·쓰기 중재 시 단기 목표 기술의 예]

- 자소―음소 일치형 2학년 교과 어휘 20개를 90% 이상 정확하게 받아쓸 수 있다.
- 자소―음소 일치형 외래어 낱말 40개를 90% 이상 일견 단어로 읽을 수 있다.
- 겹받침에 연음화 규칙이 적용되는 20개의 문장을 90% 이상 정확하게 읽을 수 있다.
- 자소―음소 불일치형 낱말이 포함된 낱말을 90% 이상 정확하게 받아쓸 수 있다.
- 초등 2학년 교과서 내의 문단글을 1분에 200음절 이상을 정확하게 읽을 수 있다.
- 임상가와 일과에 관한 경험 이야기를 나눈 후, 일과 경험을 3문장 이상의 글로 표현할 수 있다.

---

(5) 중재 전략

학습은 일정 기간 이상 지속되는 인간의 성향이나 능력의 변화로 자연적 성장과 다르다(Gagne, 1985). 그럼에도 불구하고 중재의 궁극적 목표는 단편적인 기술 습득이나 행동을 (가능한 범위까지) 지도하는 것이라기보다는 읽기·쓰기 발달을 촉진하는 전략들을 가르치는 것이다. 기술^{skills}은 주어진 상황에서 특정 결과를 도출하는 데 필요하지만, 전략^{strategies}은 새로운 여러 학습 맥락에서 이러한 기술들을 언제 그리고 어떻게 사용하는지 알 수 있도록 하는 데 필요하다.

읽기·쓰기 능력은 의사소통 및 학습을 목적으로 습득하고 사용하는 것이므로 맥락에서 지도해야 한다. 가능한 한 중재는 실제 상황에서 사용되는 내용으로 이루어져야 하며, 의미 있는 의사소통 상황에 참여할 기회를 대상자에게 제공해야 한다. 중재는 대상자의 특성 결함과 개인의 학습 양식 특성에 기초하여 개별적으로 이루어지는 것이 효과적이다.

2) 회기 계획 및 점검

장단기 목표가 적절히 계획되었다면 이제 임상가는 회기의 조직적인 흐름을 결정하고, 개별 혹은 집단 환경에서 할 것인지, 간격은 매일 혹은 주 1~3회를 할 것인지를 결정한다.

(1) 중재

중재는 ① 자극을 제시하고, ② 반응이 일어나고, ③ 적절한 반응이 일어나도록 피드백을 하고, ④ 그것을 기록하는 활동이다. 즉, '자극-반응-후속 사건'의 패러다임으로 이루어진 도구적 학습 원리와 동일하다(Roth & Worthington, 2016).

이 절차는 목표와 관련된 활동으로 회기 동안에 반복되며, 반응 후의 피드백은 목표 출현을 촉구하는 것이 목적이므로 자극 제시 방법과 제공하는 단서가 적절한가를 늘 고민해야 한다. 여기에는 강화 자극도 해당될 수 있으며, 때로는 대상자의 반응을 얼마나 기다려 주는가 혹은 학습 동기 부여를 위해 긍정적인 피드백을 해 주는 것도 해당될 수 있다. 무엇보다 회기에서 다루기에 적절한 학습량인지, 진행 순서와 학습 목표를 위한 자료와 중재 방법이 대상자의 학습 수준과 흥미에 적합한지가 중요하다.

회기의 진행 속도는 개별 대상자의 학습 속도와 특성에 맞도록 조정하되, 목표 수행을 위해 연습할 최대한의 기회를 제공하도록 효율적으로 계획하고, 자료를 준비해야 한다.

(2) 회기 일지

중재가 시작되면 대상자의 반응을 지속적으로 문서화할 필요가 있다. 회기 일지에는 각 회기의 중재 목표와 자극에 대한 대상자의 반응 등을 회기 중이나 직후에 간단히 기록한다.

회기 일지는 ① 임상가가 지속적으로 중재프로그램을 모니터할 수 있게 해 주고, 필요한 변화에 즉각적으로 시행하게 해 주며, ② 대상자와 함께 협력하는 다른 전문가들(교사, 심리치료사, 놀이치료사, 사회복지사 등)에게 정보를 제공해 줄 수 있으며, ③ 예기치 못한 상황에서 또 다른 임상가가 치료 서비스를 제공할 수 있도록 함으로써 치료가 지속될 수 있도록 해 준다.

중재 회기 문제해결을 위한 조언

대상자가 예상되는 진전을 보이지 않거나, 지루해 하거나 집중하지 않는다면 다음의 질문을 해 본다.

1. 대상자의 관심과 동기 수준을 유지하기에 충분한 여러 가지 목표를 계획하고 준비하였는가?

2. 회기 활동은 충분히 세분화된 단계의 목표로 준비하여 중재하고 있는가?

3. 과제 지시는 명료하게 하고 있는가?

4. 어려운 과제를 하는 동안에 대상자가 성취할 수 있도록 촉구(단서)를 적절히 제공하고 있는가?

5. 같은 자료를 자주 사용하고 있어서 대상자가 지루해 하지 않는가?

6. 대상자가 많은 오류를 범하는데도 과제를 수정하지 않고 있는가?

7. 돌발 상황을 대비하여, 필요하다고 생각하는 것보다 50% 더 많은 자료를 준비했는가?

8. 임상가는 자극을 반복하거나 바꿔 말하기 전에 대상자가 반응할 충분한 시간을 주고 있는가?

9. 사용하고 있는 강화제는 대상자에게 학습 동기를 부여하고 있는가?

10. 대상자가 강화제와 목표 행동을 서로 연결할 수 있을 정도로 신속하게 반응하고 있는가?

11. 대상자가 주의집중을 하거나 눈맞춤을 할 때 충분히 긍정적인 반응을 하고 있는가? 반대로 주의집중을 하지 않거나 눈맞춤을 하지 않을 때 긍정적인 반응을 하고 있지 않은가?

12. 대상자에게 오반응에 대한 피드백만 주고 있지 않은가?

---

3) 수행평가

　중재는 정적이라기보다는 역동적인 과정으로, 임상가는 수립된 목표를 향한 대상자의 진전을 주기적으로 평가하고 필요하다면 목표를 수정한다. 수행평가는 대상자의 진전 사항에 대한 확인을 위해, 그리고 종결 여부 판단을 위해 필요한 과정이다.

　진전평가는 표준화된 공식 검사나 비공식적인 평가로 진행하며, 종결 여부를 판단하는 종결평가는 표준화된 공식 검사를 활용한다. 중재는 목표를 달성했거나, 대상자가 더 이상 진전을 보이지 않을 때 종결되어야 한다. 물론 여러 원인으로 읽기 · 쓰

기에 어려움을 가진 대상자는 상당히 오랜 시간 체계적인 중재가 필요가 경우도 많다
는 점도 명심할 필요는 있다.

2. 읽기 · 쓰기 중재 시 고려 사항

1) 효과적인 수업의 원리

효과적인 수업의 원리는 다음과 같다(Lenz, Ellis, & Scanlon, 1996).

① 학생이 학습 과제에 적극적으로 참여할 때 더 많이 학습한다.
② 학습 성공률이 높을수록 학습 결과에 긍정적인 영향을 끼친다.
③ 학습 기회가 증가할수록 학업성적이 높을 가능성이 크다.
④ 교사가 직접 가르치거나 관리하는 교실에서 공부하는 학생이 더 높은 성취를 보
   인다.
⑤ 정교하게 비계가 설정된 수업을 통해 학생은 독립적이고 자기조절 능력을 가진
   학습자가 될 수 있다.
⑥ 전략적 학습과 관련된 선언적 지식, 절차적 지식, 조건적 지식을 모두 다루어야
   학생이 독립적이고 자기조절을 잘하는 학습자가 될 수 있다.
⑦ 학생이 지식을 조직, 저장, 인출하는 것을 돕는 방식으로 지도를 할 때 학습이
   잘 일어난다.
⑧ 전략적인 지도를 할 때 학생들은 더욱 독립적이고 자기조절을 잘하는 학습자가
   될 수 있다.
⑨ 명시적인 지도를 통해서 학생들은 독립적이고 자기조절을 잘하는 학습자가 될
   수 있다.
⑩ 사물이나 현상, 내용 간의 유사성을 가르침으로써 학생들이 새로운 문제해결 사
   태에서 관련 지식을 활용하는 능력을 향상시킬 수 있다.

2) 읽기 · 쓰기 중재 시 고려 사항

읽기와 쓰기에 대한 자료를 수집하여 다각도로 분석하고, 읽기 · 쓰기 어려움과 관련된 다양한 자료를 수집하고 나면 전문적인 중재가 필요한지, 필요하다면 어떤 중재를 권고할지 등을 판단해야 한다. 그리고 검사 결과와 임상가의 판단을 상담이나 보고서를 통해 대상자나 보호자, 그리고 관련 전문가에게 알려 주어야 한다. 중재가 필요한지에 대한 임상적 판단을 하려면 대상자의 읽기 · 쓰기 수준과 언어, 인지, 학업성취 수준 등을 고려해야 한다.

예를 들어, 만 6세가 지났는데도 읽을 수 있는 낱말이 없거나, 자신의 이름을 자연스럽게 쓰는 것이 어렵다면 그 원인을 찾아 중재를 고려해야 한다. 언어발달 지연과 낮은 인지로 인하여 읽기 · 쓰기부진을 보인다면 언어발달 수준을 고려하여 통글자 읽기 지도부터 하는 것이 좋다. 하지만 언어와 인지, 주의력 등의 어려움은 없으나 음운 처리 기술의 어려움이 확인된다면 해독 능력의 향상을 위해 음운인식 훈련에 기반한 파닉스 지도가 필요하다. 글자를 읽을 수 있으나 읽은 글에 대한 이해가 부족하다면 어휘력과 구문, 문법 지식에 대한 중재가 필요할 수 있으며, 간단한 문장은 이해하나 문단글을 읽고 중심 내용을 찾거나 추론하는 능력이 부족하다면 읽기이해 전략 지도가 필요하다.

쓰기의 경우도 마찬가지인데, 작문 중재 시기에도 여전히 철자 오류 점검에만 몰두하거나, 대상자의 구어 발달 수준을 넘어서는 작문 중재 목표는 읽기 · 쓰기 능력에 도움이 될 수 없다.

또한, 읽기 · 쓰기 능력 향상을 위한 최적의 경로 혹은 특정 프로그램에 대한 효과의 정도는 대상자들마다 다르다. 음운인식 훈련의 경우 사전 문해 기술에 해당하지만, 음운적 난독증에게는 자소 단계 전에만 다루어야 하는 요소가 아니라 자소−음소 대응 지식 확립을 돕는 자소 단계에서는 필수 중재 프로그램으로 지속적으로 꾸준히 다루어주어야 한다. 한편, 음운인식은 상위언어 능력의 하나이며, 지적장애아동의 읽기 · 쓰기 곤란의 주된 원인이 아니므로 지적장애 아동에게는 필수적으로 다루지 않아도 되는 요소이다.

참고문헌

이윤경, 배소영, 권유진, 김민정, 박혜진, 서경희, 윤효진, 이옥분, 이은주, 정경희, 정한진, 표화영(2010). 언어치료 임상실습 이론과 실제. 학지사.

Csikszentmihalyi, M. (2000). *Beyond boredom and anxiety*. Jossey-bass.

Gagne, R. M. (1985). *The Conditions of Learning*. Holt, Rinehart and Winston.

Lenz, B. K., Ellis, E. S., & Scanlon, D. (1996). *Teaching learning strategies to adolescents and adults with learning disabilities*. Pro-Ed, Inc.

Paul, R. (2001). *Lanugae disorders: Form infancy through adolescence* (2nd ed.). Mosby.

Reigeluth, C. M. (1999). *Instructional-design theories and models: A new paradigm of instructional theory, Vol. 2*. Lawrence Erlbaum Associates Publishers.

Rose, D. H., & Meyer, A. (2000). Universal design for individual differences. *Educational Leadership, 58*, 39-43.

Roth, F. P., & Worthington, C. K. (2016). 언어재활사를 위한 임상가이드 (*Treatment resource manual for speech-language pathology*). (김수형, 신후남, 이명순, 최선영, 황하정 공역). 박학사. (원저는 2015년에 출판).

제**9**장

초기 문해 기술 중재

읽기와 쓰기 학습을 위해서는 명시적이고 체계적인 음운인식, 글자 지식 그리고 어휘력이 필수적인 과제로 알려져 있다(National Reading Panel, 2000). 읽기와 쓰기에 어휘력이 필수인 이유는 글자 지식은 말소리-의미 처리 과정 위에 더해지는 지식이기 때문이다. 이 장에서는 읽기 · 쓰기 선수 기술 중 글자 지식, 음운인식을 포함하는 음운 처리 기술, 글씨 쓰기 중재 방법을 중심으로 살펴본다.

1. 글자 지식

1) 인쇄물 지식

인쇄물 지식print awareness란, 문자 언어written language가 어떻게 사용되는지를 이해하는 능력으로, 글자와 낱말이 그림이나 다른 부호들과 다르다는 것을 이해하고, 책과 기능의 사용법에 대해 이해하는 것이며, 활자 지식이라고도 한다. 읽기와 쓰기는 인쇄된 문자를 매체로 사용한다. 그러므로 말(구어)과 글의 관련성을 알게 되는 첫 열쇠는 문자가 그림이나 다른 부호들과는 다르다고 인식하는 것이다. 아동과 책을 읽을 때 글자와 낱말을 손가락으로 하나하나 가리키며 읽는 것은, 아동이 구어와 문자의 연관성을 인지할 수 있게 도울 수 있다.

인쇄물 지식은 저절로 발달하지 않는다. 인쇄물 지식은 **양육자와 공동책 읽기**, 일상생활에서 간판, 메뉴판 읽기를 포함한 다양한 인쇄물에 풍부하게 노출되어야 발달한다.

인쇄물 지식에 포함되는 내용

- 문자는 언어를 나타낸다.
- 문자는 소리를 나타낸다.
- 문자는 여러 가지 형태와 모양으로 나타내고, 그림과 다르다.
- 문자화된 낱말은 자모 낱글자로 구성되어 있다.
- 문자화된 문장은 낱말로 구성되어 있고, 낱말 사이에는 띄어쓰기가 되어 있다.
- 글을 읽을 때는 (한글의 경우) 왼쪽에서 시작해서 오른쪽으로 읽고, 한 줄이 끝나면 다음 아랫줄의 왼쪽에서 시작한다.
- 책은 한 페이지씩 읽으며 넘어간다.
- 왼쪽 페이지를 먼저 읽고 오른쪽 페이지를 읽는다.
- 책은 앞표지와 뒤표지가 있다.
- 책은 여러 페이지로 구성되어 있다.
- 책은 제목이 있고, 제목은 다른 페이지와 별개의 표지에 적혀 있다.
- 책은 저자가 있고, 어떤 책들은 삽화가도 있다.

양육자와 공동 책 읽기가 미치는 긍정적인 효과는 유아기에만 국한되지 않는다. 아동이 글을 읽을 수 있다고 하더라도, 읽으며 이해하고 나아가 읽으며 추론하고 상상할 수 있는 읽기 수준은 초등 3~4학년 이상의 읽기 기술이 발달되어야 가능하므로, 책을 읽어주는 활동은 학령기 아동에게도 필요한 활동임을 상기할 필요가 있다. 특히나 글을 제대로 읽지 못하는 난독증을 비롯한 읽기부진을 보이는 학령기 아동에게는 간판, 메뉴판, 도로 표지판과 같은 일상생활에 노출되어 있는 인쇄물과 교과활동과 관련된 자료들을 읽어주는 활동은 2차적인 학습 문제를 예방할 수 있게 도울 수 있다.

2) 글자 지식

글자 지식^{letter knowledge}은 글자의 모양과 이름, 음가 등 글자의 근본적인 특징에 관한 지식으로, 자모 지식이라고도 한다. 글자 지식은 읽기 발달을 이끄는 기술이며, 음운 처리 기술과 상호보완적인 것으로, 읽기 발달을 이끄는 기술이다(최나야, 2006; Adams, 1990). 자모 글자와 음가 지식은 해독과 철자 학습의 기초이다.

한글은 글자의 가장 기본 단위가 음소로 이루어져 있는 음소문자로 이 음소들이 모여 음절과 단어를 형성하며, 음절 단위로 모아쓰기를 하고, 거의 모든 소리를 한글의 자음과 모음 글자를 가지고 있다. 한글에는 40개의 자모 글자가 있고, 단자음 14개(ㄱ, ㄴ, ㄷ, ㄹ, ㅁ, ㅂ, ㅅ, ㅇ, ㅈ, ㅊ, ㅋ, ㅌ, ㅍ, ㅎ), 쌍자음 5개(ㄲ, ㄸ, ㅃ, ㅆ, ㅉ), 단모음 8개(ㅏ, ㅓ, ㅗ, ㅜ, ㅡ, ㅣ, ㅐ, ㅔ), 이중모음 13개(ㅑ, ㅕ, ㅛ, ㅠ, ㅘ, ㅝ, ㅟ, ㅢ, ㅚ, ㅙ, ㅞ, ㅒ, ㅖ)의 글자로 구성되어 있다. 모음자는 중성을 표기하는 데 사용되며, 자음자는 초성과 종성을 표기한다. 초성에는 19개의 자음이 허용되는데, 14개의 단자음 글자와 5개의 쌍자음 글자로 표시된다. 음절의 초성이 모음으로 시작될 때, 초성 자리에 빈 공간을 남겨두지 않고, 'ㅇ'을 채워 넣는다. 중성에는 모음 21개가 쓰이는데, 동음이형어(ㅐ/ㅔ, ㅚ/ㅙ/ㅞ, ㅒ/ㅖ)가 있어 소리는 17개로 발음된다. 종성에는 초성에 허용되는 19개의 자음과 11개의 겹자음(ㄳ, ㄵ, ㄶ, ㄺ, ㄻ, ㄼ, ㄽ, ㄾ, ㄿ, ㅀ, ㅄ)이 쓰이며, 소리는 7개(ㄱ, ㄴ, ㄷ, ㄹ, ㅁ, ㅂ, ㅇ)로 발음된다(5장 참조).

자음과 모음 이름과 음가에 대한 지도 시, 낱글자보다는 음절 단위로 지도한다. 한글은 음절 단위로 모아쓰기를 하는 언어이며, 사실상 단독으로 음절을 만들 수 있는 모음을 제외하고는 한 음소를 다른 음소와 떨어뜨려 발음하는 일은 거의 불가능하기 때문이다. 순서는 V 혹은 CV 음절 구조로 단모음과 기본자음을 먼저 가르치고(예: 아, 오, 애, 가, 도, 매), 이중모음(GV, CGV)은 CVC 음절 구조를 익힌 다음 지도하는 것이 유용하다. 그리고 친숙한 단어에 들어있는 자모부터 시작하면, 의미기억도 활용하여 한글을 학습할 수 있다.

음운인식 평가 과제 중 음소 합성과 음소 탈락은 해독과 철자법에 직접적인 영향을 미치는 것으로 알려져 있다(Ehri & Roberts, 2006; NRP, 2000). 즉, '가'는 /ㄱ/와 /ㅏ/ 소리가 합해져서 만들어진다는 음소 합성은 자소-음소 대응 지식을 확립하는 데 큰 역할을 한다.

음소 합성과 탈락 활동은 일반적으로 문자 타일을 활용하여 자소-음소 대응 지식이 갖추어질 수 있도록 한다. 문자 타일 활용 방법은 어린 아동의 초기 읽기 기술 습득 방법을 연구한 러시아 심리학자인 Elkonin의 연구에서 비롯되었다. Elkonin은 단어의 소리를 표현하기 위해 별도의 음소를 나타내는 각각의 구획(박스)을 종이에 그려서 사용하였다([그림 9-1] 참조). 교사가 단어를 천천히 말하고, 각 소리를 분명히 발음한다. 학생은 발음되는 소리에 따라 각 네모 칸에 칩을 올려놓게 하는 활동으로 아동이 능동적으로 과제에 참여하고 말소리에 대해 학습할 수 있도록 하였다.

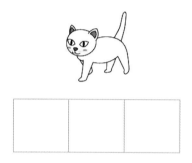

[그림 9-1] 단어 'Cat'에 대한 Elkonin의 박스

참고: Elkonin 절차의 적용단계

1. 낱자의 수와 소리의 수 사이에 일대일 대응을 가진 단순한 단어로 시작한다.
2. 간단한 단어를 나타내는 그림을 사용하고, 그림 아래에 음소 수만큼의 박스를 그린다.
3. 교사는 단어를 명확하게, 또렷하게 반복해서 말해주며 학생도 발음하도록 한다.
4. 다음 각각의 소리를 말하는 대로 학생이 각 네모칸(박스)에 칩을 올려놓도록 한다.
   (자음과 모음을 구별하기 위해 컬러 칩을 사용하는 것도 좋다)
5. 아동이 정확하게 탈락을 하면, 컬러칩 대신 문자 타일을 사용한다.
6. 아동의 진전에 따라 겹자음과 같은 부가적인 음운 요소를 소개한다.

한글의 경우, 영어와 달리 음절체로 구성되어 있으므로 박스의 제시 모양이 한글 구조를 반영한 것으로 적용할 수 있다.

이때 사용하는 단어는 자소-음소 일치형 단어로 준비할 필요가 있으며, 글자의 이름 대신 음가(소리)를 들려줄 수 있도록 한다. 파워포인트의 애니메이션 효과 등으로 활용하는 것은 아동의 주의집중 및 흥미를 도우며, 파닉스 학습을 돕는 비계 자료가 될 수 있다(김기주, 권상남, 2011).

[그림 9-2] 한글 지도를 위한 Elkonin 박스의 응용

자모 지식 지도를 위한 단계

1. 단모음: ㅏ, ㅗ, ㅣ, ㅜ, ㅓ, ㅐ, ㅡ

2. 기본 자음: ㄱ, ㄴ, ㄷ, ㄹ, ㅁ, ㅂ, ㅅ, ㅈ, ㅊ, ㅋ, ㅌ, ㅍ, ㅎ

3. 기본 종성: ㅁ, ㄴ, ㅇ, ㄹ, ㅂ, ㄱ, ㄷ

4. 기본 이중모음: ㅑ, ㅕ, ㅛ, ㅠ

5. 쌍자음: ㄲ, ㄸ, ㅃ, ㅆ, ㅉ

6. 어려운 이중모음: ㅘ, ㅝ, ㅟ, ㅢ, ㅚ, ㅙ, ㅞ, ㅒ, ㅖ

7. 동음이형어: ㅐ/ㅔ, ㅚ/ㅙ/ㅞ, ㅒ/ㅖ

8. 겹자음: ㄳ, ㄵ, ㄶ, ㄺ, ㄻ, ㄼ, ㄽ, ㄾ, ㄿ, ㅀ, ㅄ

한글을 쉽게 익히지 못하는 아동이라면, 지도 초기 단계에서는 글자 모양이 비슷하거나, 말소리가 비슷한 것을 같은 회기에 가르치지 않는 것이 좋다. 초기에는 자음은 'ㄱ, ㄴ, ㄷ, ㅁ, ㅂ, ㅅ, ㅈ' 모음은 'ㅏ, ㅗ, ㅣ, ㅜ'가 포함된 자소-음소 일치형 낱말을 지도하는 것이 좋다. 그 이유는 한글 읽기 발달 연구 결과, 음운적인 유별성이 높은 자음 'ㄱ, ㄷ, ㅂ, ㅈ, ㅅ'과 모음 'ㅏ, ㅗ, ㅣ, ㅜ'를 다른 자음과 모음보다 먼저 터득하며, 시각적으로 단순한 자음 'ㄱ, ㄴ, ㅁ, ㅅ'에 해당되는 음소를 먼저 대응시킨다. 그리고 지도 후반부에는 시각적 형태의 유사성을 갖는 'ㄷ/ㅌ/ㄸ'나 'ㅑ/ㅕ', 음성의 유사성을 갖는 'ㅓ/ㅡ'와 같은 모음이나, 받침의 'ㄴ/ㅁ/ㅇ'와 같이 상대적으로 변별이 어려운 자소는 함께 제시하여 확립 여부를 확인할 필요가 있다.

[그림 9-3] 글자체가 다른 'ㅅ'과 'ㅈ'

글자체를 통일하여 제공하는 것은 시각적 형태의 유사성과 관련하여 음소의 형태를 지각하는 데 혼란스러움을 최소화할 수 있게 해 준다. 예를 들어, 'ㅅ'은 'ㅈ'과 글자 형태가 비슷하여 변별하는 데 혼돈을 초래할 수 있으며, 때로는 보기와 같이 '사슴'의 '사'와 '슴'의 'ㅅ' 글자체가 다른 경우, 같은 음소라고 지각하지 못할 수도 있기 때문이다([그림 9-3] 참조).

2. 음운 처리 기술 중재

음운 처리 기술은 구어 중 기본 소리 요소들을 감지하고, 저장하며 인출하는 능력으로, 어휘 학습 및 인출 혹은 발음과 읽기 · 쓰기 학습에 관여한다. 일반 아동은 단어가 개별 음소로 이루어져 있다는 사실을 자연스럽게 알게 되는 데 반해, 난독증은 체계적이고 명시적인 지도가 있기 전까지는 음운론적인 측면을 인식하고 해독과 철자법을 익히지 못한다.

난독증이 보이는 해독과 철자의 어려움은 인지 능력이나 언어이해의 문제가 아니라 음운인식과 음운인출의 문제로, 음운 처리 기술은 난독증의 읽기 · 쓰기 중재 시 필수적인 중재 요소다(Catts et al., 2005). 특히 음운인식에 결함이 있는 난독증의 경우, 읽기 · 쓰기 지도 전 글자보다 말소리 자체를 인지하는 음운인식 훈련을 별도로도 지도한다(Bender & Larkin, 2009).

1) 음운인식 중재

음운인식은 음절인식이 음소인식보다 먼저 완성되는 선행 능력으로, 음운인식 평가를 통해 음절인식과 음소인식 단계 중 어느 단계에 해당하는지를 확인한 후 선행 단계부터 중재한다. 한편, 음운인식 평가에서 사용하는 평가 문항을 변경하는 방식으로는 자소-음소 대응 지식 확립에 영향을 미치지 못할 수 있다는 점 유의할 필요가 있다.

(1) 음절 수세기

단어의 음절 단위를 인식할 수 있게 하는 음절 수세기는 비교적 쉽고 흥미로운 활동으로 음운인식 중재 초기에 활용될 수 있다. 단어를 구성하는 음절의 수만큼 구체물(예: 플라스틱 칩, 색 단추, 구슬 줄 등)을 놓아 보거나, 들은 음절 수만큼 박수 치기 활동 등으로 할 수 있다. 그리고 아동이 알고 있는 단어로 훈련하는 것이 음운기억의 영향을 최소화하고 활동에 집중할 수 있게 한다.

(2) 말소리 확인

말소리(음운) 확인 훈련은 단어를 구성하는 말소리에 집중하게 하여 말소리를 명시적으로 인식하게 하는 활동으로, 글자와 소리 대응 지식을 뒷받침한다. 해당 언어 문자(자소)의 음성(음소)은 하나의 값이 아니라 **범주적으로** 지각되는 요소이다. 특정 음소는 사람마다 말 산출 기관인 성대의 모양과 크기가 다르므로 화자에 따라서도 다르고, 같은 사람이 말하더라도 문맥이나 상황에 따라 음향값이 다르다. 따라서 음운인식 훈련에서 말소리 확인 활동의 목표는 해당 음소의 범주적 지각을 돕는 데 있다.

들려주는 단어 속에 목표 음절이나 음소 소리가 포함되어 있는지를 확인할 수도 있고, 목표 음절이나 음소 소리가 들리는 카드 찾기 등으로 한다(예: 다음 중 /모/ 소리가 들리는 카드를 찾으세요. (빨간 카드를 꺼내며) /보기/, (노란 카드를 꺼내며) /모기/라고 한다). 말소리 확인 활동은 글자 단서를 최소화하여 말소리에 최대한 집중할 수 있도록 하되, 활동 전후에는 들려준 말소리의 글자를 보여주며 확인하도록 한다. 이는 음향적으로 유사한 음소와의 차이를 잘 인식하여 특정 음소의 범주적 지각을 갖추는 데 도움이 될 수 있으며, 자소-음소 대응 지식 기술을 발달시키는 데 도움이 될 수 있다.

한글의 자음자는 글자의 형태인 자소grapheme가 동일하지만, 음절 위치 혹은 자음 위치와 모음 문맥에 따라서 다른 음으로 실현되기도 한다. 즉 같은 자소라도 초성이냐 종성이냐에 따라, 혹은 어두 초성이냐 어중 초성이냐에 따라 음소가 다르다(예: '밥'의 초성 /ㅂ/와 종성 /ㅂ/ 음소가 다르며, '바보'의 어두 초성 /ㅂ/와 어중 초성 /ㅂ/ 음소가 다르다, '콜라'의 /ㄹ/과 '고래'의 /ㄹ/ 음소도 다르다). 또한 어떤 모음과 연합되느냐에 따라 말소리가 달라지기도 한다(예: '시소'에서 'ㅣ'와 연합되는 /ㅅ/와 'ㅗ'와 연합되는 /ㅅ/ 음소가 다르며, '하마' '후추' '흙' '힘'의 /ㅎ/ 음소는 모두 다르다). 따라서 음소인식 훈련을 할 때는 우리말의 **변이음**에 대한 정확한 지식 아래 지도해야 한다(5장 참조). 물론 일반인의 뇌는 모국어에 대해 자음 위치에 따라 말소리가 다르다는 것은 거의 인식하지 못한 채 음소를 처리하고 있으나, 난독증 중에는 그 차이를 느끼며 자소-음소 대응을 힘들어 하는 경우도 있다. 따라서 말소리 확인 활동 시 자음 위치를 고려하는 중재 목록을 구성하거나, 오류 반응 시 해석할 필요가 있다.

순서는 CV형 낱말(ㄱ+ㅏ), CVC형 낱말(음절체-종성: 가+ㅁ) 단계로 진행한다. CV형 낱말 음소 합성 시 /ㅅ/와 같은 지속성을 가진 마찰음이 초성인 단어(예: 사, 산, 술, 문, 물, 사과, 수박)로 시작하는 것이 좋으며, CVC 낱말 음소합성시 /ㅁ/과 같은 공명성을 가진 가시도 높은 양순 비음이 종성인 단어(예: 감, 솜, 몸, 봄, 뱀, 잠, 춤, 하품, 소금)로 시작하는 것이 좋다.

(3) 구체물-소리 연결하기

음운은 추상적이므로, 구체물을 활용하는 것은 명시적으로 음운을 인식하는 데 도움이 된다. 말소리는 동시 조음되기 때문에 음절이 하나 이상의 음소로 구성되어 있다는 것을 인식하게 하기 위해 음절을 구성하는 음소의 수만큼 **구체물**(예: 플라스틱 칩, 색 단추, 구슬 줄 등)을 대응해 보는 활동을 할 수 있다. 또한 음절 내 음소들을 느리게 실현해 주는 것도 도움이 될 수 있다. 용수철의 양 끝에 자음과 모음을 적어두고 용수철을 늘렸다 붙였다 하는 활동은 음절 내 음소(말소리) 인식을 시각적으로 구현해 주어 명시적인 음소인식에 도움을 줄 수 있다. 말소리 간 1/4초 정지, 1/2초 정지, 1초 정지 등으로 정지의 길이를 늘이거나 줄여가는 모델링을 하며 연습한다.

(4) 난독증 음운인식 훈련 시 유의사항

난독증을 위한 음운인식 활동은 반드시 재미있어야 하고, 훈련과 같은 느낌보다는 '놀이'처럼 보일 필요가 있으며, 음운인식 훈련은 한꺼번에 집중해서 하기보다는 매일 5~10분 정도 연습하는 것이 좋다.

난독증의 경우, 일반 아동과 달리 음운인식 활동을 힘들어하는 모습을 쉽게 볼 수 있다. 음운인식 활동시 태도가 산만하고 무례하게 보이거나 때론 우울감이나 회피의 태도를 보이기도 하며, 여러 번의 비슷한 과제로 반복 연습에도 불구하고 매우 느린 진전을 보이기도 한다. 이는 음운인식 결함이 드러나는 모습으로, 집중력이나 노력 부족이 아니며, 이미 읽기 기술과 관련하여 부정적인 피드백을 많이 경험하였기 때문 이라는 점을 명심할 필요가 있다(Edelen & Smith, 1997).

2) 음운작업기억

(1) 단어 순서대로 기억하기

단어 순서대로 기억하기는 들려주는 단어를 듣고 순서대로 따라 말하는 활동이다. 음운작업기억에 어려움이 있는 경우, 무의미단어보다는 쉬운 과제들로 음운기억을 촉진하며 시작하는 것이 좋으며, 그림 카드 단서와 같이 기억을 촉진할 수 있는 자료 를 활용하는 것이 좋다. 제시하는 단어 개수가 증가할수록 어려우며, 의미적 범주나 음운적 범주가 유사한 낱말(예: 수박, 바나나, 딸기 혹은 고구마, 고래, 고등어)보다 범주 가 다른 낱말(예: 수박, 기타, 고구마)로 구성된 낱말이 더 어려울 수도 있다.

가게 놀이를 하며 주문한 물건을 순서대로 그 물건의 이름을 말하며 놓게 하거나, 앞의 사람이 말한 단어를 기억하며 새로운 단어를 말하는 게임도 음운작업기억을 돕 는 활동이다(예: 시장에 가면 '사과도 있고' → 시장에 가면 '사과도 있고, 배추도 있고, ……').

(2) 단어 거꾸로 말하기

단어 거꾸로 말하기는 작업기억 검사방식을 응용한 것으로 '개구리'를 '리구개'로 말하는 것이다. 단어 거꾸로 말하기와 같은 음운작업기억 훈련도 다른 음운 기술 훈 련과 마찬가지로 아동이 성취 가능한 수준의 음절 수로 된 단어로, 한꺼번에 집중해 서 하기보다는 한 번에 5~6개의 단어 정도를 매일 연습하는 것이 좋으며, 음운인식 훈련과 병행하면 더욱 효과적일 수 있다(김기주, 2022a; 김지윤 외, 2019).

3) 음운인출

음운인출은 의미하는 상징에 구두로 명칭을 부여하는 것으로 음운회상이라고도 한다. 의미와 이름에 대해 알고 있으나 이름을 명명하는 데 어려움을 보이는 것은 음운인출 문제에서 기인하는 것으로, 단순언어장애와 읽기장애 아동은 낱말이름 명명 명하기에 결함을 보인다(Rudel, 1985). 시간 내에 시각-언어 정보의 통합을 필요로하는 **빠른 이름 대기**(RAN^{rapid automatic naming})는 음운인출 능력을 확인하는 지표로, 읽기유창성과 해독 이후의 읽기 능력 발달을 예측하는 변인으로 알려져 있으며, 표면성 난독증을 확인하는 지표다.

(1) 낱말 이름 대기

낱말 이름 대기는 아동이 이름을 헷갈려하는 단어의 그림 카드를 12~16장 준비하여 매일 이름 대기 연습을 하는 것으로, 직접적인 음운인출 활동이다. 상자에 사물이나 그림 카드를 모으게 한 뒤 사물이나 그림 카드를 하나씩 옮기면서 이름을 말하게 활동으로 난이도와 흥미도를 조절할 수도 있다. 또한, 1분 동안 방 안에 있는 물건이나 동물 이름을 말하게 할 수도 있다. 1분 동안 말하는 단어 수를 기록해 두면, 아동의 음운회상 능력 향상 정도도 확인할 수 있다. 동물뿐만 아니라, 과일, 꽃, 스포츠 종류를 말해보게 하거나, 빨간색을 가진 것, 둥글게 생긴 것, 나무로 만든 것 등으로 다양하게 활용할 수 있다.

(2) 끝말잇기

'가방-방귀-귀신-신발-발레-레몬'과 같은 끝말잇기 활동은 말소리 지식을 결합한 음운회상 활동이 될 수 있다.

(3) 제시된 자모로 단어 만들기

제시된 자모로 단어 만들기는 모음(예: 'ㅏ, ㅣ')이나 자음(예: 'ㄱ, ㅈ')만 제시한 뒤 해당 음소가 포함된 의미단어를 말하게 하는 활동이다. 단어 중 음절을 생략하여 제시하는 활동으로 응용할 수도 있다.

초성 게임		음절 생략 단어
ㄱ ㅈ	ㄱ ㄱ ㅁ	가 ☐
ㄴ ㅁ	ㄴ ㅅ ㄹ	낙 ☐
ㄷ ㄹ	ㄷ ㅌ ㄹ	향 ☐
ㄹ ㅁ	ㄹ ㄷ ㅇ	☐ 계
ㅁ ㄱ	ㅁ ㅈ ㄱ	☐ 금
ㅂ ㄷ	ㅂ ㅎ ㄱ	☐ 과
ㅅ ㄹ	ㅅ ㅅ ㅌ	냉 ☐ 고
ㅇ ㄱ	ㅇ ㅈ ㅆ	청 ☐ 기
ㅈ ㄷ	ㅈ ㅈ ㄱ	눈 ☐ 람
ㅊ ㄱ	ㅊ ㅅ ㄱ	☐ 영 장
ㅋ ㅍ	ㅋ ㅋ ㅇ	☐ 마 귀
ㅍ ㄷ	ㅍ ㄹ ㅅ	☐ 구 리
ㅌ ㄹ	ㅌ ㅁ ㅌ	☐ 모 ☐ 카
ㅎ ㅁ	ㅎ ㅁ ㄴ	☐ ☐ 라 기

[그림 9-4] 단어회상을 돕는 자모 게임의 예

(4) 단어 결합

'원숭이 엉덩이는 **빨갛다**-빨간 것은 사과-사과는 맛있다-맛있는 건 바나나- 바나나는 길다-긴 것은 기차-기차는 빠르다-빠른 것은 비행기-비행기는 높다-높은 것은 백두산'은 매우 잘 알려진 단어 결합 활동이다. '연필과 지우개' '젓가락과 숟가락'과 같이 의미적으로 결합 가능한 단어들을 생각해 내는 활동도 음운회상에 도움이 될 수 있다.

3. 글씨 쓰기

글씨 쓰기handwriting는 쓰기의 하위 요소 중 하나로 손으로 글자를 쓰는 능력을 의미한다. 글씨 쓰기 능력은 소근육 운동과 시지각 능력을 이용하여 학습자가 사용하는 언어 체계의 문자를 표현하는 것으로, 도형과 그림 그리기 등은 쓰기 능력에 기초가 된다(Abbott & Berninger, 1993; Berninger et al., 2010).

끼적거리기는 쓰기 초기 단계의 기술이다. 끼적거리기 경험이 적은 경우, 필기구를 잡는 것이 부자연스럽고, 손의 힘 조절을 못해 글자 모양이나 크기가 일정하지 않거나 글씨를 너무 세게 눌러 쓰거나 약하게 쓰기도 한다. 유아기부터 다양한 매체를 활용한 끼적거리기 경험, 스티커 붙이기, 뚜껑 열기, 단추 끼우기와 같은 **소근육 활동**은 쓰기 능력의 기초가 된다.

시지각 등의 정보처리에 문제가 있는 경우는 글자의 모양이 엉성하거나 크기가 불규칙적이며, 글자와 글자 사이에 들어가는 공간, 정렬 등이 적절하지 않으며, 쓰는 속도도 매우 느리다. 또한 글자를 그리는 것처럼 보이기도 한다(Moats, 2009). 책상 위의 견본을 보고 옮겨 적는 근점 복사near-point coping는 가능하나, 칠판에서 종이로 자료를 옮겨 적는 원점 복사far-point coping는 어려워하는 경우도 있는데, 이는 시지각 능력과 무관하지 않다(Hallaha et al., 2007). 시지각 능력에 어려움이 있는 경우는 **도형 따라그리기**로 눈-손 협응 기술을 촉진하거나, 칠교놀이, 퍼즐, 숨은 그림 찾기, 틀린 그림 찾기와 같은 활동으로 **도형-배경 변별 능력** 촉진을 도울 필요가 있다.

전통적인 글씨 쓰기 교수법으로는 교사가 먼저 글씨 쓰는 것을 시범 보인 후, 아동이 같은 글자를 베껴 쓰도록 **베껴쓰기**Coyping가 있다. 교사는 글씨 쓰는 것을 시범 보일 때, 글자를 구성하는 낱자의 이름과 글자의 필순을 말로 표현한다(예: '가'를 쓸 때, 교사는 "'(자음)기역'을 먼저 쓰고, 그다음에 '(모음)아'를 쓰자"라고 하며 쓰는 순서를 말로 표현한다). 베껴쓰기는 연필로 쓰게 하는 것이 일반적이나, 쓰기에 어려움을 가진 아동에게는 화이트보드에 보드 마커로 쓰기, 자석 그림판에 자석펜으로 쓰기, 파스넷이나 물감 등 다양한 촉감의 매체를 활용하는 것은 학습 동기 촉진에 도움이 될 수 있다. 또한, 모래판에 손가락으로 글자를 따라 쓰거나 화이트보드에 교사가 써 놓은 단어를 획순으로 지워가는 방법 등 손가락 촉감각도 활용하는 등 다감각적으로 접근하는 것이 좋다.

Fernald 접근법은 쓰기 지도에서 시각, 청각, 촉각 및 운동감각 양식을 강조한 방법으로, 학습자가 단어를 어떻게 써야 할지 모르는 경우, 교사가 큰 카드에 손으로 해당 단어를 써 주고, 학습자는 교사의 손가락으로 단어를 어떻게 쓰는지 추적하여, 해당 단어를 말하며 쓸 수 있도록 지도하는 방법이다. Fernald 접근법은 언어 경험 접근법의 변형으로, 아동이 단어를 베끼지 않고 스스로 쓸 수 있을 때까지 추적 촉구를 제공하는 것으로, 철자법에서 약점이 있는 학습자에게 도움이 될 수 있다.

도형 그리기	칠교놀이
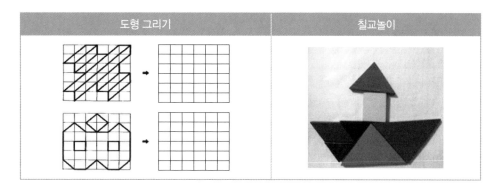	

[그림 9-5] 글씨 쓰기 촉진 활동의 예

Fernald 접근법

Grace Fernald는 1943년에 『기초 학교 과목의 치료적 기법(Remedial techniques in basic school subjects)』이라는 그녀의 책에 Fernald 접근법이라는 다감각적인 기법을 소개하였다. Fernald는 1920년대에는 청각장애를 가진 읽기장애인에게 단어재인 기술을 가르치기 위한 촉각-운동감각적 방법을 사용하도록 촉진하기 위해 농맹인 헬렌켈러와 함께 일했다(Fernald & Keller, 1921). 오튼 길링햄 접근법은 단어 학습에서 파닉스를 중요시하였으며, Fernald 접근법은 전체-단어whole-word 접근법을 강조하여 아동에게 의미 있는 읽기와 쓰기 활동 제공의 중요성을 강조했다(Hallahan & Mercer, 2002). 이 방법론은 먼저 이야기를 쓰는 데 사용되었고, 기술이 향상되고 난 후에는 이야기를 읽는 데 사용되었다.

Fernald 절차

1단계	학생이 읽지 못하지만 배우고 싶은 단어를 고른 후, 다음 단계로 단어의 의미에 관해 이야기한다. 1. **단어 쓰기** 교사는 학생 옆에 앉아 교사가 (1) 단어를 읽고, (2) 크레용(네임펜)으로 색인카드에 쓴 후, (3) 단어 아래에 손가락으로 쓰는 동안에 단어를 다시 말한다. 2. **단어 추적 모델링** 교사는 '내가 하는 것을 보고, 내가 하는 말을 들으세요'라고 한 후, (1) 단어를 말하고, (2) 손가락으로 단어를 추적하고, 추적하는 동안에 단어의 각 부분(음소)을 말한다. 그리고 (3) 단어 아래에 손가락으로 쓰는 동안에 단어를 다시 말한다. 그러면 학생은 이 단계를 이용하여 단어를 추적하는 연습을 한다. 3. **추적 연습** 학생이 단어를 기억하여 쓸 수 있을 때까지 단어 추적을 계속한다. 추적하는 동안에 단어의 각 부분을 이야기한다. 4. **암기하며 쓰기** 학생은 암기로 단어 쓰기를 시도한다. 학생이 준비되었으면 교사는 보기를 제거하고 학생이 암기로 단어를 쓰도록 한다. 학생은 쓰는 동안 단어를 말한다. 어떤 지점에서 학생이 오류를 범하면 교사는 학생을 즉시 중지시키고 오류를 가린다. 그리고 다시 진행을 하기 전에 추적 절차를 다시 모델링한다. 5. **단어 정리하기** 학생이 단어를 보기 없이 3번 바르게 쓰고 나면 나중에 연습하기 위해 알파벳순으로 단어 은행에 단어를 정리한다.
2단계	학생이 더이상 단어를 추적할 필요가 없고, 교사가 단어를 쓴 후에 그 단어를 보고, 말하고, 쓰기를 통하여 그 단어를 배울 수 있다.
3단계	학생이 새로운 단어를 쓰지 않고 인쇄된 단어로부터 직접적으로 새로운 단어를 배울 수 있다. 학생과 함께 단어를 읽을 때 교사는 학생이 모르는 어떤 단어를 말한다. 읽고 나서 학생이 복습하고 모르는 단어를 써 본다.
4단계	학생이 아는 단어와 모르는 단어 간의 유사성을 인지하기 시작하며, 무엇인지 말하지 않아도 많은 새로운 단어를 인지할 수 있다.

참고문헌

김기주(2022a). 음운처리기술 그룹 중재가 자소-음소 대응 지식 및 읽기·쓰기 유창성에 미치는 효과. 인지발달중재학회, 13(1), 51-71.

김기주(2022b). 난독증 성인 파닉스 중재 사례 연구. Communication Sciences & Disorders, 27(3), 558-576.

김기주(2020). 자소-음소 자동 대응기기(Paly Tango)를 활용한 파닉스 프로그램이 초등 1~2학년 난독증 학생의 음운인식과 해독에 미치는 효과. 학습자중심교과교육연구, 20(20), 769-787.

김기주, 권상남(2011). 컴퓨터를 활용한 음운인식 훈련 프로그램(Make word)의 개발 및 적용 효과. 언어치료연구, 20(2), 1-18.

김지윤, 강민경, 김영태(2019). 음운인식 및 음운작업기억훈련이 초등학교 저학년 읽기부진 아동의 읽기능력에 미치는 효과. 특수교육, 18(2), 5-28.

박향아(2000). 아동의 음운인식 발달. 아동학회지, 21(1), 35-44.

신혜정, 박희정, 장현진(2009). 4~6세 아동의 음절 및 음소인식 능력 발달 연구. 언어치료연구, 18(3), 99-114.

이차숙(1999). 유아의 음운인식과 읽기 능력과의 관계에 관한 연구. 교육학 연구, 37(1), 389-406.

최나야(2007). 자모 지식, 음운론적 인식 및 처리능력이 유아의 한글 단어 읽기에 미치는 영향. 박사학위논문, 서울대학교 대학원.

최예린(2010). Magnetoencephalography를 이용한 한국어 음소의 주파수/강도 변화에 대한 청지각 연구. 한국연구재단.

홍성인, 전세일, 배소영, 이익환(2002). 한국 아동의 음운인식 발달. Communication Sciences & Disorders, 7(1), 49-64.

Abbott, R. D., & Berninger, V. W. (1993). Structural equation modeling of relationships among developmental skills and writing skills in primary-and intermediate-grade writers. *Journal of Educational Psychology, 85*(3), 478-508.

Adams, M. J. (1990). *Beginning to read: Learning and thinking about print.* MIT Press.

Anthony, J. L., & Francis, D. J. (2005). Development of phonological awareness. *Current Directions in Psychological Science, 14*(5), 255-259.

Bender, W. N., & Larkin, M. J. (2009). *Reading strategies for elementary students with learning difficulties: Strategies for RTI.* Corwin Press.

Berninger, V., Abbott, R., Nagy, W., & Carlisle, J. (2010). Growth in phonological, orthographic, and morphological awareness in grades 1 to 6. *Journal of Psycholinguistic Research, 39*, 141–163.

Catts, H. W., Adlof, S. M., Hogan, T. P., & Weismer, S. E. (2005). Are specific language impairment and dyslexia distinct disorders?. *Journal of Speech, Language, and Hearing Research, 48*(6), 1378–1396.

Edelen-Smith, P. J. (1997). How now brown cow: Phoneme awareness activities for collaborative classrooms. *Intervention in School and Clinic, 33*(2), 103–111.

Ehri, L. C., & Roberts, T. (2006). The roots of learning to read and write: Acquisition of letters and phonemic awareness. *Handbook of Early Literacy Research, 2*, 113–131.

Ehri, L. C., Nunes, S. R., Willows, D. M., Schuster, B. V., Yaghoub-Zadeh, Z., & Shanahan, T. (2001). Phonemic awareness instruction helps children learn to read: Evidence from the national reading panel's meta-analysis. *Reading Research Quarterly, 36*(3), 250–287.

Fernald, G. M. (1943). *Remedial techniques in basic school subjects.* MaGraw-Hill.

Fernald, G. M., & Keller, H. (1921). The effect of kinaesthetic factors in the development of word recognition the case of non-readers. *Journal of Educational Research, 4*, 355–377.

Fletcher, J. M., Lyon, G. R., Fuchs, L. S., & Barnes, M. A. (2007). *Learning Disabilities: From identification to intervention.* The Guilford Press.

Hallahan, D. P., & Mercer, C. D. (2002). Learning disabilities: Historical perspectives. In R. Bradley, L. Danielson, & D. P. Hallahan (Eds.), *Identification of learning disabilities: Research to practice* (pp. 1–67). Erlbaum.

Hallahan, D. P., Lloyd, J. W., Kauffman, J. M., Weiss, M. P., & Martinez, E. A. (2007). *Learning disabilities: Foundations, characteristics, and effective teaching* (3rd ed.). Person.

Liberman, I. Y., & Shankweiler, D. (1991). Phonology and beginning reading: A tutorial. In L. Rieben & C. A. Perfetti (Eds.), *Learning to read: Basic research and its implications* (pp. 3–17). Lawrence Erlbaum Associates, Inc.

Manis, F. R., Seidenberg, M. S., Doi, L. M., McBride-Chang, C., & Petersen, A. (1996). On the bases of two subtypes of development dyslexia. *Cognition, 58*(2), 157–195.

Miller, C. J., Sanchez, J. & Hynd, G. W. (2003). Neurological correlater of reading disabilities. In H. L. Swanson, K. R. Harris, & Graham (Eds.), *Handbook of learing disabilities* (pp. 242–255). Guilford Press.

Moats, L. (2009). Knowledge foundations for teaching reading and spelling. *Reading and Writing, 22*(4), 379-399.

National Reading Panel. (2000). *Teaching children to read: An evidenced-based assessment of the scientific research literature on reading and its implications for reading instruction.* National Institute of Child Health and Human Development.

Olson, D. (2011) FACES IV and the Circumplex Model: Validation Study. *Journal of Marital and Family Therapy, 37,* 64-80.

Rudel, R. G. (1985). The definition of dyslexia: Language and motor deficits. In F.H. Duffy & N. Geschwind (Eds.), *Dyslexia: A neuroscientific approach to clinical evaluation* (pp. 33-53). Little Brown.

Wolf, M., & Bowers, P. (1999). The "Double-Deficit Hypothesis" for the develpomental dyslexias. *Journal of Educational Pyschology, 91,* 1-24.

Wolf, M., Pfeil, C., Lotz, R., & Biddle, K. (1994). Towards a more universal understanding of the developmental dyslexias: The contribution of orthographic factors. In V. W. Berninger (Ed.), *The varieties of orthographic knowledge* (pp. 137-172). Kluwer Academic Publishers.

Yopp, H. K., & Yopp, R. H. (2000). Supporting phonemic awareness development in the classroom. *The Reading Teacher, 54*(2), 130-143.

제10장

단어재인과 철자 중재

단어재인은 낱말을 소리 내어 읽고, 낱말의 의미를 파악하는 능력을 의미한다 (Harris & Hodges, 1995). 단어재인에서 해독이 차지하는 비중은 상당히 크다. 물론 단어재인은 자소-음소 대응 지식을 이용하는 음운 경로를 통한 해독뿐만 아니라, 이미 알고 있는 어휘 지식을 활용하는 어휘 경로^{lexical route}를 통한 읽기가 상호적이면서 독립적인 과정으로 일어난다. 따라서 문해 지도는 대상의 생활연령 혹은 언어발달 수준, 인지 능력과 인지 처리 과정의 특성에 따라 접근법이 다를 수 있다.

이 장에서는 우선 자모 전 단계의 발달 수준에 적합한 의미 중심 읽기·쓰기 중재 방법을 다룬 후, 해독과 철자 중재를 자소-음소 대응 지식, 음운변동 규칙 이해, 읽기 유창성의 발달단계별로 살펴보고자 한다.

1. 의미 중심 읽기 · 쓰기

의미 중심 읽기·쓰기 중재는 음소인식 훈련이나, 파닉스와 같은 문자 해독과 관련된 개별 기능을 명시적으로 가르치기보다는 의미 중심으로 구성된 문해 활동을 통해 통단어로 낱말을 습득하게 되는 것으로, 자모 전 단계의 발달 수준을 보이는 대상에게 유용하다.

의미 중심 읽기 · 쓰기 중재는 그림-글자 짝짓기와 같은 전체 단어 읽기^{whole word} reading와 동화 읽기나 경험 이야기 쓰기와 같은 언어 경험 접근법^{language experience} approach 등이 포함된다. 대상의 특성에 따라 이러한 활동 과정으로 철자법 지식을 자연스럽게 습득하기도 한다(Mercer & Mercer, 1997).

1) 그림-글자 짝짓기

그림-글자 짝짓기^{matching}는 하나의 카드에는 그림, 다른 카드에는 글자를 제시하여 이 두 카드를 짝짓는 것이다.

김자경과 강혜진(2008)의 연구에 의하면, 지적장애 아동은 '그림+글자 매칭하기^{Picture-to-Text: POT}' 혹은 '그림 단서를 글자에 포함한 그림 단서 카드+글자 카드 매칭하기^{Integrated Picture-to-Text: IPOT}'를 통한 일견 단어 훈련으로 부분적인 자소-음소의 대응 학습이 자연스럽게 가능하였다. 글자 지식이 전혀 없던 지적장애 아동들(예: '칫솔 →

[그림 10-1] 짝짓기 전략의 예

출처: 김자경, 강혜진(2008).

치약' '치마 → 바지' '그네 → 시소'로 대체)이 10회기의 짝짓기 활동을 통해 시각적으로
비슷한 단어 간의 구분은 가능한 수준(예: '그네 → 고래'로 대체)을 보였다. 즉, 단어재
인이 정확해진 것은 아니지만 읽기 발달에서 향상을 보인 것을 알 수 있다.

그림-글자 짝짓기 활동은 읽기가 개인적, 사회적으로 의미 있는 활동임을 인식할
수 있게 하는 활동으로, 유아부터 발달장애 성인에 이르기까지 초기 읽기 단계에서의
읽기 · 쓰기 지도에 유용하다. 짝짓기 단어 훈련 목록은 대상의 생활연령과 어휘 수
준, 일상에 필요한 정도, 친숙도 등을 고려한 100개 정도의 단어들로 구성하는 것이
좋다(Bender & Waller, 2011). 한편, 그림-글자 짝짓기를 통한 일견 단어 훈련은 대상자
의 관심사와 읽기 수준에 따라 카드의 어휘를 조절할 수 있는 것으로, 문해 활동에 자
신감과 흥미를 갖지 않는 읽기장애 아동에게도 적용할 수 있다(김기주, 김자경, 2015).

단계	목표 단어의 예		
1단계 받침 없는 자소 일치형 유아 단어	가지 가재 자두 아기 모기 포도	 포도 모기 가지 아기 자두 가재 	
2단계 받침 있는 자소 일치형 유아 단어	거북 거울 조개 수박 호박 나팔	 거북 나팔 거울 수박 조개 호박 	

[그림 10-2] 그림-글자 짝짓기 전략으로 구성한 한글 중재의 예

출처: 김기주, 김자경(2015).

2) 동화 속 단어 읽기

동화 속 단어 읽기 활동은 '글'이라는 맥락 안에서 단어의 의미를 파악하는 데 도움을 주는 방법으로, 문맥 파닉스 혹은 임베디드 파닉스^{embeded phonics}라고도 지칭한다. 문맥 파닉스에서의 목표 단어는 해당 글에 포함된 단어가 된다([그림 10-3] 참조).

단계	활동명	예시
1단계	동화 읽기	일상 어휘 중심의 간단한 구문으로 구성된 6~7컷의 유아 동화를 활용한다. 글자 부분을 크게 확대하거나 간단한 문장으로 수정하는 것도 좋다. 준비된 동화를 글자를 짚어 가며 들려 준다.
2단계	그림-글자 짝짓기	목표 단어는 동화에 포함된 6개의 낱말로 구성한다. 단어 카드를 하나씩 제시하며 소리를 들려 준 뒤, 동화 장면과 목표 단어가 빠진 문장을 제시하며, 교사가 문장을 읽어 주면 아동은 소리를 듣고 (그림 힌트도 활용하며) 단어를 찾는다. 양말　모자　셔츠　신발　잠바　청바지 사자가 ＿＿＿＿을 신어요　사자가 ＿＿＿＿을 신어요　사자가 ＿＿＿＿를 입어요 사자가 ＿＿＿＿를 입어요　사자가 ＿＿＿＿를 입어요　사자가 ＿＿＿＿를 써요
3단계	단어 변별	목표 단어와 비슷한 단어들 중에서 목표 단어의 철자 확인을 위한 단계이다. 비교 단어는 목표 단어의 초성이 포함된 의미단어로 준비한다. 잠바　　조개　　모자
4단계	음절 합성	음절 카드 중에서 알맞은 낱글자를 찾아 제시된 단어와 같게 결합하게 한다(예: '잠바' 단어를 만들려면 '잠' 글자와 '바' 글자가 필요해요. 책상 위에 있는 글자들 중에서 '잠' 글자를 찾아봅시다). 잠바 말　셔　모　잠　신　청 양　샤　라　바　지　휴 아　츠　자　고　발　지

5단계	문장 읽기	동화 읽기에 사용된 문장을 따라 읽기 혹은 함께 읽기를 한다. 사자가 **양말**을 신어요 사자가 **셔츠**를 입어요 사자가 **신발**을 신어요 사자가 **모자**를 써요 사자가 **잠바**를 입어요 사자가 **청바지**를 입어요

[그림 10-3] 문맥 파닉스 적용의 예

때로는 그림이 포함된 지시문을 읽고 수행하기나 그림이 포함된 문장이나 동화 읽기로 응용할 수도 있다([그림 10-4] 참조). 또한 아동이 베껴 쓴 문자로 문자의 이름과 단어 지식을 익히는 카드로 활용하기도 한다. 표준 카드보다는 글자 모양이 엉성할 수 있지만, 자신이 쓴 글씨라서 아동에게는 의미 있는 상징물로 주의를 더 기울이게 하는 효과도 있다.

[그림 10-4] 그림이 포함된 문장의 예

2. 해독 중심 읽기 · 쓰기

해독은 글자를 말소리로 바꾸는 과정으로, 단어를 구성하는 글자를 인식하고, 글자-소리 대응 관계를 활용하여 글자를 소리로 바꾸고, 자소의 소리를 합쳐서 발음한다(Carnine et al., 1997). 예를 들어, '마'라는 글자를 보고, 'ㅁ'과 'ㅏ'라는 문자로 이루어져 있음을 인식하고, 'ㅁ'은 [m]로, 'ㅏ'는 [a]라는 소리로 바꾼 다음에 [m]과 [a]라는 소리를 합쳐 [ma]라고 읽는다. 이러한 과정이 자동화되면 '마'라는 글자를 보고 즉시 [ma]라고 읽게 된다.

해독 중심 프로그램의 대표적인 중재 방법은 파닉스 교수로, 파닉스phonics는 글자를 구성하는 자소와 음소의 대응 관계와 철자 패턴에 대한 지도를 통해 글자를 해독할 수 있게 하는 교수 방법을 일컫는 말이다. 즉, 파닉스 교수는 글자를 구성하는 자소-음소 대응 관계letter-sound correspondence와 음운변동 규칙에 대한 교수를 포함한다(Ehri, 2005a). 파닉스 교수는 철자 원리alphabetic principle를 바탕으로 글자를 해독하는 방법을 가르치는 것으로, 글자는 소리를 가지고 있다는 것을 알며, 단어를 구성하는 글자의 순서가 구어의 소리 순서와 같다는 것을 이해하는 것이다.

1) 자소-음소 일치형 해독

자소-음소 일치형이란 '조개, 가방, 절구, 한가위'와 같이 자소와 음소 대응 관계를 바탕으로 글자를 해독과 철자 쓰기를 할 수 있는 낱말이나 어절을 말한다.

(1) 합성 파닉스

합성 파닉스synthetic phonics는 단어를 구성하는 각각의 글자를 소리로 바꾼 후에 이 소리들을 합쳐서 단어를 읽도록 가르치는 교수법으로, 부분-전체 접근법part-whole approach을 적용한 것이다. 합성 파닉스는 각 문자가 갖는 음가를 강조해서 가르친다. 예를 들면, '가'라는 단어를 보여 주며 'ㄱ' 글자에 해당하는 음가는 /ㄱ/([k])이며, 'ㅏ' 모음은 /ㅏ/([a]) 소리가 난다는 것, 즉 단어를 구성하는 각각의 글자에 대응하는 소리를 가르친다. 그다음에 이 소리를 결합해서 단어로 해독될 수 있도록 교수한다. 합성 파닉스는 낱자의 소리를 따로따로도 가르치고, 각 낱자의 소리를 합쳐서도 가르치는 등 그 과정이 명시적이므로 '명시적 파닉스explicit phonics'라고 부르기도 한다(Gunning, 2002).

자소-음소 대응 지식을 위해서는 소의 'ㅅ'에 대해 [시옷]이라는 글자 이름을 말해 주기보다는 [/s/]라는 글자의 소리를 더 많이 들려 주어 시각적으로 제시된 소의 'ㅅ' 글자 형태의 소리와 직접적으로 대응할 수 있게 해 주어야 한다. 따라서 합성 파닉스는 음운인식과 병행되어 실시될 때 자소-음소 대응 지식에 효과적이다(김애화, 김의정, 표소래, 2011; Ehri et al., 2001).

자소-음소 대응 원리의 이해를 돕기 위해 **시청각 단서를 활용**하는 글자 합성하기는 단어가 어떤 자음과 모음으로 구성되어 있는지를 익히게 해 준다. 문자 타일, 음성 지원이 되는 한글 놀이 교구, 파워포인트의 애니메이션 효과 등 다감각적인 교구들을 활용하는 것이 좋으며, 특히 음소탈락 훈련은 문자 타일을 사용하여 시각적 촉구가 마련될 경우에 확실히 더 효과적이다(김기주, 권상남, 2011; de Graaff et al., 2009). 문자 타일은 쉽게 떼어 내고 붙이기를 할 수 있고, 실패 기록이 남지 않고, 글씨 쓰기의 노력이 들지 않아 철자 학습에 한결 가벼운 마음으로 시도할 수 있어서 아동의 학습 동기 및 주의집중에도 긍정적인 효과를 제공할 수 있다(김기주, 2020). 준비하기도 손쉬워서 교사나 부모에게도 유용하다.

합성 파닉스 지도 시 **시청각 단서가 함께 제공**되는 자료(시각적으로 제시되는 문자 타일과 그 문자의 소리가 동시에 제시)는 시각 단서만 활용하는 경우보다 훨씬 더 효과적이다(김기주, 2020; Torgesen et al., 2001). 시각적으로 제시되는 글자는 단어를 확인하는 음운 표상 과정을 촉진하고, 청각적으로 제시되는 소리와 글자와의 짝짓기 활동은 발현적 문식성emergent literacy의 중요한 성분이 되기 때문이다.

읽기 · 쓰기 중재 초기 단계에는 촉구 단서 혹은 보기로 제시되는 글자의 수가 적을수록 쉽게 목표 음소를 찾을 수 있다. 성공할 수밖에 없는 환경 구성으로 성취감을 더 많이 가질 수 있게 하는 것은 태도와 효능감 그리고 학습에 긍정적인 효과를 갖기 때문이다. 물론 낱자에 대한 인식이 어느 정도 된 다음에는 시작 전에 3~5초 정도 보여 주고 가림판으로 가린 상태에서 글자를 기억하여 합성하도록 하면서 자동성을 촉진해 나간다.

| [음절판] | [리도 한글놀이] | [플레이탱고] | [두비두바] |

[그림 10-5] 문자 타일을 활용한 파닉스 지도의 예

그래	ㅁ래	ㄷ끼	ㅅ라
ㄱ등어	ㅅ화기	ㅁ닥불	네ㅁ
ㅈ개	그리	ㄴ래	ㅂ리
ㅊ밥	ㅎ랑이	ㅇ리	ㅂ석
ㄲ리	ㅍ도	ㄹ션	ㅊ록

[그림 10–6] 목표 음소만 생략된 글자판의 예

철자 쓰기는 읽기와 상호 의존성이 높으므로 읽기 지도와 병행하는 것이 좋다 (Wolter, 2009). 다만 자소–음소 대응 원리를 익히는 초기 단계에서는 낱말이나 문장 전체를 받아쓰게 하는 활동보다는 하나 혹은 그 이상의 음소가 빠진 글자판을 보고 들려 주는 소리를 들은 후에 완성하게 하는 빠진 음소 완성하기 활동과 같이 목표 음 소의 글자와 소리에 최대한 집중할 수 있게 하는 것이 좋다.

자소–음소 대응에 어려움을 겪는 난독증의 경우, 해독과 철자 지도는 명시적으로 할 필요가 있다. 명시적 교수^{explicit instruction}란 구조화되고 체계적이며 직접적인 접근방 법으로 학업 기술을 가르치는 것이다. 명시적 교수는 중재의 목표를 명확하게 제시 하고, 중재 내용과 단계들을 체계적으로 구조화하여 명시적으로 제시하며, 중재 활 동에 대해 충분한 연습 및 피드백을 제공하고, 대상자의 진전에 대해 지속적으로 점 검하게 한다(Rosenshine, 2008). 한 회기에 자소를 한꺼번에 여러 개 지도할지, 하나씩 다룰지, 하나의 자소를 여러 회기 동안에 다룰지는 대상자의 읽기 수준과 특성에 따라 다를 수 있으나, 음운적 난독증은 자소-음소 대응 지식을 갖는 데 상당한 시간과 노력이 필요하다.

어떤 교수법을 쓰든지 간에 단어 하나하나를 받아쓰고 해독하는 단어 중심 교수에 머무르는 교수법보다는 배운 기술을 문장 읽기로 연결시키는 것이 중요하다(Bear et al., 2003). 읽기에 흥미와 자신감을 상실한 아동에게는 아동의 흥미, 언어 수준, 교과 어휘를 고려하여 목표 낱말을 의미 있게 구성해서 파닉스를 지도하는 것이 좋다.

알고 있나요?

자소-음소 일치형 중재 단계

① 단모음(ㅏ, ㅗ, ㅣ, ㅓ, ㅜ, ㅐ, ㅡ)

② 기본 자음(ㄱ, ㄴ, ㄷ, ㄹ, ㅁ, ㅂ, ㅅ, ㅇ, ㅈ)

③ 기본 종성(ㅁ, ㄴ, ㅇ, ㄹ, ㅂ, ㄱ, ㄷ)

④ 쉬운 이중모음(ㅑ, ㅕ, ㅛ, ㅠ)

⑤ 기식음(ㅊ, ㅋ, ㅌ, ㅍ, ㅎ), 쌍자음(ㄲ, ㄸ, ㅃ, ㅆ, ㅉ)

⑥ 저빈도 이중모음(ㅘ, ㅝ, ㅟ, ㅢ, ㅚ, ㅙ, ㅞ, ㅒ, ㅖ)

⑦ 동음이형어(ㅐ/ㅔ, ㅒ/ㅖ, ㅚ, ㅙ, ㅞ)

자소-음소 불일치형 중재 단계

① 평폐쇄음화(7종성법): 앞[압], 부엌[부억], 낫[낟]

② 경음화(된소리화): 세탁기[세탁끼], 등불[등뿔], 철도[철또], 밥도둑[밥또둑]

③ 연음화: 얼음[어름], 문어[무너], 밭에[바테], 깊이[기피]

④ 비음화: 국물[궁물], 꽃나무[꼰나무], 뽑는[뽐는], 등록[등녹]

⑤ 설측음화(유음화): 신라[실라], 난로[날로], 연령[열령]

⑥ 구개음화: 해돋이[해도지], 밭이[바치], 같이[가치]

⑦ ㅎ탈락: 좋은[조은], 낳았다[나아따]

⑧ 기식음화: 축하[추카], 놓고[노코], 싫다[실타]

⑨ 활음 생략: 다쳐[다처], 살쪘다[살쩐다]

⑩ 겹받침: 맑아요[말가요], 맑다[막따], 맑지만[막찌만]

⑪ 기타: 사잇소리-위+옷=윗옷[위돋], 뒤+덜미=뒷덜미[**뒫**떨미]

    /ㄴ/ 첨가-담요[담뇨], 색연필[생년필]

2) 자소-음소 불일치형 해독

자소-음소 불일치형은 음운변동 규칙을 이해하는 철자법 지식을 바탕으로 해독과 철자 쓰기를 하는 낱말과 어절을 말한다.

한글의 경우, 음절과 음절이 만날 때 두 음절의 경계에 있는 소리가 바뀌고, 자모의 음가가 단어 내에서의 위치에 따라 변하는 음운변동이 일어나는 단어가 많다(예: '국물' → [궁물], '국어' → [구거]). 이에 따라 단어의 소리만으로는 올바르게 철자를 쓸 수 없으므로 맞춤법에 알맞게 철자 쓰기를 하기 위해서는 한글의 음운변동 규칙에 대한 이해가 필수적이다(제6장 참조).

(1) 음운 규칙별 소개

한글의 음운 규칙에는 평폐쇄음화(7종성법), 연음화, 경음화(된소리화), 비음화, 설측음화(유음화), 구개음화, ㅎ탈락, 기식음화(격음화, 축약), 활음 생략 등이 있다. 음운변동이 일어나는 현상의 규칙은 동일한 음운 규칙이 일어나는 단어끼리 묶어서 지도할 때 그 원리를 자연스럽게 이해할 수 있다([그림 10-7] 참조). 구나 문장에 포함된 음운변동 단어를 소개할 때는 음운변동 유형별로 다른 색으로 쓰인 카드를 사용하는 것도 도움이 될 수 있다.

이때 음운 규칙에 대한 설명은 아동이 이해할 수 있도록 쉽게 설명하는 것이 좋으

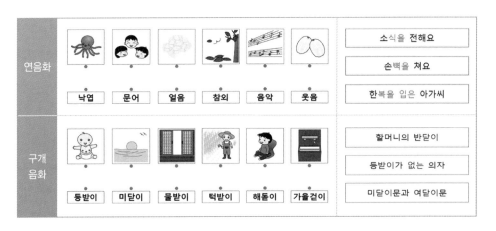

[그림 10-7] 음운 규칙별 단어와 문장

출처: 김기주, 김자경(2015).

	김 김이	/김/ /기미/

[그림 10-8] 음운변동 규칙의 이해를 돕는 시각 자료

며, 쓰인 문자와 발음의 소리가 일치되지 않는 시각화된 자료를 준비하여 보여 주는 것이 좋다. 파워포인트의 애니메이션 효과 등을 활용하여 음운변동이 일어나는 원리가 시각 자료로 제시되면 음운변동 규칙을 이해하는 데 도움이 될 수 있다(예: 연음 규칙이 적용되는 낱말 [밥이]의 경우, 앞글자 받침 [ㅂ]은 'ㅇ' 자리로 오고 원래 있던 'ㅇ'은 물방울처럼 날아가 버려서 [바비]라고 변화가 일어나는 과정을 시각적으로 보여 준다).

한편, 어절은 문법형태소가 다양한 한국어에서 가장 중요한 단위이자 문장의 기본 단위로, 아동이 실제로 읽게 되는 것은 단어보다는 실질형태소와 문법형태소가 결합한 어절이다(이봉원, 2013). 따라서 글자와 단어보다 교과서의 고빈도 어절을 중심으로 읽기를 지도하는 것이 좋다. 초등학교 1~2학년 교과서에 수록된 어절로 구성한 단어 목록 예시는 다음과 같다(〈표 10-1〉 참조).

표 10-1 **초등학교 1~2학년 교과서에 수록된 어휘 목록**

목표	세부 목표	단어 예시
낱글자- 초성	ㄱ, ㄴ, ㄷ	기차, 고구마, 나무, 나비, 너구리, 다리, 돼지
	ㄹ, ㅁ, ㅂ, ㅅ	라디오, 모자, 모기, 무지개, 바나나, 사자
	ㅈ, ㅊ, ㅋ	자, 주사, 지구, 초코, 치마, 치과, 치즈, 카메라, 커피
	ㅌ, ㅍ, ㅎ	타조, 토끼, 토마토, 파도, 피아노, 피자, 하마, 허리
	ㄲ, ㄸ, ㅃ, ㅆ, ㅉ	까다, 뜨거워, 빠르다, 빠지다, 쓰레기, 쓰다, 짜다

낱글자–종성	ㄹ	거울, 딸기, 말, 하늘, 발, 별, 팔, 달, 할머니, 겨울
	ㅁ	감자, 바람, 섬, 봄, 김, 여름, 사슴, 수염, 감
	ㄴ	기린, 돈, 문, 산, 우산, 반지, 시간, 본드, 안개, 레몬
	ㅇ	청소기, 빵, 가방, 사랑, 소방차, 장미, 콩, 장구, 징
	ㄱ	떡, 국, 목, 수박, 호박, 턱, 자석, 북, 약, 녹차, 낙타
	ㅂ	밥, 톱, 집, 입, 배꼽, 삽
연음화	받침 ㄹ, ㄴ, ㅁ	하늘에, 거실이, 할아버지, 연필을, 산을, 기린은, 감을, 문구점은, 여름은
	받침 ㄱ, ㄷ, ㅂ	먹어요, 책으로, 떡을, 닫으면, 받은, 톱을, 답을, 밥을
	받침 ㅅ, ㅆ, ㅈ, ㅊ	빗은, 벗은, 못으로, 있어요, 했어요, 낮은, 빚은, 꽃에, 빛은, 쫓아서
	받침 ㅌ, ㅍ	끝을, 깊어, 앞에
경음화	받침 ㄱ	먹다, 작다, 박수
	받침 ㅂ	어렵지, 입고, 즐겁다
	받침 ㄷ	받지, 듣다, 닫고
ㅎ	탈락	좋아요, 넣어요, 빻을, 낳아요, 땋은
기식음화	낱말 내 (단어)	국화, 백화점, 축하해
	ㄱ–ㅎ	부탁해, 뾰족해, 기억해, 행복해, 가득한
	ㅂ–ㅎ	연습해, 급해, 굽혀, 업혀
	ㅅ–ㅎ	따뜻해, 뚜렷하게, 잘못하면, 쫄깃한
	고, 게, 다, 지	좋고, 빻다, 낳지, 땋지, 넣게, 어떻게, 조그맣게

(2) 분석 파닉스

음운변동 규칙이 있는 어절 파닉스 중재는 낱말 중재 후에 실시하며, 알려 준 규칙을 어절에 적용하여 읽을 수 있는지 확인한다. 목표 음운 규칙이 적용된 어절을 중재자와 함께 만들어 보고, 목표 음운 규칙이 적용되지 않는 어절과도 비교할 수 있게 한다. 예를 들어, 같은 음운 규칙이 적용되는 단어들(예: 읽다, 맑다, 굵다)을 제시한 후, 'ㄺ' 소리는 /ㄱ/ 소리이며 다음 음절은 경음으로 발음되는 것을 파악하도록 하여 'ㄺ +다'의 형태로 쓰인 낱말의 겹자음 발음과 된소리화가 적용되는 것을 알게 하는 분석 파닉스를 활용한다.

읽다 맑다 굵다 밟다 늙다

[그림 10-9] 분석 파닉스 예시

분석 파닉스^{analytic phonics}는 전체-부분 접근법을 적용하여 각 글자에 대응하는 소리를 따로 가르치지 않고 단어 내에서 낱자-소리의 대응 관계를 파악하도록 가르치는 교수법으로, '암시적 파닉스^{implicit phonics}'라고 부르기도 한다(Gunning, 2002).

(3) 유추 파닉스

한글은 풍부한 문법형태소가 존재하므로 음운 규칙 적용이 더욱 활발하게 일어난다(이상억, 1990). 음운변동 규칙이 적용되어 자소-음소가 불일치한 형태가 있을 뿐만 아니라, 어근 같아도 결합되는 형태소에 따라 적용되는 음운변동 규칙이 달라지기도 한다(예: 맑다[막따]-경음화, 맑아[말가]-연음화). 따라서 형태에 대한 철자법 지식을 배우는 데 많은 시간이 소요되며, 이러한 점은 읽기 · 쓰기장애 아동에게는 굉장히 곤욕스러운 과제가 될 수 있다(양민화, 2006).

유추 파닉스^{analogy phonics}는 학생이 알고 있는 단어나 단어의 부분^{word parts}을 활용하여 새로운 단어를 읽고 쓸 수 있도록 가르치는 교수법이다. 예를 들어, '넘어뜨리다'에서 '-뜨리다'라는 접미사가 포함되는 단어(떨어뜨리다, 무너뜨리다)를 함께 제시하여 유추할 수 있게 한다.

따라서 어근에 다양한 종성을 포함시킴으로써 문법형태소가 결합되었을 때 '경음화, 기식음화, 연음화, 7종성법'의 다양한 음운 규칙이 실현될 수 있도록 지도해야 한다. 예를 들어, '읽고'를 바르게 쓰기 위해서는 '읽-'의 겹받침을 분명히 표기해야 하며, '-꼬'로 표기되는 어미가 없다는 것도 알고 있어야 한다. 또한 '-고, -게, -다, -을, -이, -은'과 같이 다양한 조사와 어미에 따라 다른 음운변동 규칙이 적용되므로 고빈도 형태소를 중심으로 구성된 구와 문장으로 중재하는 것이 필요하다(이재국 외, 2015; Deacon & Bryant, 2005; Kemp & Bryant, 2003).

표 10-2 **문법형태소 철자 중재 예**

단계	활동명	준거 기준	중재 팁
1단계	낱말 읽기	80%의 정확률	
2단계	낱말 보고 베껴 쓰기	ㅎ: 빻은 → /빠은/	음운 규칙이 적용되는 부분만 강조
3단계	그림 보고 베껴 쓰기		목표 어절이 포함된 그림을 보여 주고, 그림에 있는 의미가 글자로 표현된 것을 베껴 쓰기
4단계	조사(-은, -을, -이)를 결합하여 쓰기	빗이 → /비시/ 빗은 → /비슨/ 빗을 → /비슬/	읽는 것과 쓰는 것이 다르다는 것을 알려줌
5단계	어미(-고, -게, -다)와 조합하여 쓰기	빗고 → /비꼬/ 빗다 → /비따/	
6단계	틀리게 쓰인 글자 고치기		일부러 틀리게 써 놓은 글자 고치기
7단계	혼자 쓰기		

출처: 이재국 외(2015).

(4) 단어 분류하기

단어 분류하기word sorting는 두 가지 대비 패턴을 지닌 단어가 섞인 단어 세트를 제시하고, 학습자가 그 카드를 패턴별로 분류하게 하는 것으로(Zutell, 1998), 철자법 지식뿐만 아니라 형태론적 지식 향상에도 효과적이다. 학습자는 단어 철자 간의 차이를 주목하며, 그런 차이가 생기는 이유와 관습을 추측해 보며, 주요 원칙을 찾아보고 발견하는 '작은 언어학자'가 될 수 있다. 단어 분류가 익숙해지면 명확한 심상문자소가 없는 단어의 철자를 쓸 때 자동적으로 그 전략을 적용할 수 있게 되고, 이전에 배운 자소 지식이나 음운변동 규칙을 생각해 보고 철자 형성 과정을 추론하게 된다.

단어 카드를 정확하게 분류하고 나면 단어가 다르게 쓰인 이유와 적용된 음운변동 규칙을 말로 설명하게 한다. 이 활동에서 중요한 점은 교사가 사용할 법한 용어를 아동에게 말로 설명하게 하는 것이 아니라, 아동 스스로 패턴을 추론하게 하는 데 있다. 즉, "받침 'ㄲ'과 'ㅀ'은 /ㄹ/로 발음되는 점은 같으나, 'ㄲ'은 뒤따르는 자음이 된소리화(경음화)가 일어나고, 'ㅀ'은 기식음화가 일어난다"는 설명 대신에 "받침에 'ㄲ'이 있을 때는 '다'가 '따'로 발음되고, 'ㅀ'은 '다'가 '타'가 돼요"라고 설명할 수 있으면 성공인 것이다. 그다음 철자 읽기에 그 패턴을 쓰게 한다(굵다, 낡다, 늙다 등에 적용). 이런 활동

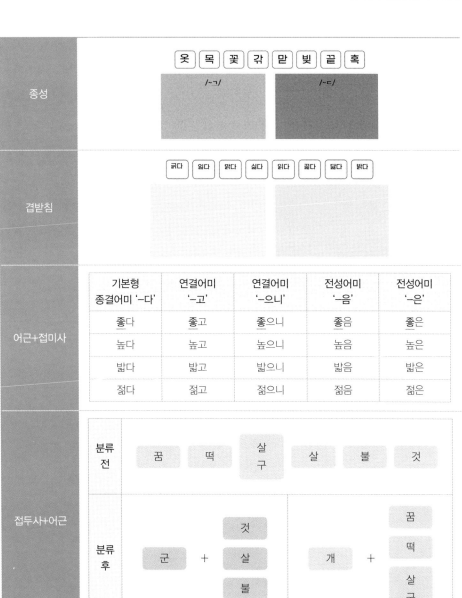

[그림 10–10] 단어 분류 활동의 예

은 철자와 읽기 간의 관련성을 인식하는 능력을 높여 준다.

　이렇게 익힌 단어는 문장 안에서 단어의 쓰임을 인식할 수 있도록 하는 것이 좋다. 예를 들어, '좋은'이라는 단어를 '오늘은 기분 좋은 날이다'라는 문장과 함께 제시하여 학생이 '좋은'의 의미를 파악하는 데 도움을 주고, 이것이 궁극적으로 학생이 '좋은'의 기본형인 '좋다'와 연결하여 올바른 철자를 쓸 수 있도록 한다(김애화 외, 2012).

초등학생의 경우에는 학년이 올라갈수록 새롭게 읽고 쓰는 단어들은 점점 더 많은 형태소와 파생어를 포함한다(Anglin et al., 1993). 기본 단어, 어근, 파생 형식 간의 형태론적 관계를 명확히 인식하는 것은 새로운 파생단어의 철자를 쓰고, 읽고, 그 의미를 추론하는 데 매우 중요하다. 왜냐하면 그 단어들은 보통 형식과 의미를 공유하기 때문이다. 한편, 어근과 파생 형식 간의 관계를 깨닫는 능력은 단어 간의 음운 및 철자 변화량에 영향을 받는다(Carlisle, 2010; Mann & Singson, 2003). 말을 하거나 글을 쓸 때 어근의 음운이나 철자의 특질에 변화가 없는 파생단어(예: 없다–덧없다, 여름–늦여름)는 관계가 가장 쉬운 단어쌍이다. 어근의 음 혹은 철자의 요소가 변화하는 파생단어는 파악하기가 더 어렵다(예: 겨우내, 가여워). 음운형식과 철자형식이 모두 바뀌는 파생단어는 어근과의 관계를 파악하기가 가장 힘든 단어이다.

(5) 철자 변별 및 고쳐 쓰기

변별하기는 목표 단어와 비슷한 형태의 무의미단어 카드와 함께 제시된 카드 중에서 정확하게 쓰인 단어를 찾게 하는 것으로, 쓰기재인 평가 방식을 활용한 것이다. 이 방법은 각 단계별로 사용될 수 있다.

출처: 최영환(2007).　　　　　　　　　　　　출처: 정재승, 이춘화(2016).

[그림 10-11] 철자 변별 활동의 예

(6) 자기점검 전략

자기점검 전략은 자신이 쓴 내용을 보고 틀린 부분을 스스로 인지한 뒤, 새롭게 고쳐 쓰는 일련의 과정으로, 자기조정과 자기인식을 포함하는 초인지 기술이다(Nies &

Belfiore, 2006). 자신이 쓴 철자를 다시 보며, 틀린 부분을 확인하여 스스로 고칠 수 있는 시간을 제공하고, 아동이 고친 뒤에는 정답을 스스로 채점하도록 하는 고쳐 쓰기 전략은 유지 및 일반화에 효과적이다(백은정, 김자경, 2012; 최승숙 2010). 이는 맞춤법을 명시적으로 알려 주는 효과적인 방법이며, 철자 변별과 같은 초인지적 과정을 병행할 때 효과 유지에 도움이 된다(이예다나 외, 2014; Nies & Belfiore, 2006).

　이상을 종합하면 철자 중재는 직접적이어야 하고, 아동들은 전략적으로 철자를 쓸 수 있도록 자신들의 기술을 사용하기 위해 의미 있는 수준의 쓰기를 할 수 있어야 한다(Scott, 2000). 철자법은 단순히 들리는 소리에 대한 상징(철자)을 배우고 적용하는 것만은 아니다. 자소-음소 대응으로 철자 지도를 시작할 수는 있지만, 단어의 철자를 쓸 때는 그 밖의 특정한 상황에서 특정한 철자법이 가능하다. 또한 단어 철자를 쓸 때 유추와 같은 다른 방법들도 사용하고 가공하지만, 시각적 패턴의 단순 암기도 사용한다. 따라서 교사들은 체계적인 단어 목록도 준비해야 하지만, 이러한 사항들을 통합적으로 접근해야 한다. 그리고 다음의 연구 결과를 참고하여 효과적인 철자 중재를 할 필요가 있다(Gordon et al., 1993; McNaughton et al., 1994).

표 10-3 | **철자 교수법 효과 연구 결과**

비효과적	효과적
• 암기법 사용	• 음소-문자소 대응 훈련
• 문장 속에서의 단어 제시	• 목록에서의 단어 제시
• 학습-평가 방법	• 평가-학습-평가 방법
• 오류 무시	• 오류 지적 및 오류 단어 연습
• 매주 많은 양의 단어 목록 사용	• 매일 3개씩 짧은 단어 목록 사용
• 철자법을 흥미 없고 중요하지 않은 활동으로 간주	• 철자 게임을 사용하고 강화
• 공중에 단어를 쓰며 연습	• 단어를 종이에 쓰거나, 컴퓨터에 타이핑하기

3. 읽기유창성 중재

읽기유창성은 글을 빠르게, 정확하게 그리고 적절한 표현력을 가지고 읽는 능력으로, 단어재인과 읽기이해를 연결하는 다리이자 읽기이해의 필수 요소 중 하나이다.

1) 함께 읽기

함께 읽기는 학생과 교사 혹은 부모가 함께 읽기를 하는 것으로, 학생이 느낄 수 있는 잠재적인 당황스러움을 줄여 주고, 개개인의 읽기를 좀 더 효과적으로 점검할 수 있는 전략이다. 읽기가 유창해질 때까지 함께 읽거나 학생이 뒤따라 읽게 하는 전략은 읽기유창성 향상에 도움이 된다. 읽기 문제를 가진 많은 학습장애 학생들이 소리 내어 읽는 것을 상당히 힘들어 한다. 따라서 일반적으로 많이 사용하는 학생에게 소리 내어 읽게 하기는 더 이상 추천하지 않는다는 점을 명심할 필요가 있다(NRP, 2000).

반복 읽기 전략은 눈으로 보이는 글자에 대해 타인의 소리와 자신의 소리를 통해 유창한 읽기를 각인하는 것으로, 신경학적 각인법neurological imprinting이라고 한다(김수미, 김기주, 이강대, 2011). 매튜 효과[1]와 읽기 태도 측면에서 볼 때, 읽기 능력이 부족한 읽기장애 아동에게는 읽기 태도에 영향을 줄 수 있는 읽기 전 활동과 잠재된 사전 지식을 의도적으로 활성화하여 활용할 수 있도록 하는 효과적인 전략이다(Anderson et al., 1984). 김수미, 김기주, 이강대(2011)의 연구에 의하면, 읽기장애 아동은 중재 초기에 누적된 읽기의 실패로 인해 읽기에 대한 거부감과 회피가 두드러졌으나, 5~6회기에 접어들면서 읽기에 대한 자신감 및 읽기 태도가 현저하게 향상되었다.

반복 읽기 전략은 처음에는 교사가 아동보다 조금 더 크게 빨리 읽기를 주도하는 과정으로, 아동이 실수를 두려워하지 않고 계속 따라 읽도록 격려한다. 이때 교사는 읽는 글자를 손으로 지적해 준다. 아동 스스로 읽기가 어느 정도 가능해지면 교사는 소리를 낮추고 천천히 읽으며, 아동이 손으로 글자를 지적하며 읽어 가도록 한다. 녹

---

1) 매튜 효과는 몰입하여 읽는 시간을 증가시키는 것이 읽기 성취에 영향을 미친다는 설이다(Mathewson, 1994).

표 10-4 **반복 읽기의 전략 예시**

절차	활동명	활동 내용
1단계	단어 뜻 알기	모르는 단어들을 위주로 뜻과 단어를 익힌다.
2단계	따라 읽기	교사가 글자를 손으로 짚으면서 소리 내어 읽으면, 아동이 따라 읽는다.
3단계	교사가 주도하며 같이 읽기	교사가 글자를 손으로 짚으면서 아동과 함께 읽기를 하되, 교사가 좀 더 큰 소리와 빠른 속도로 읽는다.
4단계	아동이 주도하며 같이 읽기	교사와 아동이 함께 읽되, 교사는 아동보다 작은 소리로 읽는다. 혹은 아동이 혼자 읽으며, 치료사가 간헐적으로 함께 읽을 수도 있다.
5단계	혼자 읽기	스스로 유창하게 읽는다.

음기를 사용하여 학생이 단어나 문장을 반복적으로 듣도록 하는 방식도 있으나, 자기 조절 능력이 높지 않은 아동에게는 중재자의 안내가 필요하다.

2) 끊어서 반복 읽기

끊어서 반복 읽기chunked reparted reading는 '끊어 읽기'와 '반복 읽기'를 결합한 교수다. 끊어 읽기는 글을 구성하는 문장을 의미가 통하는 구나 절 단위로 끊어서 제시하는 방법으로, 끊어 읽기와 반복 읽기를 결합한 교수와 반복 읽기 교수는 둘 다 읽기 유창성 향상에 효과적이며, 특히 표현력을 높이는 데 더 효과적이다(LeVasseur et al., 2008).

우리는/ 여러 용도의 질그릇에서/ 선조들의 해박한 과학 지식과/ 위생 관념을/ 확인할 수 있다./ 우선,/ 질그릇 밥통부터/ 살펴보자./ 현대문명의 산물인 전기밥통은/ 보온은 되나,/ 시간이 지나면/ 밥이 누렇게 변색되고/ 냄새도 난다./ 그러나/ 질그릇 밥통은/ 통 속에 서려 있는 김을/ 그릇 자체가 흡수하여/ 신선한 밥맛을 보존하는/ 위생적인 그릇이다./

[그림 10-12] 끊어 읽기 표기가 된 지문의 예

3) 철자 쓰기 프로그램 활용

쓰기유창성을 지도할 때 대상자가 글을 쓰는 것에 대한 흥미와 즐거움을 갖도록 하는 부분도 고려할 필요가 있다. 상업화된 철자 쓰기 프로그램은 틀린 철자에 대해 즉각적인 피드백을 제공해 줄 수 있을 뿐만 아니라, 아동들이 연필로 글을 쓰며 과제를 하는 것보다 훨씬 더 많은 양의 학습을 능동적으로 가능하게 한다. 쓰기 과제를 컴퓨터 자판을 활용하는 것도 도움이 될 수 있으며, 스마트폰 메시지로 소통하기 등 일상에서의 쓰기 활동은 독려될수록 좋다.

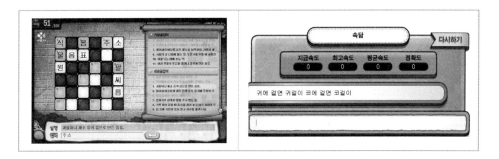

[그림 10-13] 컴퓨터를 활용한 낱말 퀴즈

출처: 깨비키즈 초등퀴즈(n.d.).

읽기유창성은 올바르게 읽는 정확성, 빠르게 읽는 자동성, 소리의 높낮이를 조절하면서 단어들을 의미단위로 띄어 읽을 수 있는 표현성으로 구성된다(Álvarez-Cañizo et al., 2015). 즉, 정확성과 자동성은 해독 능력을 기반으로 하는 것으로, 해독 능력이 불안정한 경우 읽기유창성 지도는 대상자에게 큰 의미가 없을 수 있다.

읽기유창성은 글을 읽고 이해하는 능력과 높은 연관성을 지닌다. 텍스트에 포함된 단어와 문장이 내포하는 의미를 이해하고 있을 때 유창하게 읽기가 가능하다. 읽기유창성이 느리다면 글을 읽을 때 개별 낱말을 해독하고 단어의 의미를 파악하는 데 더 많은 인지적 자원을 사용하고 있다는 것이며, 상대적으로 읽기이해에 사용할 인지적 자원이 부족하여 전체 글을 이해하는 데 어려움을 초래하게 된다(LaBerge & Samuels, 1974). 따라서 문장에 사용된 단어의 의미, 문장에 사용되는 단어 사이의 관계, 복문에서 단어의 관계, 대명사 관계 등과 같은 언어이해를 우선적으로 지도해야 하는 경우도 있다.

임상 팁

초기 지도 시에는

① 통글자로 읽을 수 있는 단어 내 음절 읽기가 가능한 글자를 디딤 활동으로 활용한다.

② 기본 모음(ㅏ, ㅓ, ㅗ, ㅜ, ㅣ, ㅡ, ㅐ, ㅑ, ㅕ, ㅛ, ㅠ)과 기본 자음(ㄱ, ㄴ, ㄷ, ㄹ, ㅁ, ㅂ, ㅅ, ㅈ, ㅊ, ㅋ, ㅌ, ㅍ, ㅎ)을 먼저 지도한 다음, 저빈도 이중모음과 쌍자음을 지도한다.

③ 초기에는 형태적 유사성(예: ㅂ/ㅍ, ㅑ/ㅕ)이나 음운 자질의 유사성(예: ㄷ/ㄱ, ㅗ/ㅜ)이 있는 단어를 동시 목표로 설정하지 않도록 하되, 최종적으로 변별할 수 있도록 한다.

④ 받침 없는 단어(배, 사자, 구두)의 초성 자음의 글자 이름과 음가를 우선 지도한 다음, 받침 있는 단어(밤, 사탕, 곰, 공주)로 종성 자음의 음가를 지도한다.

⑤ 평폐쇄음화(7종성원리) 음운변동 규칙이 적용되는 종성 자음(ㅋ, ㅍ, ㅌ, ㅅ, ㅈ, ㅊ)과 겹자음은 초기에는 중재 목표에 포함하지 않는 것이 좋다.

참고문헌

김기주(2020). 자소-음소 자동 대응기기(Paly Tange)를 활용한 파닉스 프로그램이 초등 1~2학년 난독증 학생의 음운인식과 해독에 미치는 효과. 학습자중심교과교육연구, 20(20), 769-787.

김기주(2022). 음운처리기술 그룹 중재가 자소-음소 대응 지식 및 읽기 · 쓰기 유창성에 미치는 효과. 인지발달중재학회지, 13(1), 51-71.

김기주, 권상남(2011). 컴퓨터를 활용한 음운인식 훈련 프로그램(Make word)의 개발 및 적용 효과. 언어치료연구, 20(2), 1-18.

김기주, 김자경(2014). 한글 습득을 위한 통합적 접근 프로그램: 읽기장애 아동 적용 사례. 한국언어치료학술대회 자료집.

김기주, 김자경(2015). 학령기 아동의 언어치료를 위한 소리나라 한글배우기 (1-4권). 학지사.

김도남(2003). 한글 해득 교육 원리 탐색. 한국초등국어교육, 23(23), 1-36.

김수미, 김기주, 이강대(2012). 신경학적 각인법을 통한 일견단어 훈련이 읽기유창성과 읽기 태도에 미치는 효과. 한국언어치료학회 학술발표대회 논문집, 197-203.

김애화, 김의정(2013). 음운처리 중심 철자 교수가 쓰기장애 학생의 철자에 미치는 효과. 학습장애연구, 10, 51-72.

김애화, 김의정(2017). 학령기 아동을 위한 단어인지 및 철자 프로그램. 학지사.

김애화, 김의정, 김자경, 최승숙(2012). 학습장애 이론과 실제. 학지사.

김애화, 김의정, 표소래(2011). 스크립트화된 합성 파닉스 교수가 읽기장애학생의 한글 단어인지에 미치는 효과. 특수교육저널: 이론과 실천, 12(3), 613-638.

김애화, 임화경, 박성희(2009). 초등학생의 단어인지 특성 연구: 단어인지 정확도와 유창성 발달 패턴 및 오류 유형 분석. 특수교육학연구, 44(2), 157-184.

김자경, 강혜진(2008). 지적장애 아동을 위한 일견단어 교수 전략 비교. 지적장애연구, 10(4), 43-59.

깨비키즈 초등퀴즈(n.d.). http://www.kebikids.com/

백은정, 김자경(2012). 자기점검전략이 쓰기학습장애 학생의 철자쓰기능력에 미치는 효과. 학습장애연구, 9, 67-88.

양민화(2006). 문자발달과정을 설명하는 범언어적인 이론과 문자 간 철자발달의 비교연구 Review. 특수교육학연구, 41(3), 163-186.

이다은(2016). 초등 1-2학년 읽기 지원 효과: 파닉스를 활용한 음운통로 중재 vs 교과 고빈도 단어를 활용한 어휘통로 중재. 석사학위논문, 한림대학교 대학원.

이봉원(2013). 의사소통 장애 관련 학문 전공자를 위한 문법 교육의 몇 가지 과제. 한국어학, 61, 233-259.

이상억(1990). 현대국어 음변화 규칙의 기능부담량. 어학연구, 26, 441-467.

이예다나, 조성희, 마지성, 박현정, 손승현(2014). 증거기반 실제를 위한 국내 쓰기 학습장애 중재연구 질 분석. 특수아동교육연구, 16(2), 477-500.

이재국, 신가영, 윤효진, 배소영(2015). 쓰기부진 초등생의 형태소 및 철자지식을 활용한 문장쓰기 중재 효과. 학습자중심교과교육연구, 15, 139-156.

정난숙, 안성우, 김자경(2005). 읽기장애아동의 독해력 설명변인 연구. 특수교육저널: 이론과 실천, 6(4), 385-403.

정재승, 이춘화(2016). 읽기자신감 6권. 좋은 교사.

최승숙(2010). 쓰기부진 학생의 철자쓰기 특성과 중재에 관한 이론적 접근. 특수아동교육연구, 12(1), 47-66.

최영환(2007). 기적의 받아쓰기 4권. 길벗스쿨.

최정미, 김성화, 강병주, 변찬석(2006). 경험이야기 받아쓰기 중재가 학습장애아의 읽기, 쓰기 능력에 미치는 효과. 정서행동장애 연구, 22(1), 153-174.

Ackerman, P. T., Anhalt, J. M., & Dykman, R. A. (1986). Arithmetic automatization failure in children with attention and reading disorders: Associations and sequela. *Journal of*

Learning Disabilities, 19(4), 222–232.

Adams, M. J. (1990). *Beginning to read: Learning and thinking about print.* MIT Press.

Álvarez-Cañizo, M., Suárez-Coalla, P., & Cuetos, F. (2015). The role of reading fluency in children's text comprehension. *Frontiers in psychology, 6,* 1810.

Anderson, R. C., Pearson, P. D., Barr, R., Kamil, M. L., & Mosenthal, P. (1984). Handbook of reading research. In P. D. Pearson (Ed.), *A schemata-theoretic view of basic processes in reading comprehension* (pp. 252–295). Longman.

Anglin, J. M., Miller, G. A., & Wakefield, P. C. (1993). Vocabulary development: A morphological analysis. *Monographs of the Society for Research in Child Development, 58*(10), 1–166.

Archer, A. L., & Hughes, C. A. (2014). 명시적 교수 (*Explicit instruction*). (김윤옥, 강옥려, 강미라, 강영하 역). 교육과학사. (원저는 2010년에 출판).

Bear, D. R., Templeton, S., Helman, L., & Baren, T. (2003). Orthographic development and learning to read in different languages. In G. G. Garcia (Ed.), *English learners: Reaching the highest level of English literacy* (pp. 71–95). International Reading Association.

Begeny, J. C., Laugle, K. M., Krouse, H. E., Lynn, A. E., Tayrose, M. P., & Stage, S. A. (2010). A control-group comparison of two reading fluency programs: The Helping Early Literacy with Practice Strategies (HELPS) program and the great leaps K-2 reading program. *School Psychology Review, 39*(1), 137–155.

Bender, W. N., & Waller, L. N. (2011). *RTI & differentiated reading in the K-8 classroom.* Solution Tree Press.

Bliss, S. L., Skinner, C. H., & Adams, R. (2006). Enhancing an English language learning fifth-grade student's sight-word reading with a time-delay taped-words intervention. *School Psychology Review, 35*(4), 663–670.

Carlisle, J. F. (2010). Effects of instruction in morphological awareness in literacy achievement: An integrative review. *Reading Research Quartely, 45,* 464–487.

Carnine, D., Silbert, J., Kameenui, E. J., & Tarver, S. G. (1997). *Direct instruction reading.* Merrill.

de Graaff, S., Bosman, A., Hasselman F., & Verhoeven, L. (2009). Benefits of systematic phonics instruction. *Scientific Studies of Reading, 13*(4), 318–333.

Deacon, S. H., & Bryant, P. (2005). What young children do and do not know about the spelling of inflections and derivations. *Developmental Science, 8*(6), 583–594.

Ehri, L. C. (1991). Development of the ability to read words. In R. Barr, M. L. Kamil, P. B. Mosenthal, & P. D. Pearson (Eds.), *Handbook of reading research* (Vol. 2, pp. 383-417). Lawrence Erlbaum Associates, Inc.

Ehri, L. C. (2005a). Development of sight word reading: Phases and findings. In M. J. Snowling & C. Hulme (Eds.), *The science of reading: A handbook* (pp. 135-154). Blackwell Publishing.

Ehri, L. C. (2005b). Learning to read words: Theory, findings, and issues. *Scientific Studies of Reading, 9*(2), 167-188.

Ehri, L. C., Nunes, S. R., Willows, D. M., Schuster, B. V., Yaghoub-Zadeh, Z., & Shanahan, T. (2001). Phonemic awareness instruction helps children learn to read: Evidence from the national reading panel's meta-analysis. *Reading Research Quarterly, 36*(3), 250-287.

Gerber, A., & Klein, E. R. (2004). A speech-language approach to early reading sucess. *Teaching Exceptional Children, 36*(6). 8-14.

Gordon, J., Vaughn, S., & Schumm, J. S. (1993). Spelling interventions: A review of literature and implications for instruction for students with learning disabilities. *Learning Disabilities Research & Practice, 8*(3), 175-181.

Gunning, T. G. (2002). *Assessing and correcting reading and writing difficulties* (2nd ed.). Allyn & Bacon.

Harris, T. L., & Hodges, R. E. (1995). *The literacy dictionary: The vocabulary of reading and writing.* International Reading Association.

Kemp, N., & Bryant, P. (2003). Do beez buzz?: Rule-based and frequency-based knowledge in learning to spell plural-s. *Child development, 74*(1), 63-74.

LaBerge, D., & Samuels, S. J. (1974). Toward a theory of automatic information processing in reading. *Cognitive Psychology, 6*(2), 293-323.

LeVasseur, V. M., Macaruso, P., & Shankweiler, D. (2008). Promoting gains in reading fluency: A comparison of three approaches. *Reading and Writing, 21*(3), 205-230.

Mann, V., & Singson, M. (2003). Linking morphological knowledge to English decoding ability: Large effects of little suffixes. In E. Assink & D. Sandra (Eds.), *Reading complex words: Cross-language studies* (pp. 1-25). Kluwer Academic Publisher.

Mathewson, G. C. (1994). Model of attitude influence upon reading and learning to read. In R. B. Ruddell, M. R. Ruddell, & H. Singer (Eds.), *Theoretical models and processes of reading* (pp. 1131-1161). International Reading Association.

McNaughton, D., Hughes, C. A., & Clark, K. (1994). Spelling instruction for students with learning disabilities: Implications for research and practice. *Learning Disability Quarterly, 17*(3), 169-185.

Mercer, C. D., & Mercer, A. R. (1997). *Teaching students with learning problems* (6th ed.). MacMillan.

Mercer, C. D., & Mercer, A. R. (2005). *Teaching students with leaning problems.* Prentice Hall.

National Reading Panel. (2000). *Teaching children to read: An evidenced-based assessment of the scientific research literature on reading and its implications for reading instruction.* National Institute of Child Health and Human Development.

Nies, K. A., & Belfiore, P. J. (2006). Enhancing spelling performance in students with learning disabilities. *Journal of Behavioral Education, 15*(3), 163-170.

Raynor, K., Foorman, B. R., Perfetti, C. A., Pesetsky, D., & Seidenberg, M. S. (2001). How psychological science informs the teaching of reading. *Psychological Science in the Public Interest, 2,* 31-73.

Rosenshine, B. (2008). *Five meanings of direct instruction.* Center on Innovation & Improvement.

Scott, C. M. (2000). Principles and methods of spelling instruction: Applications for poor spellers. *Topics in Language Disorders, 20*(3), 66-82.

Therrien, W. J. (2004). Fluency and comprehension gains as a result of repeated reading: A meta-analysis. *Remedial and Special Education, 25*(4), 252-261.

Torgensen, J. K., Alexander, A. W., Wagner, R. K., Rashotte, C. A., Voeller, K. S., & Conway, T. (2001). Intensive remedial instruction for children with severe reading disabilities: Immediate and long-term outcomes from two instructional approaches. *Journal of Learning Disabilities. 34*(1), 33-58.

Treiman, R., & Bourassa, D. (2000). Children's written and oral spelling. *Applied Psycholinguistics, 21*(2), 183-204.

Wolter, J. A. (2009). A systematic research review of word study treatment practices for the speech-language pathologist. *Evidence-Based Practice Briefs, 3,* 43-58.

Zutell, J. (1998). Word sorting: A developmental spelling approach to word study for delayed readers. *Reading & Writing Quarterly: Overcoming Learning Difficulties, 14*(2), 219-238.

언어와 문장 이해

글을 읽고 이해한다는 것은 문자적 의미 이상의 것을 이해하고, 자신의 관점에서 해석, 분석, 종합하는 비판적인 능력을 의미하는 것으로, 읽기이해는 복잡한 과정의 산물이다(Westby, 2005). 읽기의 궁극적인 목표인 문단글 수준의 읽기이해를 위해서는 단어와 문장 수준의 읽기이해 능력을 갖추어야 한다. 해독이 확립된 이후에는 어휘 능력, 단어 유추와 같은 의미론적 지식, 구문론적 지식, 형태론적 지식과 같은 언어 지식은 읽기이해에 매우 중요한 요인이다(정미란, 2013; 황민아, 2008).

이 장에서는 문장 수준에서의 읽기이해 및 쓰기 수준에서의 읽기이해 중재 방법을 살펴보고자 한다. 문장 수준의 읽기이해는 문장 쓰기와 병행하는 것이 효과적일 수 있다.

1. 의미론적 지식과 문장 이해

글을 읽고 이해하는 것은 단어의 의미를 처리하는 것부터 시작하기 때문에 어휘 지식은 읽기이해의 기초 능력이다(조명한, 2003). 어휘 지식은 해독 능력과 달리 지속해서 발달하는 능력으로, 읽기이해 능력을 촉진하는 요인임과 동시에 읽기이해 경험은

표 11-1 **어휘 지식의 수준**

단계	설명	지도 방법
1단계 조금 이해 단계	목표 어휘와 의미 연결 단일 맥락에서 어휘 의미 이해 수준	−문장 속 단어 찾기 −단어의 이름 알기 −사전적 정의 이해 −컴퓨터 보조 교수
2단계 부분적 이해 단계	목표 어휘를 관련 어휘들과 연결 지어 범주화 목표 어휘의 동의어, 반의어 등 다양한 의미로 이해 가능	−의미망 연결하기 −개념지도 −단어 유추하기
3단계 충분한 이해 단계	여러 상황에 어휘를 적용 비슷한 어휘 간의 차이 구분 다양한 어휘 범주 이해 가능	−문장 완성하기 −은유, 관용어, 속담 이해 −다양한 책 읽기

출처: Baker, Simmons, & Kame'enui (1998).

다시 어휘 지식 발달을 촉진하는 요인으로 서로 발달을 촉진한다.

어휘 지식은 단일 단어에 대한 지식뿐만 아니라 문맥 속의 단어 의미를 추론하고, 단어 사이의 관련성을 이해하며, 문장에서 적절히 그 단어를 잘 활용하는 능력 모두를 포함한다. 어휘 지식의 수준은 조금 이해 단계associative knowledge, 부분적 이해 단계comprehension knowledge, 충분한 이해 단계generative knowledge로 나누기도 하는데, 어휘 지식의 수준에 따라 적절한 교수 방법을 제공할 필요가 있다(Baumann et al., 2003).

1) 단어 정의하기

읽기이해가 부진할 경우, 의미를 모르는 어휘 때문에 읽은 글을 이해하지 못하는 경우가 많다. 어휘 지식 향상에 도움이 되는 학습 활동으로는 수수께끼, 빈칸 채우기, 단어 퍼즐 활동, 단어 정의하기 등이 있다.

단어 정의하기란 어떤 낱말에 대한 개념의 범위를 한정하여 명백히 밝히는 것으로, 일반적으로 낱말에 대해 정확하게 정의할 수 있을 때 해당 낱말을 잘 알고 있다고 인정할 수 있으므로 단어 정의하기로 어휘 지식을 평가하기도 한다(Johnson & Anglin, 1995). 단어 정의하기는 정의가 무엇인가에 대한 상위언어 능력을 기반으로 하는 것으로, 어린 아동일수록 단어 자체의 의미보다는 단어와 관련된 대상이나 행동에 관한

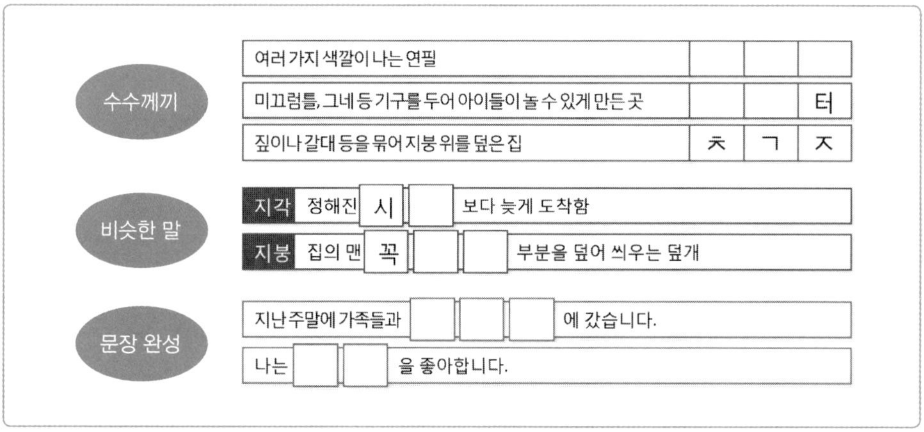

[그림 11-1] 수수께끼, 문장 완성하기 활동의 예

내용을 더 많이 이야기하며(예: '자전거는 따르릉따르릉' '자전거는 탈 수 있어요.' '섬은 동그랗다.'), 연령이 증가할수록 보편적이고 기준에 가까운 정의 내용을 제공할 수 있게 된다. 아리스토텔레스식의 정의 형식(X는 Y하는 Z이다: 섬은 사방이 물로 둘러싸인 땅덩

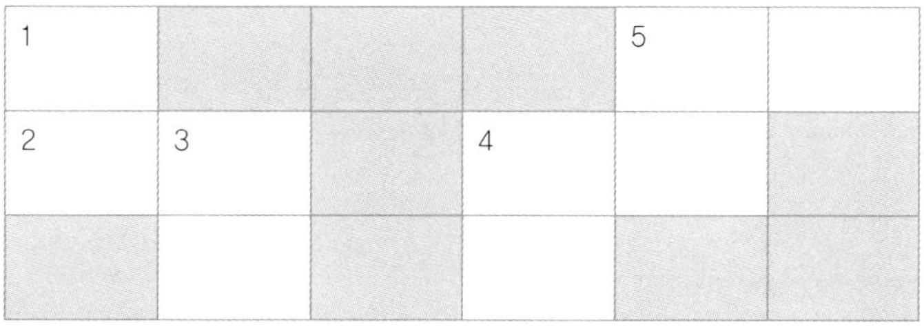

가로 열쇠

2. 물어보는 말에 내 생각을 이야기하는 것 (예: 선생님의 질문에 ○○해 볼 사람 손들어 보세요.)

4. 자식의 딸

5. 부모님의 말씀을 잘 따르고, 정성을 다해 모시는 일 (예: 부모님께 ○○하는 어린이가 됩시다.)

세로 열쇠

1. 길고 가늘게 잘라 놓은 나무토막

3. 편지를 받고 답으로 보내는 편지 (예: 친구에게 편지를 받고 기쁜 마음에 ○○을 썼어요.)

4. 주인을 만나러 오거나 가게에 물건을 사러 온 사람 (예: 맛있는 음식점은 항상 ○○이 많아요.)

5. 정성을 다해 부모님을 모시는 딸 (예: '○○심청')

[그림 11-2] 단어 퍼즐 활동의 예

어리이다)은 초등 2학년 정도부터 나타난다(Wehren et al., 1981).

어휘 발달은 성인 시기까지 계속된다. '앞/뒤, 옆, 왼쪽/오른쪽'이라는 관계 개념은 만 3세경부터 획득하기 시작하며, 만 7세 이후에 '앞, 옆'이라는 위치에 관한 용어를 좀 더 적절하고 다양하게 나타낼 수 있다. 어린 아동들이 자신의 관점에서 일반적인 지시어(예: 여기, 저기)를 사용하다가 점점 상황에 근거한 공간 개념의 용어(예: 유리창 건너편, 현관 옆)를 사용해 가며, 초등학교 시기에는 정확한 공간 용어(예: 꼭대기, 위, 왼쪽)를 사용하는 식으로 발달한다.

어휘 지식은 맥락에서 그 의미를 이해하도록 돕는 것이 가장 효과적이다. 따라서 일상생활과 다양한 활동 중에 아동이 모르는 어휘를 물어볼 때 설명해 주거나, 관련 어휘에 대해 알려 주거나, 동화 읽어 주기나 매체를 시청하는 상황 맥락 내에서 어휘를 익힐 수 있도록 하는 것이 충분한 이해 수준으로 이끌 수 있다(Nagy & Scott, 2000). '동화를 읽기 전 낯선 단어 확인하기'는 그 의미를 점검하는 활동 후에 읽어보게 하는 활동은 읽기이해 능력 향상에 도움이 될 수 있다. 특히 동음이의어(빛/빗, 낮/낫)는 문맥 속에서 지도해야 한다. 또한 어휘는 상식과 같은 배경 지식과 무관하지 않다[예: 오스트리아의 수도는 (빈, 워싱턴)이다].

동화 속 낯선 단어 찾기

좁쌀 한 톨을 맡긴 총각

옛날에 젊은 총각이 있었다. 총각은 과거를 보려고 열심히 공부했다. 시험 볼 날이 가까워졌다. 총각은 짐을 싸서 서울로 떠났다. 서울로 가는 길에 날이 어두워졌다. 총각은 주막을 찾았다. 마침 가까운 곳에 주막이 있었다. 총각은 주막으로 들어갔다.
주막에 들어간 총각이 주막 주인을 불렀다. "이것은 내가 늘 가지고 다니는 좁쌀입니다. 잘 맡았다가 떠날 때 주십시오." 총각이 주막 주인에게 좁쌀 한 톨을 맡기며 말했다.
"좁쌀 한 톨을 맡긴다고요?" 주막 주인은 이상한 총각이라고 생각했다. 그래서 좁쌀을 던져 버렸다.

단어	뜻
좁쌀	조의 쌀, 밥이나 떡을 만들 때 사용한 곡식
톨	곡식을 세는 단위
총각	결혼하지 않은 성인 남자
짐	다른 곳으로 가져갈 물건을 싸 놓은 것
과거	예전에 나라를 위해 일한 관리를 뽑던 시험
주막	예전에 길거리에 있던 술집 겸 여관
마침	아주 알맞은 때에
맡기다	다른 사람에게 물건을 주고 잘 가지고 있게 하다
맡다	다른 사람의 물건을 받아서 잘 가지고 있다

[그림 11-3] 동화 속 낯선 단어 찾기 활동의 예

2) 범주화하기

어휘의 의미를 알게 되었다면 이제는 어휘를 범주별로 묶거나 어휘의 다양한 속성을 살펴봄으로써 어휘 간의 세밀한 차이를 이해할 수 있도록 한다. '우유와 물'의 공통점과 차이점이 무엇인지를 이해하고 표현할 수 있는 것은 자신이 알고 있는 개념을 비교하고 분석할 수 있는 상위언어 능력이다.

의미망 연결semantic maps은 목표 어휘를 중심으로 관련되는 어휘를 열거하고, 그 어휘들을 그래픽 조직자를 활용하여 범주화하고, 각각의 범주에 명칭을 부여하는 방법이다(Vaughn et al., 2000). 의미망 연결은 선행 지식과 연결하여 새로운 어휘의 의미를 이해하고 어휘력을 확장하는 데 유용하며, 목표 어휘와 관련된 다양한 어휘 간의 관계를 파악하도록 함으로써 어휘를 보다 조직적, 범주적으로 기억하도록 도와준다. 물론 표현어휘 목표가 '간호사'인 경우, 의미적으로 연관성이 깊은 '의사'보다 연관성이 없는 '건축가'가 제시되는 경우에 **빠른** 어휘 판단을 하게 한다.

일반적인 의미망 연결 지도는 '얼음 하면 생각나는 것들 적어 보기'와 같이 목표 어휘를 선행 지식과 연결하여 도식을 제공하는 데 초점을 둔다. 하지만 상위언어 능력이 부족한 아동에게는 선행 지식을 범주별로 연결하는 과정부터 과제 분석적으로 지도할 필요가 있다. 예를 들어, '얼음이라는 단어를 들으면 생각나는 것들 적어 보기' 대신에 '물로 만들 수 있고, 차갑고, 시원하게 해 주고, 녹기도 하는 것은 무엇일까?'와 같이 수수께끼 식으로 도식화 과정을 시각화해 준 다음, 같은 범주 유형의 다른 어휘 의미망을 작성하게 하는 '**거꾸로 마인드맵**' 방식으로 지도할 필요가 있다. 특히 학습장애 아동은 보편적인 내용보다는 개인적 경험을 중심으로 추론하는 경향이 있으므로 사고하는 과정에 대한 비계 교수가 필요하다.

빙고 게임을 어휘 이름 대신에 어휘 속성만 말하는 빙고 게임으로 변형하면 어휘 속성 이해와 표현을 돕는 활동이 될 수 있다. '어휘 속성만 말하는 빙고 게임'의 빙고판에는 범주어(예: 달걀, 얼음, 수박, 우유와 같은 음식)로 구성해 두고, 수박은 '씨가 많아요, 과일이에요, 둥글고 커요, 초록색에 검은 줄무늬가 있어요'라고 속성을 말하는 사람만 수박 그림에 표를 하는 방식으로 활동하는 게임이다. 범주어의 구성판은 대상자의 언어 수준에 따라 달리 제시한다.

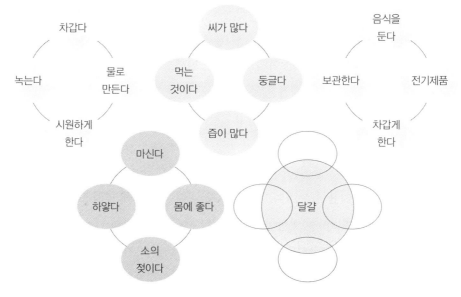

[그림 11-4] 거꾸로 마인드맵

3) 비유언어 이해

비유언어figurative language는 문자 그대로의 의미 외에 상상의 의미로 언어를 사용하는 것으로, 은유, 직유, 관용어, 속담을 말한다.

'번개처럼 빠른 치타'와 같은 직유가 포함된 문장 이해를 위해서는 '~같은' '~처럼' '~만큼' '~만' 등의 낱말 이해가 필요하며, '우리 선생님은 호랑이다'와 같이 문맥에 따라 그 문장에 내포된 숨은 의미를 파악하는 은유를 이해하기 위해서는 주제어(비유하는 대상)와 매개어가 공유하는 특성(예: 우리 선생님은 무섭다, 호랑이는 무섭다)을 알아내는 것이 핵심이다. 은유는 주제어와 매개어의 관계가 시각적인 유사성으로 표현된 지각적 은유perceptual가 심리적 은유psychological보다 빨리 발달하므로 해당 문장이 설명하는 그림이나 상황과 연결하여 이해를 돕도록 한다.

관용어idiomatic는 문자적인 의미로도 사용할 수 있지만, 어떠한 문맥 속에서는 상징적인 다른 의미로 사용되어 문법적으로 분석할 수 없는 표현이다. 관용어 이해 부족은 주어진 글에 대한 완전한 이해를 어렵게 하는 요인이 된다. 관용어 표현은 초등 1학년 교과서부터 포함되어 있으며, 5학년을 기점으로 급격하게 증가된다(조창규, 2006).

관용어는 명시적인 지도와 병행될 필요가 있다. 관용어는 '시치미를 떼다'와 같은

미역국을 먹다 •	• 시험에서 떨어지다
시치미를 떼다 •	• 신중하고 조심스럽다
비행기를 태우다 •	• 모른 척하다
바가지를 긁다 •	• 정도 이상으로 높이 칭찬하다
손이 크다 •	• 잔소리가 심하다
속을 태우다 •	• 깊이 걱정되고 괴롭게 하다
입이 무겁다 •	• 한 번에 많은 양을 쓴다

[그림 11-5] 관용어 이해 지도의 예

항구적 관용어와 '눈을 감다'와 같이 문맥에 따라서 문자적 의미로 해석될 수도 있고, 때로는 관용적 의미로도 사용될 수 있는 문맥적 관용어가 있다. 읽기이해부진 아동은 문맥적 관용구의 이해를 더 어려워할 수 있다.

속담이란 교훈이나 기지, 경계, 비유, 풍자, 상상이나 관찰 경험에 도움이 되는 지식으로, 평범하고도 간결하게 표현한 은유적 관용어이다. 속담은 그 의미가 절대적 진리라기보다는 문맥에 따라 의미가 달라질 수 있으므로 문맥적 요소들을 파악해야 전달하고자 하는 의미를 파악할 수 있는 경우가 많다. 주어진 문맥을 활용하여 속담의 의미를 활발히 추측하고, 실제 상황과의 유사점을 찾아내어 비교하고 분석할 수 있는 능력이 요구된다. 상황에 알맞은 속담을 자주 접하게 하고, 속담이 의미하는 내용을 명시적으로 지도하는 일은 읽기이해를 위해 필요하다.

그림 속 상황과 어울리는 속담을 찾으세요.

① 똥 묻은 개가 겨 묻은 개 나무란다
② 돌다리도 두들겨 보고 건너라
③ 발 없는 말이 천리 간다
④ 개구리 올챙이 적 생각 못한다

[그림 11-6] 속담 지도

출처: 권인숙 외(2018).

2. 구문론적 지식과 문장 이해

글쓰기는 보통 문단 또는 2개 이상의 문단이 모인 텍스트를 쓰는 것을 의미하나, 쓰기에 어려움이 있는 대상자에게는 문장 수준의 글쓰기부터 중재해야 한다. 그 후 3~5개의 문장을 하나의 주제로 논리적인 흐름에 따라 구성할 수 있는 능력에 초점을 둔다. 문장 수준에서의 글쓰기는 문장의 주어-서술어 호응과 같은 구문론적 지식과 문법적 지식을 가질 수 있게 하는 것과 문장부호와 같은 문장의 기술적 측면을 이해하고 표현할 수 있도록 하는 것으로 문장 수준의 읽기이해 지도와 병행하는 것이 효과적이다.

1) 그림 선택하기

그림 선택하기는 언어발달 수준에 따라 기본문(주어+서술어, 혹은 주어+목적어+서술어)의 이해를 지도할 수도 있으며, 시제, 부정문 그리고 문장의 구조가 복잡한 관계절 문장, 수동태 문장 지도에도 활용할 수 있다.

① 아이들이 달리기를 해요
② 아이들이 공놀이를 해요.
③ 아이들이 그림을 그려요.

[그림 11-7] 기본문 지도 시 그림 선택하기의 예

	기본문	아이들이 달리기를 해요.
	내포문	분홍색 옷을 입은 아이가 1등을 했어요.
	종속문	달리기 연습을 열심히 했지만, 영희를 이길 수는 없었다.
	시제	작년에도 영희가 1등을 했는데, 올해도 영희가 1등이다. 내년에는 누가 1등을 할까?

[그림 11-8] 구문의 예

2) 문장 배열하기

문장 배열하기는 어순을 명시적으로 지도하는 방법으로, 4~6개 정도의 어절별 단어 카드를 제시하여 문장을 완성하게 한다.

[그림 11-9] 문장 배열하기 활동의 예

3) 경험 이야기 쓰기

경험 이야기 쓰기dictated experience stories는 자신의 생각을 글로 엮어 낼 수 있게 하는 활동이다(Anderson, 1984). 초기 문해 단계인 대상자에게 경험 이야기 쓰기 접근으로 지도할 때는 대상자의 경험이나 생각을 글로 표현할 수 있게 돕되, 지나친 수정과 삽입은 해가 될 수 있으므로 주의하여야 한다.

사회 · 언어심리학 이론에서는 듣기, 말하기, 쓰기, 읽기라는 언어의 모든 과정은 언어 경험을 통해 서로 관련된다고 본다. 읽기와 쓰기는 서로 협력적인 활동으로, 이 둘을 동시에 하면 서로 강화를 줄 수 있다.

3. 형태론적 지식과 문장 이해

한국어는 형태소가 풍부한 언어로, 굴절어(문법형태소), 파생어, 합성어 등의 형태론적 구조가 있다(이익섭, 2005). 특히 문법형태소(조사, 어미)는 문장의 구성 요소가 되어 절을 이끌거나, 격이나 부가적 의미를 부여하며, 문장 구성 성분의 변화를 이끄는 등 문법의 주요 역할을 담당하고 있다. 읽기부진 아동은 문장의 조사와 어미가 바른지 판단하는 능력이 일반 아동에 비해 제한적이다(김미배, 배소영, 정경희, 2012). 따라서 읽기 · 쓰기 중재 시 문법 지식과 문법 인식 능력에 대한 정밀한 평가를 바탕으로 한 체계적인 중재가 필요하다(Carlisle, 2010; Kirk & Gillon, 2009; Rubin et al., 1991).

1) 그림 선택하기

그림 선택하기는 언어발달 수준에 따라 격조사, 접속조사 지도에도 활용할 수 있다.

① 사과는 바나나보다 많아요.
② 바나나는 사과보다 많아요.
③ 사과는 바나나만큼 있어요.

[그림 11-10] 그림 선택하기의 예

2) 문장 완성하기

문장 완성하기는 조사나 어미를 명시적으로 지도하는 방법으로, 오류 수정하기 과제로 활용할 수도 있다.

문장 완성하기	오류 수정하기
① 동생이 가위＿＿＿ 종이를 잘라요.	① 아빠가 방에서 신문이 읽어요.
② 엄마가 아빠＿＿＿ 전화를 해요.	② 동생이 달리고, 누나를 달려요.
③ 아빠가 꽃을 사＿＿＿ 가게에 가요.	③ 빨리 달렸고 차를 놓쳤어요.
④ 어제 학교에서 받＿＿＿ 책이에요.	④ 엄마가 혼내러 동생이 울어요.

[그림 11-11] 문장 완성하기의 예

　문장 이해에서 적용하는 구문 배열하기나 문장 완성하기 등은 언어 기반 읽기 · 쓰기 활동이다. 정확하게 읽고, 맞춤법에 맞게 철자 쓰기를 하는 것도 중요하나, 읽기나 쓰기가 대상자에게 의미 있는 활동이 될 수 있도록 지도하는 것이 더 중요하다.

참고문헌

권인숙, 김두령, 유지선, 이혜영(2018). 공습국어: 어휘력A-4. 김영사.

김미배, 배소영, 정경희(2012). 읽기부진 아동의 문법형태소 사용력. 언어치료연구, 21(1), 17-37.

이익섭(2005). 한국어 문법. 서울대학교출판부.

정미란(2013). 초등학교 3~6학년 읽기이해부진 학생의 읽기이해력 예측 변인 탐색. 학습장애연구, 10(3), 79-103.

조명한(2003). 언어심리학. 학지사.

조창규(2006). 국어교과서의 관용 표현에 대한 연구-7차 국어교과서 관용 표현의 빈도와 교과 내용 분석을 주로 하여. 배달말, 38, 61-86.

황민아(2008). 초등학교 고학년 읽기부진 학생의 문장 읽기에서 통사처리 특성. 언어청각장애연구, 13(3), 397-417.

Anderson, R. (1984). Role of the reader's schema in comprehension, learning, and memory. In R Anderson, J. Osborn, & R. Tierney (Eds.), *Learning to read in American schools: Basal readers and content texts*. Erlbaum.

Baker, S. K., Simmons, D. C., & Kame'enui, E. J. (1998). Vocabulary Acquisition: Research bases. In D. C. Simmons & E. J. Kame'enui (Eds.), *What reading research tells us about children with diverse learning needs* (pp. 183–218). Erblaum.

Baumann, J. F., & Kame'enui, E. J. (1991). Research on vocabulary instruction: Ode to voltaire. IN J. Flood, J. M. Jenson, D. Lapp, & J. R. Squire (Eds.), *Handbook of research on teaching the English language arts* (pp. 604–632). MacMillan Publishing.

Baumann, J. F., Kame'enui, E. J., & Ash, G. E. (2003). Research on vocabulary instruction: Voltaire redux. In J. Flood, D. Lapp, J. R. Squire, & J. M. Jensen (Eds.), *Handbook on research on teaching the English language arts* (2nd ed., pp. 752–785). Erlbaum.

Carlisle, J. F. (2010). Effects of instruction in morphological awareness in literacy achievement: An integrative review. *Reading Research Quartely, 45*, 464–487.

Johnson, C. J., & Anglin, J. M. (1995). Qualitative developments in the content and form of children's definitions. *Journal of Speech and Hearing Research, 38*, 612–629.

Kirk, C., & Gillon, G. T. (2009). Intergrated morphological awareness intervention as a tool for improving literacy. *Language, Speech, and Hearing Services in Schools, 40*, 341–351.

Nagy, W. E., & Scott, J. A. (2000). Vocabulary processes. In M. L. Kamil, P. D. Mosenthal, P. D. Pearson, & R. Barr (Eds.), *Handbook of Reading Research* (Vol. 3, pp. 269–284). Erlbaum.

Owens, R. E. (2004). *Language disorders: A functional approach to assessment and intervention* (4th ed.). Allyn & Bacon.

Rubin, H., Patterson, P., & Kantor, M. (1991). Morphological development and writing ability in children and adults. *Language, Speech, and Hearing Services in Schools, 22*, 228–235.

Vaughn, S., Gersten, R., & Chard, D. (2000). The underlying message in LD intervention research: Findings from research syntheses. *Exceptional Children, 67*(1), 99–114.

Wehren, A., de Lisi, R., & Arnold, M. (1981). The development of noun definition. *Journal of Child Language, 8*(1), 165–175.

Westby, C. (2005). Assessing and remediating text comprehension problems. In H. Catts & A. Kamhi (Eds.), *Language and reading disabilities* (2nd ed., pp. 157–232). Allyn & Bacon.

제12장

문단글 읽기이해 및 작문

읽기이해는 읽기의 궁극적인 목적으로, 읽기 지도의 궁극적인 목적이다. 읽기이해는 글을 읽고 글과 상호작용하면서 글의 의미를 자신의 선행 지식과 글에서 제시되는 정보를 연결하여 의미를 도출하고 구성하는 과정이며, 글과 독자 간의 생각의 상호 교환을 통해 의미를 구성하는 것이다.

읽기이해를 지도할 때의 어려움은 그 원인이 한 가지 요인이 아니라, 복합적인 요인에 기인하기 때문이다. 읽기이해는 어휘 지식, 구문 지식과 같은 언어 능력, 인지 능력, 작업기억, 불필요한 정보는 무시하며 중심 내용을 찾아내거나 글의 구조를 이해하는 추론 능력, 이해 점검 전략과 같은 초인지 능력 등이 복잡하게 상호작용하며 이루어지는 고차원적인 능력이다(김경선, 김동일, 2014; Bryant et al., 2000).

문장 수준의 읽기이해와 관련하여서는 언어이해를 기반으로 한 중재를 중심으로 살펴보았고, 이 장에서는 문단글 수준의 읽기이해 및 작문 지도를 위한 학습 전략을 중심으로 살펴보고자 한다.

학습 전략은 학생이 학습 과제를 이해하고 완수할 수 있도록 도와주는 기억술이며, 순서에 따라 완수되어야 할 일련의 단계들을 구체화한 것이다.

학습 기술^{study skills}은 과제물을 써 나가거나, 과제 완성을 위해 계획표를 작성하여 시간을 할애하거나, 장소와 학습 환경을 조정하는 자기강화와 같은 것을 포함하는 것으로, 특정 형태의 과제를 완수하기 위한 초인지 계획과 과제 완수를 돕기 위한 학생의 내적 언어 구조화를 포함하는 학습 전략과는 다르다.

1. 읽기이해 전략

효과적인 읽기이해를 위해서는 선행 지식 이용하기, 글의 구조 이해하기, 추론하기, 자료 이해 여부 점검하기와 같은 인지 처리 능력이 필요하다(Mayer, 2008).

1) 선행 지식 이용하기

배경 지식이 많을수록 글의 내용을 더 잘 기억하고, 질문에 더 잘 대답할 수 있다. 즉, 선행 지식은 읽기이해 과정에서 지식 이해에 강력한 영향을 미친다. 읽고 있는 것을 이해하려면 선행 지식을 잘 이용할 줄 알아야 한다.

(1) 브레인스토밍

브레인스토밍^{brainstorming}은 창의적인 아이디어를 생산하기 위한 학습 도구이자 회의 기법이다. 글의 내용을 읽기 전에 제목을 보고 이미 알고 있는 것 등을 생각하도록 하는 활동은 읽기이해에 도움이 된다(Bender & Larkin, 2003).

(2) 예측하기

예측하기는 글을 읽기 전에 제목, 목차, 그림 등을 훑어본 후, 앞으로 읽을 글에 대한 내용을 예측하는 활동이다(Englert & Mariage, 1990). 예측하기를 하고 글을 읽으면 보다 능동적인 독자로서의 특성을 갖게 된다. 즉, 글을 읽는 동안에 자신이 예측한 내용이 실제 글의 내용과 비슷한지를 점검하게 되고, 필요에 따라 자신이 예측한 내용을 변경하기도 한다.

(3) 명료화하기

명료화하기는 학생이 스스로 글에 대한 이해 여부를 점검하도록 돕는 전략이다. 문장 내 낯선 단어 등 어려운 단어의 의미를 찾아보거나, 관용어나 문맥 내 의미를 제대로 이해하고 있는지를 확인하는 등 학생이 모르는 단어나 이해하지 못한 내용이 있는지를 점검하고, 자신이 이해하지 못한 부분에 대해 명료화한 후에 다음 문단으로의 읽기를 진행한다.

글의 내용과 관련 있는 어휘 혹은 글에 포함된 어려운 어휘를 선정하여 학생이 이미 알고 있는 어휘를 활용해서 그 내용을 이해할 수 있게 돕는 것을 배타적 브레인스토밍이라고도 한다. 단어의 뜻을 설명해 주며 함께 책을 읽는 활동으로 아동은 상당한 양의 어휘들을 습득할 수 있다. 성인이 단어의 의미를 설명해 주고, 아동의 경험과 관련해서 설명해 주는 것은 사전 찾기보다 훨씬 효과적이다(Biemiller & Boote, 2006).

(4) 글의 내용을 신체 활동으로 표현하기

글이 말하고 있는 내용을 신체 활동으로 표현하게 하는 것은 글의 내용을 구체물을 활용하여 활동해 보거나 신체 활동으로 표현해 보게 함으로써 문장의 의미를 자신의 선행 지식과 연결하도록 돕는 방법이다. 인지 구체화 이론^{theory of embodied cognition}에 의하면, 문장이 말하고 있는 것을 손으로 조작하거나 신체 활동으로 표현할 때 언어이해에 더 도움을 준다(Glenberg et al., 2004).

2) 글의 구조 이용하기

글의 구조^{text structure}는 글에 나타나는 조직적인 특성으로, 이야기 글과 설명글과 같이 글의 틀을 제시하는 역할을 한다. 글의 구조에 대한 체계적인 교수는 읽기이해부진 아동의 읽기이해 능력을 높일 수 있다(Bakken et al., 1997).

소설, 수필과 같은 이야기 글의 구조는 인물, 배경(시간과 장소), 발단 사건, 해결해야 할 문제, 일련의 사건, 결론 등을 포함하는 이야기 문법 형태가 대표적이다(Gurney et al., 1990). 신문, 안내문, 교과서와 같은 설명글의 구조는 서술식, 열거식, 비교−대 조 구조 등이 있으며, 각 문단은 중심 내용과 세부 내용을 포함하고 있다(Anderson & Armbruster, 1984).

(1) 이야기 지도

이야기 지도story map는 글의 중요한 내용을 시각적으로 기록하게 함으로써 글의 내 용을 파악하는 그래픽 조직자[1]이다. 이야기 지도는 인물, 배경(장소와 시간), 발단 사 건, 해결해야 할 문제, 일련의 사건, 결론과 같은 이야기 글의 구조인 이야기 문법을

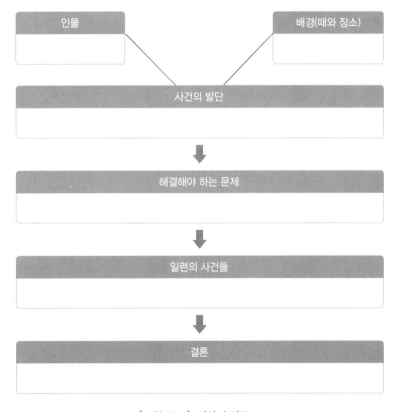

[그림 12-1] 이야기 지도

출처: Williams et al. (2002).

---

1) 그래픽 조직자graphic organizer는 본문과 그림들을 통합하는 개념, 지식 또는 정보를 시각적으로 표현하는 것 이다(Fisher & Schumaker, 1995). 그래픽 조직자는 글로 표현된 내용을 벤다이어그램, 계층적 조직도, 단 어망, 개념맵, 마인드맵과 같은 도식으로 정리함으로써 보다 쉽게 내용을 이해할 수 있게 한다.

가르치는 방법으로 활용되며, 이야기를 파악할 수 있게 한다(Williams et al., 2002). 잘 만들어진 이야기 지도는 이야기 다시 말하기^{story retelling} 훈련의 토대가 될 수도 있다. 다음 [그림 12-1]은 이야기 지도 도표의 예시이다.

(2) 단서 단어 확인하기

설명글은 정보 전달과 설명이 주된 목적으로, 이야기 글과는 구조가 다르다. 설명글은 서론, 본론, 결론의 형식을 취하며, 서술식, 열거식, 비교-대조 구조 등이 있으며, 각 문단은 중심 내용과 세부 내용을 포함하고 있다.

설명글은 글의 종류에 따라 자주 사용되는 어휘나 용어가 있다(〈표 12-1〉 참조). 따라서 설명글은 단서 단어 확인하기 과정을 통해 읽기이해를 도울 수 있다. 예를 들어, 비교-대조의 설명글은 '같은, 둘, 비교하다, 그러나, 그렇지만, 대조하다와 같은 단서 단어와 주요 어휘 개념 확인을 통해 읽기이해를 도울 수 있다. 비교-대조 구조에 대한 교수는 단서 단어에 대한 교수, 어휘 교수, 문단을 읽으면서 내용 분석하기, 이해를 돕는 그래픽 조직자 사용하기, 질문하기, 요약하기 단계로 지도할 수 있다(William, 2002; 〈표 12-2〉 참조).

표 12-1 **설명글의 종류와 정의**

글 구조	정의	자주 사용되는 단서 단어
예시	어떤 대상(개념이나 주제)에 관한 정의, 묘사 또는 설명하는 글	예를 들어, 예컨대, -와 같은, 특히
인과적 관계	주제 또는 사건의 인과적 관계를 묘사하는 글	왜냐하면 -때문에, 결과적으로, 초래하다. 이유, 원인
문제-해결 관계	주제에 관련된 문제를 제시하고 해결책을 제시하는 글	문제는, 결과는, 해결점
비교-대조	두 가지나 그 이상의 물체나 의견, 아이디어의 유사성과 차이점을 설명	둘, 같은, 유사성, 비슷하다, 동일하다, 차이점, 다르다, 반면, 그러나, 그렇지만
설득	저자의 의견이나 주장을 독자에게 설득하려는 의도의 글	논지, 근거, 타당, -해야 한다, 바람이다, 생각한다

출처: 김영숙(2013).

표 12-2 비교-대조 구조에 대한 단서 단어 교수 단계 예시

1	단서 단어에 대한 교수	'이와 비슷하게, 둘 다, 모두, 그리고, 반면, 하지만, 그러나, -보다, -와는 반대로' 등의 비교-대조 구조를 이해하는 데 도움이 되는 단어를 가르치고, 이러한 단어가 문장 내에서 어떻게 사용되는지를 가르친다.
2	어휘 교수	단서 단어의 교수가 끝나면 오늘 읽을 글에 포함된 어휘들의 개념을 가르친다.
3	내용 분석하기	학생 스스로, 교사와 함께 등 글을 두 번 정도 읽고, 비슷한 점과 차이점을 표시하며 분석한 내용을 이야기한다.
4	그래픽 조직자 사용하기	그래픽 조직자를 사용하여 중요한 내용을 시각적으로 정리한다.
5	질문하기	'이 문단은 무엇을 비교하고 있나요?' '이 두 가지는 무엇이 비슷한가요 혹은 다른가요?'와 같은 비교-대조 질문을 제시함으로써 글의 내용을 정리하도록 돕는다.
6	요약하기	각 문단의 중심 내용을 요약하도록 한다. '이 문단은 _____ 과 _____ 에 대해 비교하고 있다. _____ 과 _____ 는 _____ 라는 공통점을 갖고 있으며, _____ 라는 차이점이 있다'와 같은 요약 틀을 제시하여 내용을 요약할 수 있게 도울 수도 있다.

(3) 개념맵

개념맵concept map은 개념, 아이디어 및 데이터 간의 관계를 시각적으로 나타내는 그래픽 도구다. 설명글을 읽을 때 개념의 공통점과 차이점을 속성별로 정리할 수 있게 하는 것으로, 개념을 확립하는 데 유용하다([그림 12-2] 참조).

비교 대상 / 속성	사과	공통점	바나나
종		과일이다	
맛	새콤하다		달다
모양	동그랗다		길다
색깔	빨간색, 연두색		노란색
질감	딱딱하다		부드럽다

[그림 12-2] 개념맵의 예

3) 추론하기

추론^inference^은 이미 알고 있는 또는 확인된 정보로부터 논리적 결론을 도출하는 행위 또는 과정으로, 읽기이해 과정에서의 추론하기는 배경이나 사전 지식을 바탕으로 글을 읽고 이해한 내용을 확인하는 과정이다.

(1) K-W-L 전략

학습 전략은 이니셜 형태로 요약해서 학생들이 이것을 기억하여 적용하도록 하기도 한다. K-W-L 전략은 앞으로 읽을 글에 대하여 선행 지식을 활성화하고 읽은 내용을 요약하는 것을 돕는 전략이다(Ogle, 1986). K-W-L 전략은 3단계로 구성되며, 일반적으로 그래픽 조직자와 함께 활용한다. 읽기 전에 '내가 이 주제에 대해 이미 알고 있는 것은 무엇인가' '앞으로 배우고 싶은 내용은 무엇인가' 같은 질문을 통해 배워야 할 새로운 정보를 글 자료에서 찾을 수 있도록 하는 것은 읽기 목적을 분명하게 하는 효과가 있다.

K	W	L
내가 알고 있는 것 (What I Know)	내가 배우고 싶은 것 (What I Want to learn)	내가 배운 것 (What I Learned)

[그림 12-3] K-W-L 전략

출처: Ogle (1986).

(2) 중심 내용 파악하기

글을 읽고 중심 내용을 찾는 것은 읽기이해에서 중요하다. 특히 설명글 이해에서 매우 중요한 능력이다.

중심 내용 파악하기^generating main ideas^는 해당 문단의 중요 내용을 찾아 이를 자신의 말로 표현하는 전략이다(Vaughn et al., 2001). 중심 내용 파악하기 전략은 각 문단이 '무엇' 또는 '누구'에 관한 내용인가를 파악하고, 각 문단에서 '무엇' 또는 '누구'에 관한

표 12-3 **중심 내용 파악하기**

단계	질문
1단계	이 문단이 '무엇/누구'에 관한 내용인가?
2단계	이 문단에서 무엇/누구에 관한 중요한 내용이 무엇인가?
	중심 내용을 지지할 만한 내용이 있는가?
3단계	이 문단에서 무엇/누구에 관한 중요한 내용이 무엇인가?

출처: 김영숙(2013).

중요한 내용인지를 파악하여 1~2단계에서 파악한 내용을 10어절 이내의 문장으로 표현하는 절차로 이루어진다. 이때 '중심 내용을 지지할 세부 내용 찾기'와 같은 비계 활동으로 찾은 내용이 중심 내용이 될 수 있는 근거를 마련해 보는 과정을 추가하기도 한다. 중심 내용 파악하기 전략을 적용할 때, 그래픽 조직자를 함께 활용함으로써 문단의 내용을 시각적으로 정리할 수 있도록 하는 것이 도움이 될 수 있다.

(3) 질문 만들기

질문 만들기는 자신이 읽은 글에서 중요한 내용에 집중할 수 있도록 돕는 전략이다. 해당 문단을 읽으면서 그 문단의 중요한 내용을 반영한 질문을 만들도록 한다. '주인공은 누구인가?' '주인공의 문제는 무엇인가?' '주인공은 무엇을 하였는가?' '이야기의 끝에서 무엇이 일어났는가?'와 같은 질문으로 내용을 확인한 후, '주인공은 _____ 했다(하지 않아야 했다). 왜냐하면 _____' 혹은 '우리도 _____를 해야 한다(하지 않아야 한다)'와 같이 구체적인 근거를 바탕으로 결론을 도출하는 활동을 통해 읽기이해를 돕는다(Walker & Williams, 2001).

4) 점검하기

점검 전략은 글을 읽을 때 '나는 이해하고 있는가' '주요 내용은 무엇인가' '그 외에 무엇을 알고 있는가'와 같은 질문과 시범, 내용이 불일치하는 부분 찾기와 같은 훈련으로 하며, 이러한 훈련은 읽기이해 점검 기능 향상에 도움이 된다(Markman, 1985). 글을 읽고 그 내용을 이해하였는지를 점검하는 능력은 의미 구성에 중요한 기능이다. 자신의 이해가 적절하지 못함을 깨닫는다면 그 문제점을 교정하기 위해 적절한 단계를 취한다. 간단한 논리적 관계 혹은 인과관계가 잘 조직된 간결한 글들을 다양하게 읽어 보는 경험은 점검하기, 요약하기 능력에 도움이 된다.

(1) 불일치 점검

불일치 점검은 내용의 불일치, 뒤섞인 문장, 모순되는 문장, 일반적인 지식과 어긋나는 진술들을 탐지하는 것으로, 글을 읽을 때 어느 부분을 주의 깊게 혹은 비교 및 대조하며 읽어야 할지에 대한 초인지 능력의 기초가 된다.

(2) 노트 필기 전략

노트 필기는 읽기 중에 교재에 표시를 하거나, 주요어^{key word}를 만들거나, 글의 내용과 의도에 대해 스스로 질문을 만들어 보는 것 등으로, 점검을 유발하는 보편적인 방법이다.

3) 요약하기

글을 다 읽은 후에 요약하기는 전체 글의 내용 및 글의 구조를 한 번 더 살피고, 문단별로 중심 내용을 다시 확인하고 기억하는 데 도움이 된다. 요약하기 전략은 중요하지 않은 내용 버리기, 불필요한 내용 버리기, 상위 단어를 사용하여 여러 개념을 한꺼번에 표현하기, 중심 문장 고르기, 중심 내용 만들기와 같은 다섯 가지 원칙을 따르며 진행한다(Brown & Day, 1983).

5) 상보적 교수

상보적 교수^{rerciprocal teaching}는 교사와 학생이 글에 대해 구조화된 대화^{dialogue}를 통해 초인지적 이해를 돕는 교수 방법이다(Palincsar et al., 1985). 즉, 상보적 교수는 교사와 학생이 글에 대해 구조화된 대화를 통해 예측하기, 질문 만들기, 명료화하기, 요약하기 전략의 사용을 가르치고, 점차적으로 학생이 대화를 이끌어 갈 수 있도록 돕는다([그림 12-4] 참조).

단계	내용
예측하기	• 나는 이 내용이 _____ 것이라고 생각한다.
명료화하기	• _____는 무슨 의미일까요?
질문 만들기	누가　무엇을　언제　어디서 왜　어떻게　만약 • 이 글의 교훈은 무엇인가요? • _____에 관해 무엇을 알게 되었나요? • 이 글을 읽으면서 마음에 무슨 이미지가 떠오르나요?
요약하기	• 이 글의 내용은 _____ _____

[그림 12-4] 상보적 교수 단서 카드

SQ3R은 주어진 자료를 훑어보고, 제목을 질문으로 만들고, 구체적인 답을 찾으면서 읽고, 질문에서 해답까지 암송하고, 재검토하기의 5단계로 구성된 읽기이해를 위한 전략이다(Robinson, 1983).

표 12-4 **SQ3R 전략**

Survey 훑어보기	주어진 글의 전체를 훑어보게 한 후, 제목과 소제목으로 어떤 글의 내용일지 생각한다.
Question 제목을 질문으로 만들기	제목이나, 중요하다고 생각되는 것이나, 더 알고 싶은 것을 질문으로 만들어 본다.
Read 구체적인 답을 찾으면서 읽기	자신이 만든 문제의 답이라고 생각되는 문장에 밑줄을 그으면서, 답을 찾기 위해 읽는다.
Recite 질문에서 해답까지 암송하기	자신이 만든 질문을 떠올리고 질문에 대한 답을 정리해서 다시 말해 보며 익힌다.
Review 재검토하기	요점과 중요한 내용을 다시 나열해 본다.

2. 작문 전략

작문은 아이디어를 생각해 내고, 계획하고, 그 내용을 어떤 언어(어떤 어휘로, 어떤 구문으로, 어떤 순서와 문단의 구조로)로 표현할지를 구상해야 하는 것으로, 고차원적이고 구체적인 과정이다. 즉, 작문을 위해서는 맞춤법, 쓰기유창성과 함께, 언어 능력(어휘, 구문력 등), 구두법 지식, 작업기억, 자기조절, 사고력과 같은 고차원적인 인지능력 그리고 읽기이해 능력이 필요하다.

작문은 내용적인 측면(주제 생성, 어휘력, 조직화 능력, 논리적 사고, 독창성 등)과 기술적인 측면(예: 구두점, 문법) 모두를 갖추고 있어야 할 수 있으므로 두 측면에 대한 학습과 연습이 필요하다. 작문은 읽기, 글씨 쓰기, 철자, 언어표현 등 광범위한 지식과 경험을 가져야 하므로 어린 나이보다는 초등학교 고학년이 되어서야 집중적으로 수행할 수 있다.

쓰기장애 학생들은 글쓰기 전의 계획 단계를 거의 거치지 않거나, 주제와 관련된 내용 간의 관련성을 고려하여 내용을 조직적으로 구성하여 쓰지 못하고, 주제와 관련된 생각들을 단순히 나열하는 형태의 글을 쓰고, 글의 내용을 산출하는 초안 작성만을 글쓰기의 과정으로 생각하여 쓴 글을 검토하고 수정하는 데 어려움을 보인다(Graham & Harris, 2013). 따라서 작문 능력 향상을 위해서는 계획하기, 아이디어 생성하기, 조직하기, 표현하기, 교정하기, 조정하기의 기능을 적절하게 통제하고 활용하여 작문 과제를 성공적으로 수행해 낼 수 있도록 지도해야 한다(고혜정, 박현숙, 2005; 김자경 외, 2011).

한편, 쓰기장애 혹은 쓰기부진 학생은 문장의 길이가 짧고, 전체 쓴 글의 길이가 짧은 등 쓰기유창성에 문제를 보이며, 불완전한 문장을 쓰거나 복문이나 안긴문장 사용에 어려움을 보인다. 또한 작문 과제가 주어지면 어떤 내용을 써야 할지, 어떻게 구성해야 적합한지를 알지 못하여 글쓰기를 두려워하며 회피한다. 따라서 글쓰기에 흥미와 자신감을 가질 수 있게 지도하며, 글쓰기가 개인적으로 의미 있는 활동이 될 수 있게 지도하는 것은 더 중요하다.

1) 쓰기 과정 전략

(1) 5단계 쓰기 과정 교수

작문 과정은 계획하기, 아이디어 생성하기, 조직하기, 표현하기, 교정하기, 조정하기로, 크게 계획하기, 초안 작성하기, 수정하기의 3단계로 나눌 수 있다. 작문 지도는 일반적으로 계획하기, 초안 작성하기, 수정하기의 쓰기 과정에서 수정하기 단계를 내용 수정하기와 기계적인 측면(철자, 구두점 등) 교정하기로 나누고, 마지막에 발표하기를 추가하여 쓰기 과정을 5단계로 지도한다(Patthey-chavez, Matsumura, & Valdés, 2004).

표 12-5 **5단계 쓰기 과정 교수**

단계		내용
1단계	계획하기	• 글감 선택하기 • 쓰기의 목적 고려하기 • 독자 선택하기 • 생각 생성 및 조직하기
2단계	초안 작성하기	• 문법, 철자보다 내용을 생성하고 조직하면서 글을 작성하는 데 초점 맞추기 * 초안 작성하기 글감 / 독자 / 내용
3단계	내용 수정하기	• 내용에 초점을 맞춰 수정하기 • 초고를 다시 읽고, 보충하고, 다른 내용으로 바꾸고, 필요 없는 부분을 삭제하고, 내용을 옮기는 등의 수정하기 • 서로의 글을 읽고 잘 쓰인 곳 1곳과 개선이 필요한 곳 2곳(이해가 잘 안 되는 부분, 내용이 더 필요한 부분)을 골라 수정하기: 또래 교수 활용

4단계	기계적인 교정하기	• 쓰기의 기계적인 측면(철자, 구두점, 문장의 구성)에 초점을 맞춰 교정하기 • 서로의 글을 읽고, 철자, 구두점, 완전한 문장인지의 여부, 문단 들여쓰기의 여부 등을 표시하여 교정하기: 또래 교수 활용

* 점검표 예시

	예	아니오	수정 완료
1. 각 문장은 마침표, 물음표 혹은 느낌표로 끝났습니까?			
2. 각 문장은 완전한 문장입니까?			
3. 각 문단의 시작은 들여 썼습니까?			
4. 잘못 쓰인 철자는 없습니까?			

5단계	발표하기	• 쓰기 결과물을 게시하거나 제출하기 • 자기가 쓴 글을 다른 사람에게 읽어 주거나(학급) 게시판에 올리기

출처: 김애화 외(2012).

(2) 미쓰 수 전략

쓰기 과정에 대한 기억전략mnemonic으로 '미쓰 수' 전략이 있다. 박성희(2012)는 미리 계획하기, 쓰기, 수정 및 검토하기의 첫 글자를 따서 '미쓰 수' 쓰기 전략을 개발하여 쓰기 과정을 암기하는 것을 돕도록 개발하였다.

- 미: 미리 계획하기
- 쓰: 쓰기(초안 작성하기)
- 수: 수정 및 검토하기

(3) PLEASE 전략

문단 쓰기를 지도할 때 PLEASE 전략을 사용할 수도 있다(Welch, 1992).

표 12-6 **PLEASE 전략**

Pick	주제를 선택하라
List	주제에 대하여 아이디어 목록을 작성하라
Evaluate	아이디어 목록을 평가하라
Activate	문단을 소개하는 데 주제 문장을 사용하라
Supply	보조 문장을 사용하라
End	아이디어를 서로 묶고, 문단을 요약하는 마무리 문장으로 끝내라

출처: Welch (1992).

2) 자기조절 전략 개발

자기조절 전략 개발Self-Regulated Strategy Development: SRSD 교수법은 쓰기 전략 교수를 자기조절 기술과 조합한 학습 전략이다(Harris & Graham, 1996). SRSD 교수법은 배경 지식 개발하기, 전략 토의하기, 전략 시범 보이기, 전략 기억하기, 협력적 글쓰기, 독립적 글쓰기의 6단계로 구성되며, 목표 설정, 자기점검, 자기교수, 자기강화와 같은 자기조절 기술을 강조한다. 단계별 내용을 전략 적용의 예시와 소개하면 다음과 같다(신재현, 정평강, 2017).

① 1단계 배경 지식 개발하기: 글의 유형에 대한 배경 지식이나 자기조절 전략을 배우는 데 필요한 선수 기술을 알려 준다.

② 2단계 전략 토의하기: 교사는 전략을 명시적으로 소개하고, 전략의 목적과 전략의 장점 등을 명시적으로 제시한다.

③ 3단계 전략 시범 보이기: 교사는 전략을 어떻게 사용하는지 정확하게 시범을 보인다.

④ 4단계 전략 기억하기: 학생은 기억 전략을 사용하여 전략 사용의 단계를 외운다.

⑤ 5단계 협력적 글쓰기: 교사는 학생이 전략 사용 단계에 따라 전략을 사용하는 데 필요한 지원을 한다.

⑥ 6단계 독립적 글쓰기: 학생은 궁극적으로 교사의 지원 없이 전략을 독립적으로 사용한다.

표 12-7 SRSD 교수법의 예

배경 지식 개발	글의 유형 및 배경 지식 확인
토의하기 (전략 소개 및 전략의 목적, 장점 설명)	오늘은 POW+WWW What2 How2 전략에 대해 배울 겁니다. 이 전략은 글을 잘 쓰는 사람이 사용하는 방법입니다. • P는 '나의 생각을 꺼내기' • O는 '나의 생각을 조직하기' • W는 '생각을 추가하며 쓰기'를 의미합니다. POW는 글을 잘 쓰는 데 필요한 POWER(힘)를 줍니다. 잘 쓰인 글은 중요한 요소를 포함하고 있습니다. 중요한 요소는 누가(Who), 언제(When), 어디서(Where), 무엇을(What), 어떻게 (How)입니다. • 누가(Who): 누가 주인공인가? • 언제(When): 언제 이야기가 일어났는가? • 어디서(Where): 어디서 이야기가 일어났는가? • 무엇을 1(What): 인물이 무엇을 원했는가? • 무엇을 2(What): 무슨 일이 일어났는가? • 어떻게 1(How): 이야기가 어떻게 끝났는가? • 어떻게 2(How): 인물의 느낌 또는 감정이 어땠는가?
시범 보이기 (전략을 어떻게 사용하는지 그래픽 조직자를 사용하면서 명시적인 시범 보이기)	• P는 '나의 생각을 꺼내기'이므로 어떤 내용의 글을 쓸 것인지를 생각할 거예요. 좋은 내용을 잘 생각하기 위해서는 시간을 갖고 생각할 거예요. • O는 '나의 생각을 조직하기'이므로 이야기 글에 어떤 중요한 요소를 포함해야 하는지를 생각하면서 생각을 조직할 거예요. 이야기 글에 포함되어야 하는 중요한 요소는 누가(Who), 언제(When), 어디서(Where), 무엇을(What), 어떻게(How)입니다. 여기 그래픽 조직자에 각 요소에 따라 생각한 내용을 적어 봅시다. • W는 '생각을 추가하며 쓰기'이므로 그래픽 조직자에 기록한 내용을 읽어 보고, 더 필요한 내용을 추가하여 쓰거나 더 좋은 말로 바꿔 쓸 거예요. <table><tr><td colspan="4">POW+WWW What2 How2</td></tr><tr><td>Who (누가)</td><td>When (언제)</td><td colspan="2">Where (어디서)</td></tr><tr><td colspan="4"></td></tr><tr><td>What</td><td>What</td><td>How</td><td>How</td></tr><tr><td>(인물이 무엇을 원했는가?)</td><td>(무슨 일이 일어 났는가?)</td><td>(이야기가 어떻게 끝났는가?)</td><td>(인물의 느낌이나 감정이 어땠는가?)</td></tr></table>

기억하기 (기억 전략을 사용하여 전략 사용 단계 외우기)	• (POW가 적힌 종이를 주며) P와 O와 W가 무엇을 해야 하는 것인지 말해 보세요. • (WWW What2 How2가 적힌 종이를 주며) W, W, W, What2, How2가 무엇인지 말해 보세요.
협력적 글쓰기 (학생이 목표를 설정하도록 지원)	• 오늘의 목표는 POW+WWW What2 How2 전략을 사용해서 좋은 글을 쓰는 것입니다. 　−POW 전략이 무엇인지 기억나지요? P는 나의 생각 꺼내기입니다. 시간을 갖고 어떤 내용의 글을 쓸 것인지 생각해 보세요. 　−O는 생각 조직하기입니다. 글에 포함되어야 할 중요한 요소(누가, 언제, 어디서, 무엇을, 어떻게)에 따라 생각을 조직하세요. 생각을 정리하여 쓰면서 새로운 생각이 나면 계속 추가하면서 그래픽 조직자에 정리하세요. 　−W는 생각을 추가하며 쓰기입니다. 새 종이에 글을 옮겨 쓰면서 더 필요한 내용을 추가하거나 더 좋은 말로 바꿔 쓰세요.
독립적 글쓰기 (학생이 목표 설정)	• 오늘의 목표를 생각해 보세요. • POW+WWW What2 How2 전략을 사용해서 글을 써 보세요. • 자신의 글을 읽어 보고, 중요한 요소(누가, 언제, 어디서, 무엇을 1, 무엇을 2, 어떻게 1, 어떻게 2)가 모두 포함되었는지 확인하도록 한다.

　　SRSD 교수법은 다양한 글의 유형(예: 이야기 글, 주장하는 글)에 대한 쓰기 기술 향상에 효과가 있음이 입증되었으며, 국내 연구자들에 의해 수정된 전략은 다음과 같다.

표 12–8 **국내에 적용된 SRSD 전략과 수정된 전략**

글의 종류	SRSD 전략	수정된 전략
주장하는 글	POW+TREE • Pick my idea(쓸 내용에 대해 생각을 꺼내라) • Organize my notes(생각을 조직하라) • Write and say more(쓰면서 더 생각을 꺼내라) • Topic sentence(주장하는 문장을 제시하라) • Reasons(주장에 대한 근거를 제시하라) • Explain(근거를 설명하라) • Ending(결론을 써라)	소시지+주꾸미 전략 (최다희, 김애화, 2013) • 소리 내어 자신의 생각을 말해요 • 시각적으로 정리해요 • 지금의 글을 자세하게 써 보아요 • 주제 문장을 제시해요 • 꾸(구)체적인 근거를 제시해요 • 미약한 근거를 더 잘 설명해요 • 전체적인 결론을 제시해요 • 락(약)간 수정할 부분을 검토해요

		선한생각+주꾸미 반대 전략 (김지은, 김애화, 2014) • 선택을 연기하고, 자유롭게 말하세요 • 한쪽을 선택하세요 • 생각을 조직화하세요 • 각자 쓰면서 필요하다면 더 계획하세요 • 주제문장을 제시해요 • 꾸(구)체적인 근거를 제시해요 • 미약한 근거를 더 잘 설명해요 • 반대편 의견에 반론하세요 • 전체적인 결론을 제시해요 • 략(약)간 수정할 부분들을 검토해요
이야기 글	POW+WWW, What2 How2 • Pick my idea(쓸 내용에 대한 생각을 꺼내라) • Organize my notes(생각을 조직하라) • Write and say more(생각을 추가하면서 써라) • Who(누가에 대해 써라) • When(언제에 대해 써라) • Where(어디서에 대해 써라) • What2(무엇을 원했는지, 무슨 일이 일어났는지에 대해 써라) • How2(어떻게 끝났는지, 어떤 느낌이었는지에 대해 써라)	아쓰다+누언어어어어어 (김민정, 김애화, 2013) • 아이디어 내기 • 쓰기 • 다시 보기 • 누가? • 언제? • 어디서? • 어떤 일이? • 어떻게 해결하나? (어떤 과정) • 어떻게 행동하나? (말, 감정) • 어떻게 끝이 나나
반성적 글		고그쓰고+까까때 (진미영, 박지연, 2012) • 고르기: 글감을 골라요 • 그리기: 머릿속에 그림을 그려요 • 쓰기: 얼른 써요 • 고치기: 읽어 보며 고쳐 써요 • 누가? 언제? 어디서일까? • 무엇을? 왜 했을까? 어떻게 됐을까? • 내 생각, 내 느낌은 어때?

3) 글의 구조에 대한 교수

글의 구조는 글의 장르별로 다른데, 이야기 글은 이야기 문법(주인공, 배경, 일련의 사건, 갈등과 문제해결, 결말 등)에 대한 명시적 교수를 제공하는 것이 좋다. 논설문은 주장, 일련의 근거, 근거에 대한 예시, 결론 등을 중심으로 제공하는 것이 좋으며, 설명글은 비교−대조, 열거, 예식, 서술, 원인−결과 등의 구조를 구성하는 요소에 대해 명시적으로 교수를 제공하는 것이 좋다(Simmons & Kame'enui, 1998).

설명글과 논설문은 서론−본론−결론의 구조 안에 세부적인 구조들이 갖추어지는데, 비교−대조 구조의 설명글을 박성희(2012)의 '흥분한 주전자 요정' 기억 전략과 이를 그래픽 조작자를 적용한 예를 소개하면 다음과 같다.

처음 (서론)	• 흥: 흥미 있는 내용으로 시작하기 • 분: 분명한 주제 • 한: 한 가지 이유
가운데 (본론)	• 주: 주제 문장 • 전: 전이 단어 • 자: 자세한 뒷받침 문장
끝 (결론)	• 요: 요약하기 • 정: 정리하기

[그림 12−5] 설명글(비교−대조)의 구조에 대한 기억 전략과 그래픽 조직자
출처: 박성희(2012).

⊚ 요약

작문은 글쓴이가 쓰고자 하는 바를 글로 표현하는 것이며, 작문 능력 향상은 쓰기 교수의 궁극적인 목표이다. 쓰기부진 아동은 글의 양(문장 및 문단의 길이)과 질(내용 및 글의 구성)에서 낮은 성취를 보인다. 이들의 작문 능력 향상을 위해서는 계획하기, 초안 작성하기, 수정하기(내용 수정하기, 철자, 구두점 교정하기)와 같은 작문 과정과 글의 장르에 따라 중요한 요소(예: 이야기 글의 경우: 누가, 언제, 어디서, 무엇을, 어떻게, 주장하는 글의 경우: 주장하는 내용과 그 근거)를 빠짐없이 적을 수 있도록 하는 등의 쓰기 전략을 명시적으로 지도할 필요가 있다.

참고문헌

고혜정, 박현숙(2005). 이야기문법 자기평가 교수전략이 초등 쓰기장애 학생의 쓰기표현력에 미치는 효과. 특수교육학연구, 40, 281-303.

김경선, 김동일(2014). 읽기장애 위험아동의 읽기이해력 발달 특성에 관한 연구. 특수교육학연구, 48(3), 207-225.

김민정, 김애화(2013). The effects of writing instruction with self-regulated strategy development on the narrative composition of students with learning disabilities. *Communication Sciences & Disorders, 18*(4), 402-416.

김애화, 김의정, 김자경, 최승숙(2012). 학습장애 이론과 실제. 학지사.

김영숙(2013). 찬찬히 체계적, 과학적으로 배우는 읽기&쓰기 교육. 학지사.

김자경, 김지훈, 정세영, 구자현(2011). 루브릭 평가를 활용한 과정중심 쓰기교수가 쓰기학습장애 아동의 쓰기 능력과 쓰기 효능감에 미치는 영향. 특수아동교육연구, 13(4), 513-535.

김지은, 김애화(2014). 자기조절전략을 통한 쓰기 교수가 학습장애 학생의 설득하는 글쓰기 능력에 미치는 효과. 학습장애연구, 11(1), 173-204.

박성희(2012). 쓰기 전략 교수가 학습장애 학생의 설명적 글쓰기 능력에 미치는 효과. 박사학위논문, 단국대학교 대학원.

신재현, 정평강(2017). 쓰기에 어려움을 겪는 장애 및 장애 위험군 학생을 위한 자기조절 전략개발(SRSD) 중재 문헌 분석. 학습장애연구, 14(1), 75-98.

진미영, 박지연(2012). 자기조절 전략개발(SRSD)을 활용한 반성적 쓰기 교수가 외현화된 정서·행동 문제를 가진 초등 특수학급 학생의 글쓰기 능력과 자기효능감 및 수업참여 행동에 미치는 영향. 정서·행동장애연구, 28(1), 103-128.

최다희, 김애화(2013). 자기조절 전략교수가 학습장애 학생의 주장하는 글쓰기 능력에 미치는 영향. 학습장애연구, 10(2), 131-159.

Anderson, T. H., & Armbruster, B. B. (1984). Content area textbooks. In R. C. Anderson, J. Osborn, & R. J. Tierney (Eds.), *Learning to read in American schools* (pp. 193-224). Erblaum.

Bakken, J. P., Mastropieri, M. A., & Scruggs, T. E. (1997). Reading comprehension of expository science material and students with learning disabilities: A comparison of strategies. *The Journal of Special Educational, 31*, 300-324.

Bender, W., & Larkin, M. J. (2003). *Reading strategies for elementary children with learning disabilities*. reading and its implications for reading instructions (NIH Publication No.

00-4769). U.S. Government Printing Office.

Biemiller, A., & Boote, C. (2006). An effective method for building meaning vocabulary in primary grades. *Journal of Educational Psychology, 98*(1), 44.

Brown, A. L., & Day, J. D. (1983). Macrorules for summarizing texts: The development of expertise. *Journal of Verbal Learning and Verbal Behavior. 22*, 1-14.

Bryant, D. P., Vaughn, S., Linan-Thompson, S., Ugel, N., Hamff, A., & Hougen, M. (2000). Reading outcomes for students with and without reading disabilities in general education middle-school content area classes. *Learning Disability Quarterly, 23*(4), 238-252.

Englert, C., & Mariage, T. (1990). Send for the POSSE: Structuring the comprehension dialogue. *Academic Therapy, 25*(4), 473-487.

Fisher, J. B., & Schumaker, J. B. (1995). Searching for validated inclusive practices: A review of the literature. *Focus on Exceptional Children, 28*(4), 1-20.

Glenberg, A. M., Gutierrez, T., Levin, J. R., Japuntich, S., & Kaschak, M. P. (2004). Activity and imagined activity can enhance young children's reading comprehension. *Journal of educational psychology, 96*(3), 424.

Graham, S., & Harris, K. R. (2003). Students with learning disabilities and the process of writing: A meta-analysis of SRSD studies. In H. L. Swanson, K. R., Harris, & S. Graham(Eds.), *Handbook of earning disabilities* (pp. 323-344). The Guilford Press.

Graham, S., & Harris, K. R. (2013). Designing an effective writing program. *Best practices in writing instruction, 2*, 3-25.

Gurney, D., Gersten, R., Dimino, J., & Carnine, D. (1990). Story grammar: Effective literature instruction for high school students with learning disabilities. *Journal of Learning Disabilities, 23*(6), 335-342.

Harris, K. R., & Graham, S. (1996). *Making the writing process work: Stategies for composition and self-regulation.* Brookline Books.

Harris, K. R., Graham, S., & Mason, L. H. (2003). Self-regulated strategy development in the classroom: Part of a balanced approach to writing instruction for students with disabilities. *Focus on Exceptional Children, 35*(7), 1-16.

Markman, E. M. (1985). Comprehension monitoring: Developmental and educational issues. In S. F. Chipman, J. W. Segal, & R. Glaser (Eds.), *Thinking and learning skills: Research and open question* (Vol. 2, pp. 275-292). Lawrence Erlbaum Associates.

Mayer, R. E. (2008). *Learning and instruction* (2nd ed.). Pearson Merill/Prentice.

National Reading Panel. (2000). *Teaching children to read: An evidenced-based assessment of the scientific research literature on reading and its implications for reading instruction.* National Institute of Child Health and Human Development.

Ogle, D. (1986). K–W–L: A teaching model that develops active reading of expository text. *The Reading Teacher, 39*, 564-570.

Palincsar, A., Brown, A., & Campione, J. (1991). Dynamic assessment. In H. L. Swanson (Ed.), *Handbook on the assessment of learning disabilities* (pp. 79-95). Pro-Ed.

Patthey-Chavez, G. G., Matsumura, L. C., & Valdés, R. (2004). Investigating the process approach to writing instruction in urban middle schools. *Journal of Adolescent & Adult Literacy, 47*(6), 462-476.

Robinson, H. A. (1983). *Teaching reading, writing, and study strategies: The content areas.* Allyn and Bacon, Inc.

Simmons, D. C., & Kame'enui, E. J. (Eds.). (1998). What reading research tells us about children with diverse learning needs: Bases and basics. *Routledge, 14*, 23-44.

Vaughn, S., Klingner, J. K., & Bryant, D. P. (2001). Collaborative strategic reading as a means to enhance peer-mediated instruction for reading comprehension and content-area learning. *Remedial and Special Education, 22*(2), 66-74.

Walker, A. A., & Williams, J. P. (2001). Students with severe learning disabilities can learning higher order comprehension skills. *Journal of Educational Psychology, 93*, 268-278.

Welch, M. (1992). The PLEASE strategy: A meta-cognitive learning strategy for improving the paragraph writing of students with mild learning disabilities. *Learning Disability Quarterly, 15*(2), 119-128.

Williams, J. P. (2002). Reading comprehension strategies and teacher preparation. *What research has to say about reading instruction, 3*, 243-260.

Williams, J. P., Lauer, K. D., Hall, K. M., Lord, K. M., Gugga, S. S., Bak, S. J., Jacobs, P. R., & deCani, J. S. (2002). Teaching elementary school students to identify and story themes. *Journal of Educational Psychology, 94*, 235-243.

부록

난독증에 대한 일반적인 오해
가정에서 난독증 자녀의 지원 방법
난독증, 지적장애 검사 결과 프로파일 비교

부록 1

난독증에 대한 일반적인 오해

난독증이라는 용어가 여러 학문적 영역 및 대중적으로 점차 많이 사용되고 있지만, 난독증에 대한 많은 오해와 잘못된 개념들이 여전히 존재하고 있습니다. 이로 인해 난독증인 사람들이 필요한 도움을 받거나 이해받는 것에서 어려움을 겪고 있습니다. 난독증에 대한 올바른 이해와 정확한 정보의 제공을 통해 적절하고 효과적인 치료 및 중재가 제공될 수 있도록 지원해야 할 필요가 있습니다.

난독증을 가진 사람은 읽을 수 없다? 읽기를 힘들어 하는 모든 독자는 난독증이다?

▶ 비록 읽는 속도는 종종 느릴 수 있지만, 대부분은 일정 수준으로 읽는 것을 배울 수 있습니다. 읽기에 어려움을 가지게 되는 원인은 난독증 외에도 낮은 지적 능력, 낮은 수준의 구어, 주의력 문제, 비효과적인 교수 방법 그리고 교수 기회의 부족 등과 같은 다른 많은 이유가 읽기 문제를 발생시킬 수 있습니다. 읽기를 어려워하는 모두가 난독증은 아닙니다.

난독증은 거꾸로 읽는다?

▶ 이것은 난독증에 대해 가장 일반적으로 잘못 알려진 오해 중 하나입니다. 단어를 거꾸로 읽거나 보기 때문이 아니라, 단어의 철자 패턴과 소리에 대응하는 철자 기호를 기억하는 데 어려움을 가지고 있기 때문에 그들의 철자 능력이 아주 혼란스러워 보일 수 있습니다.

▶ 난독증은 아동이 글자나 단어를 어떻게 보는지에 대한 문제가 아니라, 언어에서의 문제입니다. 난독증은 철자와 숫자를 거꾸로 보는 것보다 훨씬 더 복잡한 상태입니다. 종종 일부 난독증 아동들이 쓰기를 배울 때, 글자를 거꾸로 쓸 수는 있지만, 이는 문자-소리 대응 연습을 통해 숙달할 수 있게 됩니다. 이 철자를 거꾸로 쓰는 것이 난독증과 관련이 있기는 하지만, 난독증인 사람들이 모두 철자를 거꾸로 쓰는 것은 아닙니다.

난독증은 지적 능력이 낮다?

▶ 난독증은 지적 능력과 관련이 없습니다. 지적 능력은 난독증을 예측할 수 있는 요인이 아니며, 높은 지적 능력을 가진 사람들 중에서도 많이 나타나는 것이 난독증입니다. 따라서 이것은 사실이 아니며, 아동들에게 해로운 영향을 주는 오해입니다. 난독증 아동들은 그들의 연령대 아동들과 유사한 지적 능력을 가지고 있습니다.

난독증은 읽기에 대한 노력 부족이다?

▶ 난독증 아동들에게는 적절한 중재 및 교수가 필요합니다. 난독증은 더 열심히 노력한다거나 자라나면서 저절로 극복되는 것이 아닙니다. 읽기를 효과적으로 배우거나 습득하기 위해서는 열심 혹은 노력이 아닌, 난독증에 적합한 증거−기반 교육·중재·치료 프로그램을 제공해야 합니다. 적절하고 효과적인 교수와 연습을 통해 난독증 아동들은 읽기에서 지속적인 발전을 얻을 수 있습니다.

난독증은 시각(에서)의 문제다?

▶ 시각 문제는 난독증의 원인이 아닙니다. 난독증 아동들은 다른 아이들과 비교하여 눈 혹은 시각에 문제를 가지고 있지 않습니다. 일부 난독증 아동이 시각 처리 과정에서 어려움이 있다는 보고가 있으나, 이것은 두뇌가 눈으로 보는 것의 구체적인 것들, 이미지들 그리고 처리하는 과정에서 어려움이 있다는 의미입니다.

난독증은 질병이 아니므로 치료약이 없다?

▶ 타당한 진단, 적절한 방법과 적절한 시기의 교육, 노력 그리고 가족, 교사, 친구 및 다른 사람들의 지원이 함께할 때 난독증 개인은 학교와 이후 사회생활에서 성공할 수 있습니다.

난독증은 아주 드물게 나타나는 장애이다?

▶ 일부 전문가들은 인구의 약 5~10% 정도가 난독증이라고 추정합니다. 이는 결코 그 수가 적거나 혹은 드물게 나타나는 것이 아닙니다.

난독증은 학교에 진학할 때까지 증상이 나타나지 않거나 최소 초등학교 3학년은 되어야 난독증을 진단할 수 있다?

▶ 난독증의 신호들은 약 5세 정도의 나이, 즉 유치원 혹은 그 이전의 시기에도 확인할 수 있습니다. 난독증은 읽기에 대한 핵심적인 언어 기술들에 영향을 미치기 때문입니다.

유치원 아동들의 난독증 위험군에 대한 신호들은 운율에 어려움을 보이거나 말이 늦은 것 등을 포함합니다.

난독증은 자라나면서 저절로 난독증이 극복된다?

▶ 난독증은 평생 지속되는 장애이지만, 중재는 그 영향을 줄일 수 있습니다.

난독증은 아동이 읽기를 습득하고 나면 사라진다?

▶ 난독증은 평생 지속되는 문제입니다. 효과적인 중재는 아동이 읽기를 배울 수 있도록 큰 도움을 주지만, 읽을 수 있다는 것이 난독증이 치료되었다는 의미는 아닙니다. 이는 난독증이 단지 기본적인 읽기 기술 그 이상으로 영향을 미치기 때문입니다. 난독증은 빨리 그리고 정확하게 읽는 것, 자신이 읽은 것을 이해하는 것 등에도 영향을 미칩니다. 또한 난독증 아동들은 그들이 읽기를 배웠을지라도, 철자, 쓰기 등 더 복합적인 언어 능력을 요구하는 과제에서 지속적으로 어려움을 겪습니다.

난독증은 가정에서 아동에게 읽기를 시키지 않았기 때문이다?

▶ 난독증은 읽기 경험이나 교육이 부족해서 발생하는 것이 아닙니다. 난독증은 신경학적 원인으로 인해 나타나는 상태입니다. 난독증은 뇌가 기능하는 방식의 차이에서 발생합니다. 읽기 경험의 부족은 난독증의 원인이 아니지만, 집에서 읽기를 하는 것은 모든 아동에게 중요합니다.

난독증 아동들은 게으르다?

▶ 이것은 전혀 사실이 아닌 오해이며, 아이들이 들었을 때 아이들에게 해로운 영향을 줄 수 있습니다. 사실 난독증 아동들은 이미 아주 열심히 노력하고 있습니다. 하지만 만약 아이가 다른 사람들이 자신을 게으르다고 생각한다는 것을 알게

된다면, 그들의 학습 및 읽기에 대한 동기가 감소될 수 있습니다. 어떤 아이도 실패하기를 원하지 않습니다. 그리고 올바르고 적절한 도움이 있다면 그들이 실패하지 않게 지원할 수 있습니다.

가정에서 난독증 자녀의 지원 방법

　난독증은 학년이 높아진다고 해서 저절로 없어지는 것은 아닙니다. 난독증은 단지 읽기 능력이 조금 늦게 발달하는 것이 아니므로 읽기와 관련된 특별한 중재가 필요합니다. 물론 톰 크루즈, 토머스 에디슨, 스티븐 스필버그, 스콧 피츠제럴드 등과 같이 적절한 중재가 뒷받침되면 성공적인 삶을 살아갈 수 있습니다.[1] 그러므로 난독증 학생 당사자와 그 가족, 학부모는 난독증에 대한 올바른 이해와 정보를 알고 지원할 수 있어야 합니다. 다음은 미국난독증협회에서 제안하는 가정에서의 난독증 자녀 지원방법 중 일부를 정리한 내용입니다.[2]

　자녀와 함께 소리 내어 읽거나 부모가 읽어 주세요.

　▶ 어떻게 읽어야 할지 모르는 단어의 발음을 듣고 보는 것은 해독 기술을 향상하는 데 도움이 됩니다. 절대 자녀에게 혼자 읽으라고 강요하지는 마세요. 해독의 실패는 읽기의 좌절감만 누적시키게 됩니다.

　▶ 문장제 수학 문제를 풀어야 할 때, 지문을 읽어 주세요.

　오디오북과 같은 매체를 활용해 보세요.

　▶ 자녀가 텍스트 자료를 이해할 필요가 있지만 읽기 수준이 너무 어려울 때는 오디오북 등과 같은 자료들을 활용해 보세요. 텍스트를 읽어 주거나 들을 수 있게 변환해 주는 다양한 방법이 있습니다. 이러한 기기와 기능들을 활용해 주세요.

---

1) https://www.youtube.com/watch?v=4aTxvwl-IX4 '난독증을 이겨 내고 성공한 배우들'
　https://www.youtube.com/watch?v=XiJ7hXpM5W0 '난독증을 갖고 있는 톰 홀랜드'
2) International Dyslexia Association. (2014). IDA dyslexia handbook: What every family should know. Baltimore, MD, 21204.

박물관, 유적지, 지역사회 행사 등 다양한 학습 경험을 할 수 있도록 해 주세요.
▶ 상식 및 개념 지식을 넓혀 가는 일에 소홀하지 않도록 하세요.

자녀의 노력에 대해 자주 그리고 구체적으로 칭찬해 주세요.

자녀가 관심 있거나, 재능을 가진 영역을 개발할 수 있는 기회들을 제공하세요.

자녀에게 추상적인 언어보다 구체적인 언어로 지시하세요.
▶ '최선을 다해'라는 말보다는 '오늘 해야 할 일'을 일러 주시고, '숙제 다하고 놀아' 라고 말하기보다는 '오늘은 수학 문제집 24페이지를 다 풀고 놀아라'고 하는 것이 효과적일 수 있습니다.

부록 3

난독증, 지적장애 검사 결과 프로파일 비교

유형	난독증 I	난독증 II	지적장애
정의 및 특징	– 원인이 신경생물학적인 특징일기장애 – 단어인지의 정확성과 유창성의 어려움. 낮은 철자 및 해독 능력이 특징 – 음운학적 요소의 어려움이 크게 작용 – 미취학 및 저학년 시기에는 낮은 해독 능력에 비해 언어 능력이 평균인 경우가 많음. 고학년이 될수록 해독 능력의 영향으로 학습 능력에 어려움을 보임.		– 낮은 지능으로 인한 학습곤란 – 읽기뿐만 아니라 쓰기, 수학 등 전반적인 학업 수행과 학교 적응이 어려움이 초래됨.
사례 비교 (KOLRA, K-WISC-IV)	**사례A (초등 2학년)** 의미단어에서 아는 단어인데 이름이 빨리 생각이 안 나서 주저하는 모습을 자주 보임. 의미, 무의미 모두 어려움을 보였고, 이에 비해 읽고 이해하는 능력과 언어 능력은 좋은 편임. 	**사례B (초등 4학년)** 고학년임에도 지속적인 학습 지도를 받아도 읽는 게 늦지 않음. 지소·음소가 일치하는 의미 있는 단어만 읽는 수준임. 	**사례C (초등 6학년)**
결과 해석	난독증은 읽기 관련 영역(해독, 읽기이해, 읽기유창성) 중 해독에서 가장 어려움을 보임. 난독증의 인지 능력이 평균 수준 이상이라는 점은 전체 지능으로 단편적으로 해석될 수는 없으며. 전체 지능이 경계선급 수준이나, 이는 낮은 작업기억과 처리속도의 영향으로 언어이해와 지각추론이 평균 이하 수준인 경우도 포함될 수 있으며, 사례A처럼 지표 영역 간의 편차가 심하여 전체 지능으로 아동의 인지 수준을 고려하는 것은 지각추론에서 큰 강점을 보이는 아동의 특성을 충제 설계에 반영하지 못하는 실수를 초래할 수 있다는 점도 고려할 필요가 있음.		듣기이해는 표준점수 117로 문제가 없는 것으로 나왔으나. 듣기이해에서의 정상 범주가 언어 능력이 우수하다거나. 인지 능력에 어려움이 없다는 것까지는 증명할 수 없다는 점을 유의하기 바람.

💬 찾아보기

저자 소개

김기주(Kim kiju)

현재 동명대학교 언어치료청각재활학과 교수로 재직 중이며, 20여 년간 난독증을 비롯한 학습장애 · 조음음운장애 · 발달장애 아동의 언어치료 · 학습치료와 부모교육과 관련하여 많은 임상 경험이 있는 현장전문가로 활동하였고, 현재는 언어재활사 양성에 힘을 쏟고 있다. 언어치료와 함께 특수교육(학습장애)을 전공하였으며, 문해교육전문가 슈퍼바이저 등으로 활동 중이다.

'약함을 가지고 태어난 사람들도 즐겁게 배울 수 있어야 한다'는 구성주의 교육철학을 기반으로 임상과 교육에 임하고 있으며, '나도 소중하며, 너도 소중하다, 모든 개인은 존중받을 권리가 있다'는 합리적 개인주의가 이 땅에 잘 스며들어, 장애와 비장애인이 함께 잘 어우러지는 사회가 되기를 꿈꾼다.

주요 저서 및 역서

학습장애 학생을 위한 차별화 교수법(공역, 2007, 시그마프레스)

학령기 아동의 언어치료를 위한 소리나라 한글 배우기 1~4권(공저, 2015, 학지사)

특수교육학개론(2판, 공저, 2016, 학지사)

SLP를 위한 난독증 지원 가이드북(공저, 2020, 한국언어재활사협회)

학습장애와 난독증의 언어재활

Language Rehabilitation of Specific Learning
Disorder & Dyslexia

2024년 8월 25일 1판 1쇄 인쇄
2024년 8월 30일 1판 1쇄 발행

지은이 • 김기주
펴낸이 • 김진환
펴낸곳 • ㈜**학지사**

04031 서울특별시 마포구 양화로 15길 20 마인드월드빌딩
대표전화 • 02-330-5114   팩스 • 02-324-2345
등록번호 • 제313-2006-000265호

홈페이지 • http://www.hakjisa.co.kr
인스타그램 • https://www.instagram.com/hakjisabook

ISBN 978-89-997-2791-7 93370

정가 23,000원

출판미디어기업 **학지사**

간호보건의학출판 **학지사메디컬** www.hakjisamd.co.kr
심리검사연구소 **인싸이트** www.inpsyt.co.kr
학술논문서비스 **뉴논문** www.newnonmun.com
교육연수원 **카운피아** www.counpia.com
대학교재전자책플랫폼 **캠퍼스북** www.campusbook.co.kr